현대주역학개론

Modern introduction to the I Ching

수산 신성수 저

도서출판 대학서림

저자 약력 |

수산 **신성수**(秀山 申性秀)는 1962년 충남 광천(廣川)에서 태어났다. 경희대학교 및 동 대학원에서 법학을 전공하였고(법학박사), 1991년부터 대학에서 법학개론·생활과 법률·법과 문학·국제법·국제기구행정론·환경철학 등을 강의하여 왔다.

1985년부터 대산 김석진(大山 金碩鎭) 선생 문하에서 사서삼경을 비롯한 제 경전을 수학하면서 (사)동방문화진흥회 학술부장, 사무국장 등을 역임하였고, 주역의 기본원리·주역경문해석연구특강·황제내경소문운기7편 등을 강의하여 왔으며, 지금은 대산 김석진 선생의 주역원전강의를 이어받아 강의하고 있다.

현재 동방대학원대학교 미래예측학과에서 주역학(周易學)을 지도하고 있으며, (사)동방문화진흥회와 경희대학교, 경희사이버대학교, 한양대학교 등지에서 주역을 비롯한 고전을 강의하고 있다. 저서에 『주역통해』(대학서림 간) · 『주역으로 보는 도덕경』(공저, 대학서림 간) · 『대산 중용강의』(공저, 한길사 간)가 있다.

현대주역학개론
Modern introduction to the I Ching

지은이 | 신성수
초판 1쇄 발행 | 2007년 8월 27일

펴낸이 | 윤진영
출판등록 | 1965년 1월 20일 제1-88호
펴낸곳 | 도서출판 대학서림
주소 | 110-530 서울시 종로구 혜화동 78-2
전화 | (02)763-1220
팩스 | (02)744-1210
www.daihaks.com

값 18,000원
ISBN 978-89-8016-665 7 03140

잘못된 책은 바꾸어 드립니다.

서 문

나란 존재의 의미와 세상의 변화원리를 알고자 『주역』을 접한 지 어느덧 20여년의 세월이 흘러갔다. 인간 위주의 학문인 법학을 전공하면서 천지신인(天地神人)의 사법계(四法界)를 망라하여 대자연의 원리를 다루고 있는 주역의 이치를 알아간다는 것은 결코 쉬운 일이 아니었다.

『주역』이라는 고전을 나와 우주의 본질을 터득하기 위한 지침서로 삼아 공부해오면서, 이 시대에 적절한 학문으로서의 '주역학'(周易學)으로 발전시켜야겠다는 생각이 들었다.

2005년 9월부터 동방대학원대학교 미래예측학과 석사과정과 박사과정의 학생들을 지도하면서, 좀 더 체계적으로 주역학을 정립하고 이를 바탕으로 현대학문의 제 분야와 연결시킨 새로운 이론을 구체적으로 모색하는 작업에 들어가게 되었다. 이는 수 천년 전에 이루어진 주역의 이론이 과연 오늘날의 첨단문명시대에 적용될 수 있는 것인가에 대한 소박한 문제의식에서부터 출발하여 주역학이 과연 현대학문이 가지고 있는 모순을 해결하고 대안을 제시할 수 있는 열쇠가 될 수 있을 것인가 하는 학문의 본질적인 문제의식에 기초하고 있다.

2005년에 출간한 『주역통해』는 64괘 384효의 유기적 관계에 초점을 맞추어 기본원리와 더불어 원전 상경과 하경을 한 권으로 묶어 정리하였다. 그러다 보니 특히 『주역』의 기본원리에 대한 부분이 너무 압축되어 설명되었고 본의 아니게 독자(讀者)가 이해하기에 곤란한 부분도 있다는 사실을 알게 되었다. 그러던 차 2006년 2학기에 경희사이버대학의 자연과학 계열 교양과목으로 「주역의 현대적 이해」라는 강좌가 개설되어 강의를 진행하면서 보다 체계화된 주역학에 대한 개설서가 필요함을 느끼게 되었다.

이러한 여러 가지 상황이 맞물려 주역학(周易學)에 대한 전반적인 개설서를 내고자 오랜 구상을 하고 작업에 들어가게 되었지만, 원래 목적한 대로의 내용을 갖추지는 못했다. 그러나 먼저 냈던 『주역통해』에서 다룬 기본이론을 상당부분 보완하고 새로운 내용을 추가하였으며, 이와 더불어 동방문화진흥회(구 홍역학회)에서 오랜 동안 학술활동을 하면서 월간 『동인』지에 게재했던 논문 몇 편의 글을 수정 보완하여 수록하였다.

이 책을 『현대주역학개론』이란 제명으로 출판하지만, 개론서로서의 충분한 내용을 만족스럽게 다루지는 못했다. 비록 미진하지만, 현재의 상태로 세상에 선을 보이고 독자의 질정을 바탕으로 계속 수정 보완해 나갈 생각이다. 독자 제현의 엄정한 질정(叱正)을 겸허하게 받아들여 보다 나은 『현대주역학개론』이 될 수 있도록 노력할 것을 약속드린다.

그동안 여러 권의 책을 내면서 항상 느끼는 심정이지만, 책을 내는 작업이란 참으로 나와 관련되어 있는 많은 사람들에게 고통을 주는 일이기도 하다. 어려움을 감내하고 격려를 아끼지 않은 사랑하는 가족과 존경하는 지인 모두에게 깊은 감사를 드리고 그 인내와 격려에 대한 작은 보답으로 이 책을 바치고자 한다.

나의 첫 단행본이었던 『주역통해』와 나의 스승 대산 김석진 선생님과 공저로 냈던 『주역으로 보는 도덕경』에 이어 이 책을 쾌히 출판해 준 대학서림의 윤진영 회장님께 깊은 감사를 드리며, 김량희 팀장을 비롯한 편집부원들의 노고에 고마움을 전한다.

2007년 8월 8일
丁亥年 立秋之節
青雲洞 來章齋에서
秀山 申性秀 書

차 례

제 7 장 주역체계론 _231

제1부

Modern introduction to the I Ching

주역원론
周易原論

Modern introduction to the I Ching

제1장 주역학 방법론

Modern introduction to the I Ching

I. 주역과 주역학

1. 동양 종교철학의 핵심경전으로서의 『주역』

(1) 유가경전체계상의 『주역』

동양의 종교철학은 일반적으로 유불선(儒佛仙) 삼교(三敎)로 대표되고 있다. 이 가운데 유가(儒家)의 경전은 보통 사서삼경(四書三經)·사서오경(四書五經)·십삼경(十三經)으로 체계화되어 왔는데, 『역경(易經)』이라고도 불리는 『주역(周易)』은 자연과 사회의 원리를 표현하고 인생의 의의를 밝힌 최고 경전으로서의 위치를 지켜 왔다.

사서삼경은 『대학(大學)』『중용(中庸)』『논어(論語)』『맹자(孟子)』『시경(詩經)』『서경(書經)』『역경(易經)』을 일컬으며, 이 사서삼경에 『예기(禮記)』와 『춘추(春秋)』를 포함하여 사서오경이라고 한다. 남송(南宋)때 처음으로 정리된 십삼경(十三經)은 『주역(周易)』『서경(書經)』『시경(詩經)』『주례(周禮)』『예기(禮記)』『의례(儀禮)』『춘추좌씨전(春秋左氏傳)』『춘추공양전(春秋公羊傳)』『춘추곡량전(春秋穀梁傳)』『논어(論語)』『효경(孝經)』『이아(爾雅)』『맹자(孟子)』 등 13종을 총괄하여 부르는 명칭으로, 이에 관한 주석서 및 해설서로 〈십삼경주소 十三經注疏〉·〈십삼경유어 十三經類語〉·〈십삼경의의 十三經義疑〉 등이 있다.

사서삼경	대학, 중용, 논어, 맹자, 시경, 서경, 역경
사서오경	대학, 중용, 논어, 맹자, 시경, 서경, 역경, 예기, 춘추
십 삼 경	주역, 서경, 시경, 주례, 예기, 의례, 춘추좌씨전, 춘추공양전, 춘추곡량전, 논어, 효경, 이아, 맹자

가장 널리 일컬어지고 있는 사서삼경의 핵심을 말한다면, 『대학』의 핵심은 선(善)에 있고, 『중용』의 핵심은 성(誠)에 있으며, 『논어』의 핵심은 인(仁)에 있으며, 『맹자』의 핵심은 의(義)에 있으며, 『시경』의 핵심은 사무사(思無邪)에 있으며, 『서경』의 핵심은 경(敬)에 있으며, 끝으로 『주역』의 핵심은 신(神)에 있다고 할 수 있다.[1]

(2) 유불선 회통사상의 핵심으로서의 『주역』

『주역』은 보편적이고 객관적인 자연법원리를 표상하고 있기 때문에 전통적인 유불선 삼교를 아우르는 회통사상(會通思想)의 핵심을 이루어 왔다. 주역의 원리를 바탕으로 저술된 대표적인 도가서로는 한(漢)나라 때 엄군평이 지은 『도덕경지귀(道德經指歸)』와 양웅이 지은 『태현경(太玄經)』 그리고 동한(東漢) 때 위백양이 지은 『주역참동계(周易參同契)』가 있으며, 명(明)나라 말기 지욱(智旭)선사가 지은 『주역선해(周易禪解)』는 유교의 최고경전인 주역을 불교의 최고경학

1) 김석진·신성수, 『대산 중용강의』(한길사, 2004), 279쪽.

이라 할 수 있는 화엄경의 사상으로 풀이한 것으로 유명하다.

도가와 유가의 회통	『도덕경지귀(道德經指歸)』(한漢 엄군평嚴君平) 『태현경(太玄經)』(한漢 양웅揚雄) 『주역참동계(周易參同契)』(동한東漢 위백양魏伯陽)
불가와 유가의 회통	『주역선해(周易禪解)』(명明 지욱智旭)

19세기 말부터 오늘날에 이르기까지 유불선 회통사상에 입각하고 있는 우리나라의 각종 신흥종교사상도 대부분 『주역』의 원리에 그 근원을 두고 있다.

2. 『주역』과 관련된 용어의 개념정의

일반적으로 역(易)과 주역(周易)·역경(易經) 그리고 주역학(周易學) 또는 역학(易學)이란 용어가 많이 혼용되어 사용되고 있는데, 각 용어에 대한 개념을 학문적으로 정의할 필요가 있다.

(1) 역(易)의 자원(字源)에 대한 두 가지 이론

우선 역(易)의 자원(字源)에 관한 이론에는 크게 석척설(蜥蜴說)과 일월설(日月說)로 구분하여 볼 수 있다. 석척설(蜥蜴說)은 역(易)이란 글자가 주위의 환경에 따라 피부의 색깔을 변화시키는 도마뱀의 형상에서 취한 것이라고 보는 입장이고, 일월설(日月說)은 역(易)자가 음과 양 또는 밤과 낮의 변화를 일으키는 해(日)와 달(月)의 두 글자를 합성하여 취한 것이라고 보는 입장이다. 주역의 핵심원리는 음양이론이고 음양기운의 원천은 해와 달이기 때문에 역(易)의 자원에 관한 설 가운데 일월설이 보다 합리적이라 할 수 있다.

석척설(蜥蜴說)	도마뱀의 형상에서 취상(象形說)
일월설(日月說)	해(日)와 달(月)의 합성(會意說)

(2) 역(易)의 뜻

역(易)에는 크게 두 가지 의미가 함축되어 있다. 첫째는 우주자연의 원리를 나타낸 자연법이라는 뜻이고, 둘째는 우주자연의 원리를 서술한 경전으로서의 책이라는 뜻이다.

역(易)을 우주자연의 원리를 나타낸 자연법이라고 보면, 이른바 역학(易學)이라는 용어는 자연법칙을 다루는 동양학문을 총칭하는 것으로 보아야 한다. 그런데 일반적으로는 자연법칙에 바탕을 둔 동양 예측학(술수학)[2]을 통칭해서 표현하는 용어로 사용되고 있다.

역(易)을 우주자연의 원리를 서술한 경전으로 보면 역(易)은 바로 역경(易經), 즉 주역(周易)을 의미하게 된다.

2) 이른바 역학의 범주에는 사주명리학, 풍수지리학, 기문둔갑학, 태을신수학, 육임학, 복서학, 육효학, 구성학, 관상학, 골상학, 오운육기학 등 전통적으로 내려온 술수학이 망라되고 있다. 전통적으로 내려 온 술수학(術數學)은 원래 상수학(象數學)에 근원을 두고 발전되었다. 상수학 원리에 근원을 두고 미래예측분야를 다루는 학문으로 발전된 분야를 전통적으로 '술수학'이라고 일컫고 있으나,'술수학'이란 용어는'의리학(義理學)'을 위주로 하는 관점에서 다소 비하시키는 용어가 아닌가 생각된다. 따라서 현대적인 관점에서는 학문의 내용과 본질에 맞추어'술수학'이란 용어보다는'예측학(豫測學)'이란 용어를 사용하는 것이 보다 타당하다고 본다.

(3) 『역(易)』의 구분

1) 천역(天易) · 서역(書易) · 인역(人易)

역(易)은 천역(天易) · 서역(書易) · 인역(人易)으로 구분하여 볼 수 있다. 천역(天易)이란 우주 대자연의 원리 그 자체를 나타내는 뜻이다. 서역(書易)이란 대우주와 인생의 변화원리를 인간사회에 드리우기 위하여 서술된 문자화된 책을 말한다. 인역(人易)이란 천역(天易)으로서의 서역(書易)을 공부하여 깨우쳐 인간으로서 자연의 원리를 체득하는 것을 말한다.[3)]

2) 변역(變易) · 불역(不易) · 간이(簡易)

원래 이 개념은 한나라 때(東漢) 정현(鄭玄)이 주장한 학설이다. 주역의 이치를 세 가지로 나타낸 것인데, 우주와 세상사는 변하여 바뀐다는 뜻에서 변역(變易)이라 하고, 이렇게 변화하는 가운데 바뀌지 않는 이치가 있으니 이것을 불역(不易)이라 하고, 이러한 변화의 이치를 아는 것은 간단하고 쉬운 것이라는 뜻에서 간이(簡易)라는 용어를 사용한 것이다.[4)]

다만, 주의할 점은 정현은 당시의 중세봉건사회의 이념을 반영하여 불역(不易)을 설명하면서 봉건적 계급질서의 불변성을 강조한 점이다. 오늘날 불역(不易)이란 뜻은 변화무상한 세상사와 자연원리에 있어 불변하는 근본적 성질을 뜻하는 것으로 이해하여야 한다.

3) 김석진, 『대산 주역강의 1』(한길사, 1999), 34쪽 ; 신성수, 『주역통해』(대학서림, 2005), 서문 참조.

4) 김석진, 『대산 주역강의 1』, 33쪽 참조.

3) 연산역(連山易) · 귀장역(歸藏易) · 주역(周易)

이는 중국 상고시대를 대표하는 하(夏)나라, 은(殷·商)나라, 주(周)나라 때에 각각 전해졌던 역(易)을 지칭하는 용어이다. 즉 하(夏)대에는 연산역(連山易)이 있었고, 상(商·殷)대에는 귀장역(歸藏易)이 있었으며, 주(周)대에는 주역(周易)이 있었다고 하여 일컫는 구분이다.

하나라, 은나라, 주나라 때에 각각 역법(曆法)도 달랐고 문화적 차이도 있었기에 자연의 원리를 표현한 역(易)에도 차이가 있는 것은 당연한 일이다. 하나라의 연산역은 산이 이어졌다는 뜻으로 64괘 가운데 중산간(重山艮)괘를 머릿괘로 두었고, 은(상)나라의 귀장역은 모든 것이 땅에 잠장되어 있다는 이치에서 중지곤(重地坤)괘를 머릿괘로 두었으며, 주나라의 주역은 하늘의 이치에서 출발하여 중천건(重天乾)괘를 머릿괘로 두고 있다는 것이 가장 큰 특징이다.[5)]

(4) 『주역』의 의의

『주역』의 일차적인 뜻은 주나라 때 이루어진 경전으로서의 역(易)을 말한다. 송(宋)나라 때 주자(朱子)는 그가 『주역』을 주석한 「본의(本義)」에서 주역(周易)을 설명하기를"주(周)는 시대의 이름이고, 역(易)은 책의 이름이다"(周 代名也 易 書名也)라고 하였다.[6)]

그런데 오늘날에는 앞서 언급한 하나라 때의 연산역과 은나라 때의 귀장역이 온전히 전해지지 않고 오직 주나라 때의 역, 즉 『주역』만이 온전히 전해지다 보니, 『주역』이란 용어 자체가 고유명사화 되어 자연의 변화질서를 설명한 경전으로 일컬어지고 있다. 따라서 『주역』과

5) 김석진, 『대산 주역강의 1』, 34-35쪽 참조.

6) 김석진, 『주역전의대전역해(上)』(대유학당, 1996), 159쪽 참조.

『역경』은 같은 의미로 사용되고 있다.

이러한 상황을 반영하여 일찍이 중세기부터 중국의 『주역』이 서양에 전해지면서, 서양 각국에서는 주역의 표기를 역경(易經)의 중국발음을 그대로 영문표기한'I Ching', 주역(周易)의 중국발음을 그대로 영문표기한'Zhouyi'(周易)로 사용하거나, 주역이 자연과 사회의 변화원리를 나타낸 책이라는 데에 착안하여 'The book of changes' 또는 'The book of transformations'라는 용어로 표현하고 있다. [7]

(5) 역학(易學)과 주역학(周易學)의 범위

일반적으로 역학(易學)이란 용어가 많이 사용되고 있는데, 이는 주역, 명리, 사주, 육효, 육임, 풍수지리, 천문역법, 오운육기론, 음양오행론 등 전통 상수철학에 근본을 두어 발전된 미래예측학을 망라하는 학문개념으로 이해하여야 한다.

주역학(周易學) 또는 역경학(易經學)은 경전으로서의 『주역』과 『주역』의 원리에 내재된 철학 및 사상을 연구하는 학문분야를 말한다. 이러한 주역학의 흐름을 보면 대체적으로 의리학과 상수학이라는 두 줄기로 형성되어 왔다.

7) Wilhelm / Baynes, *The I Ching or Book of Changes*, New Jersey : Princeton University Press, 1977 ; Sam Reifler, *I Ching - A New Interpretation For Modern Times*, New York : Bantam Books, 1991 ; Chih-hsu Ou-i (Translated by Thomas Cleary), *The Buddhist I Ching*, Boston & London : Shambhala, 1994 ; Diana ffarington Hook, *The I Ching and Mankind*, London, Boston and Henley : Routledge & Kegan Paul, 1975.

3. 『주역』철학의 흐름 : 의리역(義理易)과 상수역(象數易)

(1) 의리역과 상수역의 개념

주역철학의 역사를 보면 『주역』의 원리를 발현하고 해석함에 있어 큰 두 갈래가 형성되었는데, 의리학적인 관점에서 풀이한 의리역과 상수학적인 관점에서 풀이한 상수역이 그것이다.

의리역(義理易)이란 인간과 사회의 가치체계를 중시하여 의리도덕을 중심으로 주역을 해석하는 입장을 말하고, 상수역(象數易)이란 점서와 술수 및 자연원리 위주로 주역을 해석하는 입장을 말한다.

(2) 의리역과 상수역의 흐름 개관

중국에 있어서의 주역철학의 흐름을 중심으로 간단하게 살펴보면 다음과 같다.[8)]

진시황이 천하를 통일하기 이전의 선진(先秦)시대에는 전통적으로 점술의 의미가 강조되어 점서역설(占筮易說)의 큰 흐름이 있었고, 이에 대하여 공자(孔子)를 위시로 하는 의리역설(義理易說)이 또 하나의 줄기를 형성하였다.

전한(前漢)과 후한(後漢)시대를 통칭하여 일컫는 양한(兩漢) 시대에는 특히 상수역학이 발전하여 오늘날까지 전해져 발전하고 있는 동양상수철학의 학문적 토대가 구축되었는데, 당시 가장 대표적인 학자와 이론으로는 맹희(孟喜)의 괘기설(卦氣說), 경방(京房)의 납갑설(納甲說), 정현(鄭玄)의 오행생성설(五行生成說) 등을 들 수 있다.

8) 廖名春·康學偉·梁韋弦 지음, 심경호 옮김, 『주역철학사』(예문서원, 1998), 50-53쪽 참조.

양한시대에 상수역학이 발전한 반면 위진수당(魏晋隨唐)시대에는 의리역학이 발전하였는데, 대표적인 학자로는 현학(玄學)으로 유명한 왕필(王弼)의 『역주(易注)』, 공영달(孔穎達)의 『주역정의(周易正義)』, 이정조(李鼎祚)의 『주역집해(周易集解)』등을 들 수 있다.

송원(宋元)시대에는 의리역과 상수역이 모두 발전하였는데, 상수역학의 대표학자로는 진단(陣摶), 유목(劉牧), 이지재(李之才), 주돈이(周敦頤), 소강절(邵康節) 등을 들 수 있고, 의리역학의 대표학자로는 정이(程頤), 장재(張載), 주희(朱熹), 양만리(楊萬里) 등을 들 수 있다. 이후 명청(明淸)시대에는 주로 역학 문헌을 고증하고 정리하는 박학역(樸學易)이 성행하였다.

현대에는 전통적인 학문연구방법이 다양하게 전개되고 있으며, 주역학을 현대학문으로 응용 발전시키고자 하는 흐름이 강하게 대두되고 있다.

(3) 의리역과 상수역의 현대학문적 성격

『주역』과 『주역』원리에 기초한 학문은 인문과학, 사회과학, 자연과학을 망라한 종합학문으로서의 성격을 지니고 있기 때문에, 의리역과 상수역은 현대학문의 각 분야에서도 응용 발전이 가능하고 또한 적극적인 연구가 필요한 상황이다.

의리역과 상수역을 현대학문과 비교하여 보면, 의리역은 인문사회과학분야에 해당하여 철학, 윤리학, 종교학, 정치학, 법학, 사회학, 경영학 등이 이에 속하며, 상수역은 자연예술과학분야에 해당하여 수학, 물리학, 천문학, 기상학, 한의학, 전통예술, 각종 무예 등이 이에 속한다고 할 수 있다.

Ⅱ. 역과 자연에 대한 인식론

1. 인간의 인식구조

(1) 근현대 학문의 인식기초로서의 이성

이른바 서양의 과학적 인식론은 인간이 육체의 감각기관에서 느끼는 것만을 대상으로 하는 것이다. 다시 말하면 눈을 통한 시각, 귀를 통한 청각, 코를 통한 후각, 혀를 통한 미각, 신체를 통한 촉각이라는 오감(五感)을 수렴하여 종합판단하는 의식(意識)을 전제로 하고 있다. 바로 이 의식(意識)을 바탕으로 이른바 합리적 이성(理性)체계가 수립되었다.

인간중심의 세계관이 열린 근대 이후 인간의 평등과 자유, 그리고 학문의 이론과 대상은 바로 오감작용을 통하여 수렴되는 의식을 전제로 한 이성(理性)체계를 바탕으로 하여 전개되었다. 오감작용은 물질세계를 인식하는 주요 통로이고, 따라서 이성 중심의 학문적 방법론은 물질문명의 획기적인 발전을 이룩하는데 큰 영향을 미쳤다. 그러나 다른 한편 인간에 내재된 본질적인 측면, 즉 정신세계와 관련한 부분에 관하여는 학문의 대상에서 제외되는 결과를 초래하게 되었다.

(2) 분석심리학에서의 인식구조

근대 이후에 형성된 이러한 일반적 경향에 큰 파문을 일으킨 새로운 학문영역이 지그문트 프로이트(Sigmund Freud, 1856-1939)를 위시로 한 정신분석학과 칼 융(C. G. Jung, 1875-1961)을 위시로 한 분석심리학이다.

정신과 의사였던 프로이트는 환자의 심리상태 및 보이지 않는 질병을 연구하기 위하여 꿈을 연구대상으로 분석하였고, 일련의 임상분석을 통한 꿈의 해석작업을 거쳐 인간의 표면의식 안에 깊숙이 깔려있는 무의식 세계의 존재를 확인하게 된다. 이는 현상세계에서 사유하고 행동하는 인간의 의식판단이 사실은 의식 속에 내재된 무의식 세계의 영향을 받고 있다는 것을 입증한 것이었다. 다만 프로이트는 인간의 무의식의 주요 내용을 성(性)본능에 집착한 편향성을 지닌 단점이 있었다.[9)]

프로이트학파의 일원이었던 칼 융은 프로이트의 편향성에 문제를 제기하고 그 스스로가 인간의 본질과 사유의 원형을 알아내기 위해 오랫동안 인도와 중국에서 불교, 요가, 주역 등을 깊이 연구하여 새로운 심리학이론을 제창하게 된다.[10)] 특히 칼 융은 『주역』에서 그의 핵심이론을 도출하였다.

9) 프로이트, 김성태 역, 『정신분석입문』, 삼성출판사, 1978; 프로이트, 김대규 역, 『꿈의 해석』, 동서문화사, 1976.

10) 칼 융의 중국과 인도 등지에서의 학문적 편력에 대하여는 C. G. Jung, *Jung on the East* (edited by J. J. Clarke), New Jersey : Princeton University Press, 1995 참조.

프로이트가 인간의 인식구조를 무의식과 잠재의식, 의식으로 구분한 반면, 융은 이를 세분하여 집단적 무의식(集團的 無意識), 개인적 무의식(個人的 無意識), 집단적 의식(集團的 意識), 개인적 의식(個人的 意識)이라는 네 층으로 구분하였다.

집단적 무의식은 모든 인류에게 보편적으로 내장되어 있는 가장 깊은 인식체계로 사랑, 종교적 경외감, 신성, 공포감, 본성 등을 아우르는 층이다. 개인적 무의식은 각 개인에게 특유한 무의식 체계로서 과거의 경험이나 체험을 통한 인식이 잠장되어 있는 층이다. 집단적 의식은 현상계의 생활속에서 사회집단의 일원으로 갖게 되는 공통적 의식상태를 말한다. 개인적 의식이란 집단성을 일탈하여 개인에게 특유한 의식상태를 말한다.

예를 든다면, 종교를 믿건 안 믿건 우주의 본질과 자기존재의 근본 및 신의 존재에 대한 경외감을 갖게 되는 것은 집단적 무의식의 표현이다. 출생 이후에 유아기나 청소년기 등에 각 개인에게 펼쳐진 경험 등이 축적되어 잠재된 상태는 개인적 무의식에 해당한다. 현실사회에서 직장이나 학교 등 어느 집단에 소속됨으로 나타나는 공통적인 의식상태는 집단적 의식에 해당하고, 그러한 집단성을 떠나 순수하게 개인적 생활에서 나타나는 의식상태가 개인적 의식에 해당한다.

(3) 분석심리학과 불교유식학

융의 분석심리학은 불교 유식학(唯識學)과 비교하면 흥미로운 유사점을 찾아보게 된다. 불교 유식학에서는 안(眼 : 시각)·이(耳 : 청각)·비(鼻 : 후각)·설(舌 : 미각)·신(身 : 촉각)을 전오식(前五識)이라 하고, 이 오감작용을 수렴하는 곳을 제6식(意識)이라 한다. 그리고 제6식인

의식 아래에는 제7식인 마나스식이 자리하는데 이는 일명 자아집착식(自我執着識)이라고도 한다. 그리고 가장 심층에는 제8식으로 아알라야식이 있는데, 이는 근본여래가 있는 곳이라 하여 여래장(如來藏)이라고도 한다.

융의 분석심리학과 불교 유식학을 비교하면, 꼭 같은 개념은 아니지만, 제7식인 마나스식은 개인적 무의식에 비교할 수 있으며 제8식인 아알라야식은 집단적 무의식에 비교할 수 있다.[11)]

(4) 뇌파분석을 통한 실증

이러한 심리학의 이론과 유식학의 이론은 단지 이론에 그치는 것만이 아니라, 인간에 내재된 인식체계(마음)의 실질을 나타내고 있다. 최근에는 과학기술 장비의 발전에 힘입어 인간의 뇌파분석을 통한 마음의 상태에 관한 연구가 진행되어 왔고, 이에 따르면 인간의 뇌파가 심리상태에 따라 파장이 다르게 나타나는 것을 입증하였는데, 평범한 일상생활에서 의식되는 상태에서는 베타파, 다소 고요한 명상상태에서는 알파파, 깊은 수면의 무의식 상태에서는 세타·델타파 등이 나타나는 것으로 확인되었다.

뇌파(EEG ; ElectroEncephalogram)는 뇌의 전기적인 활동을 머리표면에 부착한 전극에 의해 침습적으로 측정한 전기신호로, 일반적으로 진동하는 주파수의 범위에 따라 인위적으로 델타 -δ파(0.2 ~ 3.99 Hz), 쎄타 -θ파(4 ~ 7.99 Hz), 알파 -α파(8 ~ 12.99 Hz), 베타 -β파(13 ~ 29.99 Hz), 감마 -g파(30~50 Hz)로 구분하고 있다.

11) 김성관, 「'物心關係'에 대한 佛敎唯識學과 分析心理學의 견해비교」『한국종교』 제8집, 93-96쪽 참조.

논자에 따라 다소 차이가 있지만 일반적으로 설명하자면, 베타파는 의식적인 활동이나, 긴장, 흥분 상태에서 나타나는 파를 의미하고, 알파파는 명상같이 긴장이 이완되어 편안한 상태에서 나타나는 파를 말하며, 세타파는 정서안정 또는 수면으로 이어지는 과정에서 나타나는 파를 말하고, 델타파는 깊은 수면 상태에서 발생되는 파를 말한다.

이러한 뇌파를 융의 분석심리학과 불교유식학에 비교하면, 분석심리학의 의식(개인적 의식, 집단적 의식)과 유식학의 제6식(의식)은 베타파·알파파에 해당하고, 분석심리학의 개인적 무의식(잠재의식)과 유식학의 제7식(마나스식, 자아집착식)은 세타파에 해당하며, 분석심리학의 집단적 무의식(무의식)과 유식학의 제8식(여래장, 아알라야식)은 델타파에 해당한다고 볼 수 있다.

이러한 연구는 계속 진행 중이므로 절대적인 구분이라 할 수는 없지만, 매우 참조할만한 비교가 된다. 델타파가 깊은 수면상태에서 나오는 파장이므로, 이른바 '깨달음(覺)'이란 인간의 욕구로서의 수면상태가 아닌 깊은 명상(참선, 기도 등) 상태에서 델타파에 이를 때 나타나는 종교적 체험이라 할 수 있다.

프로이트	칼 융	유식학	뇌파
의식 잠재의식 무의식	개인적 의식 집단적 의식 개인적 무의식 집단적 무의식	전오식(眼耳鼻舌身) 제6식(의식) 제7식(자아집착식) 제8식(여래장)	베타파 알파파 세타파 델타파

(5) 의식과 무의식(도구이성과 명상이성)의 통찰

개괄적으로 말하여 의식과 무의식은 서양철학의 비조로 불리고 있는 아리스토텔레스(Aristoteles ; B.C.384~322)가 주장한 인간의 이성체계, 즉 명상이성(冥想理性 ; 무의식의 세계)과 도구이성(道具理性 ; 의식의 세계)으로 비교할 수 있다.

현대 서양학문의 위기론은 현상에 대한 인식을 보이는 것, 물질적인 것에 한정하여 오로지 의식에 근거한 이성만을 전제로 한 데에서 오는 것이다. 다시 말하면 명상 이성, 무의식, 보이지 않는 세계를 원천적으로 인정하지 않고 물질중심의 도구 이성, 육체적 감각기관으로 인식될 수 있는 영역만을 전제로 해서 학문을 전개했기 때문이다.

요컨대, 인간은 아리스토텔레스가 말하는 명상이성과 도구이성을 겸비한 존재이고, 융이 말한 의식과 무의식이 공존하고 있는 존재이며, 불교에서 말하는 전5식과 제6식, 제7식, 제8식을 엄연히 구비한 존재이다. 따라서 현대학문도 보이지 않는 세계에 대한 열린 마음, 오감작용으로 느끼지 못하는 영역에 대한 인정과 이해가 수반되어야 진실한 세계를 맛볼 수 있다고 할 것이다.

2. 신과 인간과 자연에 관한 인식범주의 변화

이상에서 살펴본 바와 같이 인간은 의식과 무의식, 명상이성과 도구이성이 구비된 온전한 존재임에도 불구하고, 시대적 관념과 사회적 이념에 따라 인식범주에 큰 차이가 있어왔다. 우리는 인류의 역사를 일반적으로 고대사회, 중세사회, 근대사회, 현대사회로 구분하고 있는데, 이렇게 시대를 구분하는 주된 이유 가운데 하나는 신(神)과 인간(人間)과 자연(自然)에 대한 인식범주에 큰 차이가 있기 때문이다.[12)]

(1) 고대사회적 관념 : 통합이성체계(천지인天地人 삼합三合의 종합인식)

고대사회적 관념체계는 신과 자연과 인간을 종합적으로 파악하는 인식이었다. 고대사회에 존재했던 인류를 지적 능력이 상당히 떨어져 있는 존재로 파악하여 고대인의 사유를 마치 유인원(類人猿)과 같은 수준으로 어리석게만 보는 것은 잘못된 것이라고 본다. 분명한 것은 현대 철학자의 인식능력이 동서양을 막론하고 고대사회에 결집된 철학적 사유에 미치지 못하고 있다는 것이다.

동양에서의 고대적 관념은 이른바 하늘과 땅과 사람을 종합적으로 인식하는 천지인삼재론(天地人三才論)이 그 바탕이 되었다. 유가·불가·도가의 핵심적 사유는 하늘과 땅과 사람을 하나로 보는 일체관(一體觀)에 있다. 이를 굳이 아리스토텔레스의 이론으로 말하자면 인간은 신과 자연을 인식하는 명상이성(冥想理性)과 현상세계를 인식하는 도구이성(道具理性)이 구비된 존재였다.

고대사회의 정치체제에 있어서도 통치자와 제사장은 불가분의 관계에 있었다. 불가사의한 자연을 알기 위해서는 신탁행위(神託行爲)가 요구되었고, 따라서 신탁능력을 갖춘 자가 제사장(祭司長)으로서 통치자의 의사결정에 영향을 미치게 되었다. 고대로마제국의 제사장이나 동양에서의 제사장(卜官, 史官)은 모두 같은 역할을 하였다.

12) 신성수, 『주역통해』(대학서림, 2005), 18-25쪽 참조.

이러한 배경에서 동서양을 막론하고 고대인류사회에는 만물에 신이 깃들어 있다는 만물정령사상(萬物精靈思想)이 보편적으로 있었다. 이를 바탕으로 대자연에 대한 경외심과 더불어 원리에 대한 탐구가 진행되었다.

그런데 씨족이 부족으로, 부족이 종족으로, 종족이 집단사회로, 집단사회가 국가체계로 발전되어 가는 과정에서 고대적 관념체계에 큰 변화가 일게 된다.

(2) 중세사회적 관념 :

신 중심적 세계관(도구이성과 명상이성의 분리)

동서양을 막론하고 중세사회의 특징적인 관념체계는 신(神) 중심적 세계관에 있다. 이는 어쩌면 인간사회를 계급화하여 지배와 피지배라는 수직구도로 만들기 위한 사회적 이념이라고도 할 수 있다. 신 중심적 세계관은 종교중심적 이념으로 구축되었고 이 과정에서 신의 세계를 대변하는 종교사회(宗教社會)와 인간의 세계를 대변하는 세속사회(世俗社會)로 나누어지게 되었다.

중세 유럽사회를 예로 들자면, 신(神)의 세계인 종교사회는 카톨릭 교황을 정점으로 하여 계급조직화 되었고, 인간의 세계인 세속사회는 신성로마제국 황제를 정점으로 계급조직화 되었다. 신을 대변하는 종교사회는 세속사회의 위에 있었고, 세속사회를 다스리는 황제의 권한은 신으로부터 부여받은 것이었기 때문에 절대적인 것이었다(王權神授說).

이러한 배경에서 동서양을 불문하고 지배와 피지배의 수직적 계급사회, 즉 봉건사회(封建社會)가 이루어졌다. 모든 인간은 신분으로 계급화 되었고, 지배와 피지배의 연쇄고리에서 벗어날 수가 없었다. 남자와 여자도 계급화가 되니 남녀불평등구조가 이루어지는 것은 당연한 것이었다.

여기에서 우리는 인간의 인식구조에 중요한 변화가 일어남을 보게 된다. 그것은 고대사회에서는 인간에게 명상이성과 도구이성이 구비된 종합적 인식체계가 부여된 반면에, 중세사회에서는 명상이성과 도구이성의 향유주체가 구분되었다는 사실이다. 즉, 종교사회를 대변하는 성직자(聖職者)에게만 명상이성의 향유를 인정하게 되고 세속사회의 속인(俗人)들에게는 명상이성을 부정하고 도구이성만을 인정하게 되었다는 것이다.

이러한 현상을 대변하는 대표적인 사례가 중세유럽에 팽배하였던 '마녀사냥'이었다. 신을 사유하고 신을 섬길 수 있는 권한은 오로지 성직자에게만 있었기 때문에, 일반 세속인이 성경을 소지하거나 어떠한 영적 체험을 했다는 소문만 들려도 마녀로 몰아 화형에 처했던 것이다. 이러한 사회적 이념 속에서 평범한 인간으로서 신을 사유하고 자연의 원리를 탐구한다는 것은 동서양을 막론하고 불가능에 가까운 것이었다.

이러한 상황에서 카톨릭 종교사회는 성찬식(聖餐式)에서조차도 성직자와 세속인을 차별하는 의식을 제도화하게 된다. 중세 카톨릭의 성찬식에서 중요한 상징인 빵은 예수의 육신을 의미하고 포도주는 예수의 피(정신)를 의미하는데, 포도주를 음미할 수 있는 권한은 오로지 성직자에게만 인정되었고, 일반 세속인에게는 빵을 취하는 것만 인정하였다.

그러나 시대적 이념은 점차 변화하여 인간의 자유의지가 싹트기 시작하고 신에 대한 자유로운 사유를 누리고자 하는 운동이 일어나게 된다.

서양역사에서 중세사회와 근대사회를 구분하게 되는 대전환점은 1618년부터 1648년까지 진행되었던 30년 전쟁이었다. 이 30년 전쟁의 발단은 정통 카톨릭에 반기를 든 유트라키스트파 신교의 저항에 있었다. 유트라키스트파는 일반 세속인도 예수의 정신을 의미하는 포도주를 취할 수 있다는 주장을 함으로써 정통 카톨릭의 교리에 정면으로 대항하였고, 이를 계기로 정통 카톨릭 세력과 신교 세력간의 충돌이 시작되었는데, 유럽 내에 있는 각 정치세력과 결탁되면서 무려 30년 동안 유럽 전역을 휩쓸면서 전쟁이 일어나게 되었던 것이다.

30년 전쟁을 종결시킨 조약이 1648년에 체결된 웨스트팔리아 평화조약이다. 이 조약을 통해 근대적 국가체계가 유럽에 형성되었고 아울러 신교의 주장을 받아들이게 됨으로써 종교의 자유가 서서히 인정되었다.[13)]

(3) 근대사회적 관념 : 인간 중심적 세계관(도구이성 중심)

근대사회를 특징짓는 관념은 인간중심적 세계관에 있다. 신의 세계에 복종해야만 했던 세속사회는 종교로부터의 독립을 선언하게 되고, 이를 위해 종교의 자유를 인정하고 정교분리원칙(政敎分離原則)을 국

13) 30년 전쟁의 의의 및 전개과정에 대하여는 Crane Brinton · John B. Christopher · Robert Lee Wolff (양병우 · 민석홍 · 이보행 · 김성근 역), *A History of Civilization* Vol. 2 (세계문화사 중), 을유문화사, 1987, 146-157쪽 참조.

가 헌정(憲政)의 중요원칙으로 받아들이게 된다.

인간의 자유와 평등의 기초 위에 신으로부터의 속박에서 벗어나 인간중심의 가치관과 세계관이 열리게 되었다. 그런데 인간의 인식구조에서 볼 때, 비록 종교의 자유가 인정되었지만, 명상이성을 향유할 수 있는 권한은 여전히 성직자에게만 있고, 세속인은 도구이성만 향유할 수 있다는 중세적 관념에서 벗어나지는 못했다. 단지 종교집단과 정치집단의 상호간의 간섭을 피하자는 원리에 입각하여 종교의 세계는 여전히 성직자의 고유권한으로 남게 되었다.

이러한 배경에서 도구이성만을 기초로 하는 인간중심적 세계관은 물질중심적 세계관으로 변하여 오늘날 현대과학문명의 발전을 이룩하게 되었던 것이다. 결국 모든 인간에게 내재된 명상이성은 중세와 근대를 거치는 역사과정에서 형성된 사회적 이념을 통하여 망각되었다고 할 수 있다.

(4) 현대사회적 관념 : 물질중심의 가치관과 정신 이념의 혼돈

그렇다면 현대사회의 인간은 어떠한가. 신과 인간과 자연에 대한 관념체계에서 볼 때, 인간은 신으로부터 분리되고 자연을 정복하는 존재로 되었으며, 여전히 도구이성만을 활용하여 끝없는 물질과학의 발전을 이룩하고 있다. 물질문명은 발전하고 있지만 정신문화는 계속 퇴보하고 있는 것이 현대 인류의 모습이라 할 수 있다.

과학과 물질문명이 발전하면 할수록 많은 기계와 도구에 의존하게 됨으로써 인간에 내재된 원천적인 능력은 그만큼 퇴보하게 된다. 인간관계는 인간과 인간의 직접적인 관계에서 과학적 발명도구를 통해야만 하는 간접적인 관계로 바뀌어가고 있다. 또한 인간에게 원래 내재되어 있는 명상이성을 찾을 생각도 못하기 때문에 인간사회의 보편적 가치체계는 더욱 혼란에 빠져들고 있다.

중세적 관념의 상징이었던 신(神)으로부터의 해방은 사실 진정한 인간의 모습을 찾는 것이 아니었다. 신으로부터의 해방을 만끽하는 것이 중요한 것이 아니라, 인간에게 원래 내재되어 있던 신을 사유하고 대자연의 원리를 추구하는 명상이성을 회복하는 것이 무엇보다 중요하다.

사실 과거와 미래가 바로 이 순간에 응축되어 있듯이, 고대적 관념과 중세적 관념, 근대적 관념은 21세기 최첨단 현대사회에 엄연히 공존하고 있다.

언제나 전체를 볼 수 있는 안목이 필요하다. 항상 인간이라면 현재 존재하고 있는 65억의 인류를 생각하여야 한다. 현대 인류의 문명과 문화를 보면 고대사회적 관념을 유지하고 있는 원시적 문화를 간직한 민족도 여전히 존재하고 있다. 이슬람권을 비롯한 종교국가세계는 여전히 중세적 관념을 유지하고 있다. 우리의 마음 속에는 사실 고대적 관념과 중세적 관념, 근대적 관념, 현대적 관념이 공존하고 있는 것이다.

신과 자연과 인간 그리고 나, 이 모두가 모든 존재 속에 투영되어 있으며, 지나간 과거나 다가올 미래는 사실 지금 이 순간에 응축되어 있다. 그 응축되어 있는 본 모습을 찾아가고자 하는 노력이 바로 진정한 학문의 길인 것이다.

3. 통합 이성체계로의 학문적 접근

자연과학이든 인문사회과학이든 모든 학문의 본질은 인간 개개인의 자아(自我)와 내가 속한 이 사회와 우리가 속한 이 세상의 본질을 구명하는 데에 있다. 이러한 본질을 추구함에 있어서는 보이는 세계(有, 현상계)와 보이지 않는 세계(無, 본체계)를 함께 추구하는 지혜가 필요하다. 보이는 세계는 도구이성을 통하여 합리적으로 추구하고, 보이지 않는 세계는 명상이성을 통하여 통찰해야 한다.

아리스토텔레스가 말한 명상이성의 회복을 통하여 인간의 본성을 추구하고, 도구이성의 올바른 발현을 통하여 보다 바람직한 현상세계를 구현해야 한다.

맹자는 다음과 같이 말하였다.

"어짊(仁)은 사람의 마음이요, 의로움(義)은 사람의 길이다. 그 길을 버리고 따르지 않으며, 그 마음을 잃어버리고 찾을 줄을 모르니, 슬프도다! 사람이 닭과 개가 도망가면 찾을 줄을 알되, 마음을 잃고서는 찾을 줄을 알지 못하니, 학문하는 방법은 다른 것이 없다. 그 잃어버린 마음(放心)을 찾는 것일 뿐이다." 14)

14) 『孟子』「告子章句上」 : 孟子ㅣ曰 仁은 人心也ㅣ오 義는 人路也ㅣ니라. 舍其路而弗由하며 放其心而不知求하나니 哀哉라! 人이 有雞犬이 放則知求之호대 有放心而不知求하나니 學問之道는 無他라 求其放心而已矣니라.

Modern introduction to the I Ching

제2장 태극 양의 사상 팔괘론

Modern introduction to the I Ching

I. 지구의 자전·공전과 태극음양원리

1. 옛 사람들의 천문관측방법

지구라는 항성 위에서 살아가고 있는 인간으로서 양기운과 음기운으로 펼쳐지는 자연의 원리를 파악하는 가장 기본적인 핵심은 지구가 자전하면서 나타나는 낮과 밤의 이치와 공전하면서 나타나는 춘하추동 사시의 원리이다. 거대한 우주 내에서 지구가 자전하고 공전하면서 나타나는 기운의 양상이 바로 음양이기에 "낮과 밤의 도를 통해서 안다. 그러므로 신(神)은 일정함이 없고 역(易)은 정해진 체가 없다"고 하였다.[15] 『주역』의 이치, 대자연의 이치를 안다는 것은 아주 단순한 원리에서 출발하게 된다. 그것은 바로 낮과 밤의 이치를 통해서 아는 것이다.

오늘날같이 과학문명이 발전한 상황에서는 인공위성을 띄워놓고 우주를 살피지만, 옛 사람들은 과연 우주의 변화원리를 어떻게 알아냈을까? 지구가 공전하고 자전하면서 펼쳐지는 음양의 원리를 어떻게

15) 『주역』「계사상전」 제4장 : "…通乎晝夜之道而知라 故로 神无方而易无體하니라."

추론하였는가?

옛 사람들은 규표(圭表)나 해시계 등을 이용하여 낮에는 해 그림자 길이를 측정하여 하루 및 1년의 변화를 살피고, 밤에는 북극성을 중심으로 한 북두칠성의 일주운동을 보고 하루 및 1년의 변화를 살폈다.

〈규표〉
출처 : ruby.kisti.re.kr/~anastro

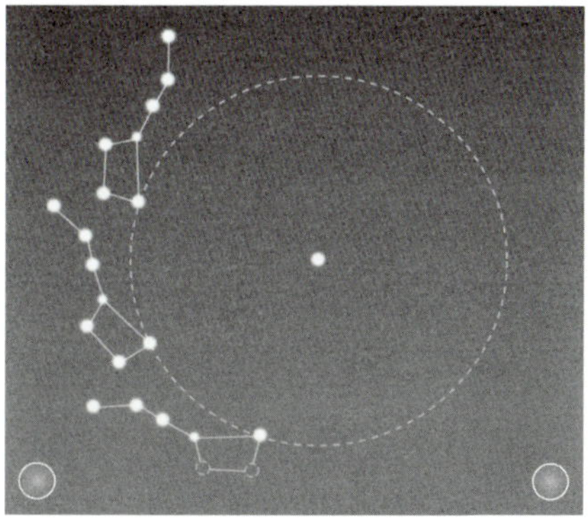

〈북두칠성의 일주운동〉
출처 : down.edunet4u.net

2. 지구의 자전운동과 태극음양원리

지구가 자전하면서 나타나는 음양기운의 변화를 측정하는 가장 간단한 방법이 규표를 통하여 해 그림자를 측정하는 것이다.

사실 태양이 뜨고 지는 것이 아니라 지구가 자전하면서 태양이 나타나고 사라지는 것이다. 그러나 거대한 지구 위에 존재하는 미물인 인간으로서는 아침에는 해가 뜨고 저녁에는 해가 지는 것으로 인식하는 것이 당연하다.

해(태양)는 아침에 동쪽에서 떠서 남중(南中)을 거쳐 서쪽으로 지는데, 아침에 해가 뜰 때에는 해 그림자가 서쪽으로 길게 드리우고, 한낮에는 북쪽 방향으로 짧게 드리우며, 해가 기우는 저녁에는 동쪽으로 해 그림자가 길게 드리우게 된다. 지구의 자전주기인 하루를 자(子 : 23-01) 축(丑 : 01-03) 인(寅 : 03-05) 묘(卯 : 05-07) 진(辰 : 07-09) 사(巳 : 09-11) 오(午 : 11-13) 미(未 : 13-15) 신(申 : 15-17) 유(酉 : 17-19) 술(戌 : 19-21) 해(亥 : 21-23)의 12시로 구분한 예에 따르면, 해가 뜨는 시점이 묘시(卯時 : 05-07)이며, 한낮이 오시(午時 : 11-13)이고, 해가 지는 시점이 유시(酉時 : 17-19)가 되고 한밤중이 자시(子時 : 23-01)가 된다.

이렇게 규표를 통하여 해 그림자를 측정할 때 하루 중 해 그림자가 가장 짧은 때가 일중(日中 : 정오)인데, 해 그림자가 가장 짧다는 것은 양기운이 가장 왕성하다는 것을 의미한다. 양기운이 가장 왕성한 일중 이후에는 다시 해 그림자가 길어지기 때문에 이러한 이치를 표현하여 '양기운이 가장 강한 오시(午時)에 음기운이 비로소 생한다'(일음시생 一陰始生)고 한다.

이러한 이치로 하루 12시 구분상 한밤중으로 음기운이 가장 왕성한 자시(子時)에 양기운이 비로소 생하고(일양시생 一陽始生), 한낮으로 양기운이 가장 왕성한 오시(午時)에 음기운이 생하면서(일음시생 一陰始生) 음양기운의 끊임없는 반복현상이 이루어지고 있다.

이러한 지구의 자전운동으로 볼 때, 한낮에 생한 음기운과 한밤중에 생한 양기운의 역동적인 변화가 함축된 자전주기, 즉 하루 전체를 태극(太極)이라 한다.

3. 지구의 공전운동과 태극음양원리

지구는 자전하면서 태양을 중심으로 하여 공전운동을 하고 있다.

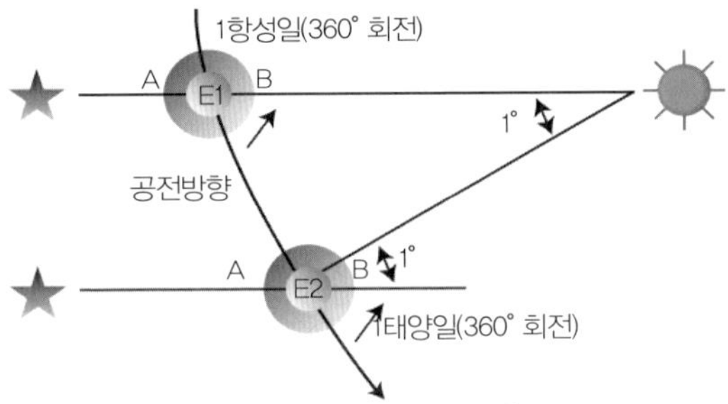

〈지구의 공전과 자전〉[16)]

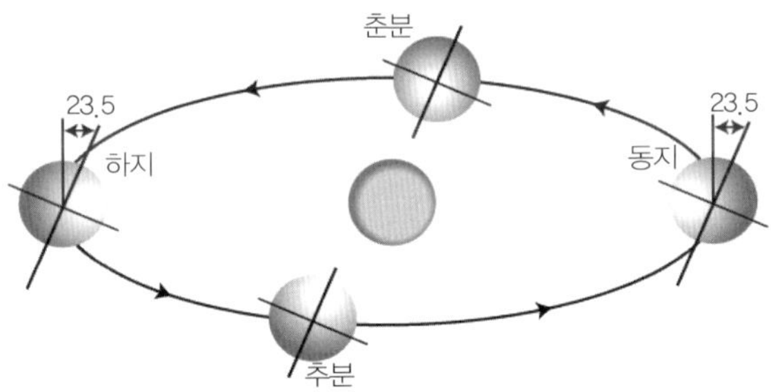

〈지구의 공전과 절기〉[17)]

지구가 공전하면서 나타나는 음양기운의 변화 역시 낮에는 규표를 통한 해 그림자의 측정으로 파악하고, 밤에는 북극성을 중심으로 하여 북두칠성이 선회하면서 나타나는 위치파악으로 측정되었다.

16) 공주대학교 사범대학 지구과학교육학과 홈페이지 science.kongju.ac.kr/highschool/earth/earth2 에서 발췌 인용

17) 공주대학교 사범대학 지구과학교육학과 홈페이지 science.kongju.ac.kr/highschool/earth/earth2 에서 발췌 인용

지구가 태양을 중심으로 1바퀴 공전하는 동안에 지구의 위성인 달은 지구를 중심으로 대략 12번 돌기 때문에 1년은 12달이라는 개념이 나오게 되었는데, 이것을 기초로 하여 1년을 자(子)·축(丑)·인(寅)·묘(卯)·진(辰)·사(巳)·오(午)·미(未)·신(申)·유(酉)·술(戌)·해(亥)의 12개월 및 12방위로 나타내게 되었고, 이를 다시 24절기로 구분하였다. 자월(子月)은 동짓달로 음력 11월, 축월(丑月)은 섣달로 음력 12월, 인월(寅月)은 음력 정월, 묘월(卯月)은 음력 2월, 진월(辰月)은 음력 3월, 사월(巳月)은 음력 4월, 오월(午月)은 음력 5월, 미월(未月)은 음력 6월, 신월(申月)은 음력 7월, 유월(酉月)은 음력 8월, 술월(戌月)은 음력 9월, 해월(亥月)은 음력 10월을 각각 나타낸다.

12지지	자	축	인	묘	진	사	오	미	신	유	술	해
음력	11	12	1	2	3	4	5	6	7	8	9	10

양기운의 변화는 규표를 통하여 해 그림자의 길이를 측정하는데, 지구가 공전하는 동안에 자전하면서 나타나는 나날의 한낮, 즉 일중(日中)일 때의 해 그림자를 기준으로 측정하였다.

날마다 일중(日中)일 때의 해 그림자를 측정하는데, 지구가 공전하는 동안에 가장 추운 계절인 겨울의 어느 날에 해 그림자가 가장 길어졌다가 그 이후로 점점 짧아지고, 가장 더운 계절인 여름의 어느 날에 해 그림자가 가장 짧아졌다가 그 이후로 다시 길어진다는 사실을 알게 되었다.

지구가 공전하는 가운데 해 그림자 길이가 짧아지면서 더워지다가 어느 날 일중(日中)시 해 그림자가 가장 짧은 때가 있는데 이때를 하지(夏至)[18]라고 하고, 하지(夏至)이후에는 해 그림자가 길어지면서 서늘해지다가 어느 날 가장 길어진 때를 동지(冬至)[19]라고 한다.

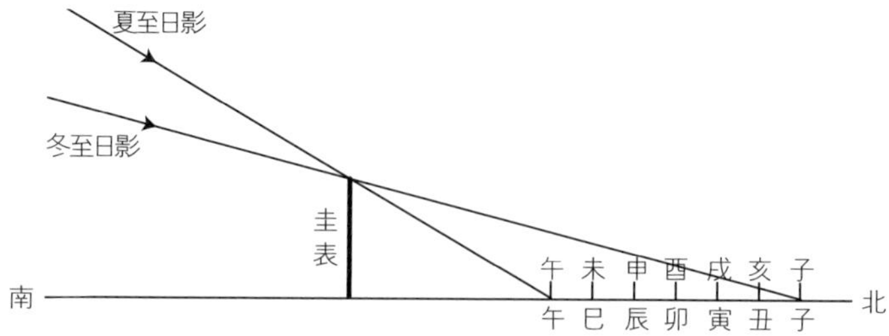

〈하지·동지 일영도〉

양기운이 가장 성한 하지(夏至) 이후에는 해 그림자가 다시 길어지는데 이것은 음기운이 자라나는 것이기 때문에 일음시생(一陰始生)이라 하고, 음기운이 가장 성한 동지(冬至) 이후에 해 그림자가 다시 짧아지는데 이것은 양기운이 다시 자라나는 것이기 때문에 일양시생(一陽始生)이라 한다.

즉, 지구가 공전하는 주기에서 동지(冬至)[20]에 일양시생(一陽始生)하여 양기운이 자라나고 하지(夏至)[21]에 일음시생(一陰始生)하여 음기운이 자라나면서 음양기운의 반복현상으로 봄 여름 가을 겨울의 계절 작용이 이루어진다. 봄은 양기운이 자라나고 여름은 양기운이 성한 때이며, 가을은 음기운이 자라나고 겨울은 음기운이 성한 때이다.

18) 1년 중 낮의 길이가 가장 길고 밤의 길이가 가장 짧은 때가 하지이다.
19) 1년 중 낮의 길이가 가장 짧고 밤의 길이가 가장 긴 때가 동지이다.
20) 양력으로는 대체로 12월 21일이나 22일이 동지가 된다.
21) 양력으로는 대체로 6월 21일이나 22일이 하지가 된다.

지구의 공전현상에서의 태극(太極)은 동지 이후에 자라나 하지에서 가장 왕성한 양기운과 하지 이후에 자라나 동지에서 가장 왕성한 음기운을 포함한 전체, 즉 지구의 공전주기 1년을 의미한다.

4. 태극과 음양의 의의

『태상노군설상청정경』(太上老君說常淸淨經)에 "노군(老君)께서 이르길 큰 도는 형체가 없으나 천지를 낳아 기르고, 큰 도는 정이 없으나 해와 달을 운행하며, 큰 도는 이름이 없으나 만물을 기르니, 내가 그 이름을 알지 못하나 굳이 명명하여 도(道)라고 한다"[22]고 하였다. 대자연의 근본원리를 굳이 글자로 표현하여 '도(道)' 라고 하는 것이지, '도(道)' 라는 글자 자체가 진리인 것은 아니다. 『주역』에서의 용어나 개념 역시 대자연의 근본원리를 표현하기 위한 방편(方便)에 불과하다.

지금까지의 내용을 토대로 하여 태극과 음양의 의의를 정리하면 다음과 같다.

(1) 천체운동에서의 태극과 음양

지구의 공전주기 전체가 태극이고, 동지에서 하지까지는 양(陽)이며 하지에서 동지까지는 음(陰)이다.

22) 『太上老君說常淸淨經』: 老君曰 大道는 無形하나 生育天地하고 大道는 無情하나 運行日月하며 大道는 無名하나 長養萬物하나니 吾不知其名이나 强名曰道라 하노라.

지구의 자전주기 전체가 태극이고, 자시(子時)에서 오시(午時)까지는 양(陽)이며 오시(午時)에서 자시(子時)까지는 음(陰)이다.

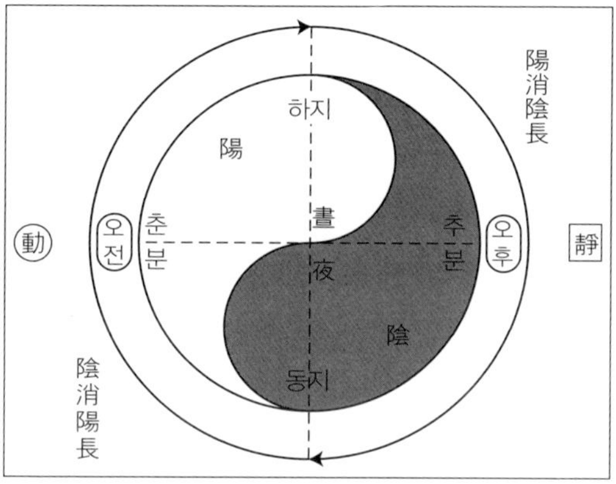

(2) 태극과 음양의 의미

태극(太極)은 전체성과 근원성을 의미한다. 태극의 전체성이란 우주만물을 포괄하는 보편적 원리라는 뜻이고, 태극의 근원성이란 우주만물에 내재된 근본적 원리라는 뜻이다. 그리고 이러한 태극에 내재되어 있는 상대적인 두 기운의 속성을 음(陰)과 양(陽)이라고 한다.

양기운의 기본 속성은 태양이 떴을 때(낮)의 기운과 물리적 현상적 상황을 총칭하는 것이며, 음기운의 기본 속성은 태양이 졌을 때(밤)의 기운과 물리적 현상적 상황을 총칭하는 것이다.

『주역』은 자연의 변화원리와 그 속성을 음(陰)과 양(陽)이라는 기운의 양상으로 표현하고 있는데, 이러한 원리를 표상하기를 음(陰)은 '--'이란 부호로 나타내고 양(陽)은 '—'이란 부호로 표시하고 있다. 이렇게 우주원리를 표현하기 위한 방편으로 사용하는 기호나 부호를 '상(象)' 이라고 한다. 영어로 표현하면 'symbol' 또는 'image' 라고 할 수 있다.

『주역』의 상징적 구조[23]는 태극(太極)의 상(象)인 '☯'과 양의(兩儀)의 상(象)인 음(⚋)과 양(⚊)이 기초가 되고 있다. 현상계의 모든 만물은 그 성질에 따라 각각 상대적인 음의 속성과 양의 속성으로 구분될 수 있다. 만물에 대한 속성파악의 기초는 음과 양이다. 이에 대한 간단한 예를 설명하면 다음과 같다.

물(水)과 불(火)의 관계에서는 물은 음의 속성을 지니고 불은 양의 속성을 지닌다. 추위(寒)와 더위(暑)의 관계에서는 추위가 음의 속성을 지니고 더위가 양의 속성을 지닌다. 습함(濕)과 건조함(燥)의 관계에서는 습함이 음의 속성을 지니고 건조함이 양의 속성을 지닌다. 어두움(暗)과 밝음(明)의 관계에서는 어두움이 음의 속성을 지니고 밝음이 양의 속성을 지닌다.

아래(下)와 위(上)의 관계에서는 아래가 음의 속성을 지니고 위가 양의 속성을 지닌다. 탁함(濁)과 맑음(淸)의 관계에서는 탁함이 음의 속성을 지니고 맑음이 양의 속성을 지닌다. 부드러움(柔)과 강함(强)의 관계에서는 부드러움이 음의 속성을 지니고 강함이 양의 속성을 지닌다. 내림(降)과 오름(昇)의 관계에서는 내림이 음의 속성을 지니고 오름이 양의 속성을 지닌다. 합함(合)과 흩어짐(散)의 관계에서는 합함이 음의 속성을 지니고 흩어짐이 양의 속성을 지닌다. 물고기(漁)와 새(鳥)의 관계에서는 물고기가 음의 속성을 지니고 새가 양의 속

23) 신성수, 「『주역(周易)』의 상징체계로 본 춤사위에 관한 연구」『우리춤연구』제2집 (한양우리춤연구소, 2006), 95-101쪽 참조.

성을 지닌다. 무거움(重)과 가벼움(輕)의 관계에서는 무거움이 음의 속성을 지니고 가벼움이 양의 속성을 지닌다.

여자(女)와 남자(男)의 관계에서는 여자는 음의 속성을 지니고 남자는 양의 속성을 지닌다. 발(足)과 손(手)의 관계에서는 발이 음의 속성을 지니고 손이 양의 속성을 지닌다. 악함(惡)과 선함(善)의 관계에서는 악함이 음의 속성을 지니고 선함이 양의 속성을 지닌다. 바다(海)와 산(山)의 관계에서는 바다가 음의 속성을 지니고 산이 양의 속성을 지닌다. 육체(肉體)와 정신(精神)의 관계에서는 육체가 음의 속성을 지니고 정신이 양의 속성을 지닌다. 땅(地)과 하늘(天)의 관계에서는 땅이 음의 속성을 지니고 하늘이 양의 속성을 지닌다.

음 : 水 寒 濕 暗 下 濁 柔 降 合 魚 重 女 足 惡 海 肉體 地 …
양 : 火 署 燥 明 上 淸 强 昇 散 鳥 輕 男 手 善 山 精神 天 …

또한 『주역』에 내재된 상징성은 철학적인 수(數)로 표현되는데, 이때 철학적인 수(數)란 일반 수학에서 말하는 수(數) 개념과는 다른 것이다. 철학적인 수(數)란 이치가 담긴 수(數)라는 개념이다.[24)]

태극은 전체성과 근원성을 내포하고 있기 때문에 그 철학적 수는 전체와 근원 또는 궁극자(窮極者)를 의미하는 '하나 즉 1' 이다.

음의 기운은 고요함(靜)으로 대표하고, 양의 기운은 움직임(動)으로 대표하는데, 음의 철학적 수는 2, 양의 철학적 수는 3이다(參天兩地). 짝수는 안정성을 띠기 때문에 고요하고, 홀수는 불안정성을 띠기 때

24) 신성수, 「易學原理에 내재된 象數의 의미고찰」『동인』제82호 (홍역학회, 1997. 5), 12-24쪽 참조.

문에 움직이는데, 짝수(음)의 기본수는 '2'가 되고 홀수(양)의 기본수는 '3'이 된다. 홀수(양)의 기본수가 '1'이 아닌 이유는 '1'은 음양을 구비한 태극수이기 때문이다.

음양의 상호작용을 놓고 상대성(相對性), 상보성(相補性)[25] 등 여러 설명을 하는데, 상대성은 서로 다른 두 가지 성질의 반대되는 작용성을 말하는 것이고, 상보성이란 서로 다른 두 가지 성질의 보완적인 작용성을 일컫는다. 만물 속성파악의 기초는 음기운과 양기운이며, 상황과 물상을 파악하는 방법 및 기준에 따라 음양관계는 달라진다. 다시 말하면, 음양(陰陽)은 기운(氣運)의 양상(樣相)이지 구체적인 사물을 지칭하는 것이 아니다.

(3) 생명작용에서의 음양(陰陽)

『도덕경』 제42장에 "'도'가 '하나'를 낳으니, '하나'는 둘(음·양)을 낳고, '둘'은 셋(음·양·충기)을 낳고, '셋'은 만물을 낳는다. 만물은 음기(陰氣)를 등에 지고 양기(陽氣)를 안아서 충기(沖氣)로 조화를 이룬다"고 하였다.[26]

이는 생명작용에서의 기본원기가 되는 음양과 충기를 표현한 것이다. '도가 하나를 낳는다'고 할 때, 그 하나는 태극을 의미한다. '하나가 둘을 낳는다'고 할 때 그 둘은 음양을 말한다. '둘이 셋을 낳는다'고 할 때, 그 셋은 음과 양 그리고 음양을 조화시키는 충기를 일컫는

25) 金鎔貞, 「相補性에 관한 認識論的 고찰」『제삼의 철학』(도서출판 思社硏, 1986), 192-224쪽 참조.

26) 『道德經』 제42장 : 道生一하니 一生二하고 二生三하고 三生萬物하니 萬物은 負陰而抱陽하야 沖氣以爲和하니라. 김석진·신성수, 『주역으로 보는 도덕경』(대학서림, 2005), 166-170쪽 참조.

다. 음기운과 양기운 그리고 음양을 조화시키는 충기의 작용으로 만물을 낳게 된다.

'음을 짊어지고 양을 안아서'(負陰而抱陽)라는 것은 사람으로 보면 남성의 정자와 여성의 난자의 만남을 생각하면 이해할 수 있다. 거대한 난자 속에 하나의 정자가 들어가게 되면, 양인 정자 입장에서는 음인 난자를 짊어지고 있는 상이고, 음인 난자 입장에서는 양인 정자를 안고 있는 상이 된다. 이 음과 양을 조화시켜 생명작용을 일으키는 것을 도덕경에서는 '충기(沖氣)'라고 하였다.

Ⅱ. 사상의 원리

1. 태극·양의·사상·팔괘의 기본개념

『주역』「계사상전」제11장에 "이런 까닭으로 역(易)에 태극(太極)이 있으니, 태극이 양의(兩儀)를 낳고, 양의가 사상(四象)을 낳고, 사상이 팔괘(八卦)를 낳으니, 팔괘가 길흉(吉凶)을 정하고, 길흉이 대업(大業)을 낳는다"[27]는 문장이 있다.

이는 자연의 원리를 이진법(二進法)으로 표현한 대표적인 글로 태극은 2^0, 양의는 2^1, 사상은 2^2, 팔괘는 2^3이 된다. 이렇게 이진법원리로 나아가게 되면 결국 2^4, 2^5, 2^6을 거쳐 음양의 6단구조로 된 64괘가 나타나게 된다.

앞에서 말했듯이 태극(太極)은 근원성과 전체성을 지닌 근본이다. 양의(兩儀)란 두 가지 거동, 즉 기운의 양상이란 뜻으로, 태극에 내재된 두 가지 기본 속성으로서의 음기운과 양기운을 말한다. 사상(四象)

27) 『주역』「계사상전」제11장 : … 是故로 易有太極하니 是生兩儀하고 兩儀ㅣ 生四象하고 四象이 生八卦하니 八卦ㅣ 定吉凶하고 吉凶이 生大業하나니라.

이란 네 가지의 상(象)이란 뜻으로 음양의 기운보다는 더 구체화되어 있지만, 아직 물상화(物象化) 현상화(現象化)되지 않은 상태를 말한다. 팔괘(八卦)란 여덟 가지의 괘란 뜻으로 물상화 현상화 되어 나타난 8가지의 유형과 속성이란 뜻이다.

2. 사상(四象)의 개념과 속성

(1) 사상의 형성원리

1) 근원적(根源的) 음양과 현상적(現象的) 음양

지구가 자전하고 공전하면서 나타나는 음양작용을 살펴보면, 근원적 음양과 현상적 음양으로 파악하여 볼 수 있다. 근원적(根源的) 음양은 앞서 설명한 태극에 내재되어 있는 음양의 원리라고 한다면, 현상적(現象的) 음양이란 사람이 오감작용으로 느끼게 되는 음양이라 할 수 있다.

지구의 공전주기에서 볼 때, 천지자연의 기운으로는 한겨울 동지(冬至)에 양기운이 생하지만 만물은 이 기운을 제대로 느끼지 못한다. 사람을 비롯한 만물이 양기운을 오감작용으로 느낄 수 있는 것은 봄의 계절이 되는 춘분(春分)이 되면서부터이다. 또한 한여름 하지(夏至)에 음기운이 생하지만 만물은 이 기운을 제대로 느끼지 못하다가 가을이 되는 추분(秋分)이후부터 만물은 그 음기운을 느끼고 영향을 받게 된다.

지구의 자전주기에서 볼 때, 천지자연의 기운으로는 한밤중 자시

(子時)에 양기운이 생하지만 만물은 이 기운을 느끼지 못하다가 해가 뜨는 시점(日出·卯時)에서야 사람을 비롯한 만물이 양기운을 느끼게 된다. 또한 한낮(日中)에 음기운이 생하지만 사람은 해가 지는 때(日沒·酉時)가 되어야 음기운을 느끼게 된다.

이러한 인식의 차이에서 사람이 느끼지 못하는 음양기운의 변화를 근원적 음양이라 한다면, 사람이 느끼는 음양기운을 현상적 음양이라 할 수 있다. 바로 이 근원적 음양과 현상적 음양의 차이에서 사상(四象)이 생기는 것이다.

가. 근원적 음양 : 하루로 볼 때 자시(子時)에서 오시(午時)까지는 양(陽), 오시(午時) 이후에서 자시(子時) 전까지는 음(陰)이고, 1년으로 볼 때 동지(冬至)에서 하지(夏至)까지는 양(陽), 하지(夏至) 이후에서 동지(冬至) 전까지는 음(陰)이다.

나. 현상적 음양 : 하루로 볼 때 일출(日出 : 卯時)에서 일몰(日沒 : 酉時)까지는 양(陽), 일몰(日沒)후 일출 전까지는 음이고, 1년으로 볼 때 춘분(春分)에서 추분(秋分)까지는 양(陽)이고 추분 이후에서 춘분 전까지는 음(陰)이다.

2) 지구의 자전운동과 사상

지구의 자전운동에서 나오는 네 가지 기운, 즉 사상은 다음과 같이 정리할 수 있다.

한밤중 자시(子時)부터 일출 전까지는 근원에는 양기운이 있지만 현상은 음기운이 작용하고 있으며, 해가 뜬 이후 묘시(卯時)부터 한낮인 오시(午時·日中)까지는 근원과 현상이 모두 양기운이 된다. 오시(午時) 이후부터 해가 지는 유시(酉時·日沒) 전까지는 근원에는 음기운이 드리우고 있지만 현상은 양기운이 작용하고 있으며, 해가 진 유시(酉時) 이후부터 한밤중인 자시(子時)까지는 근원과 현상이 모두 음기운이 된다.

시간	음양
자시(子時, 0시)에서 묘시(卯時, 6시)	근원은 양(陽), 현상은 음(陰)
묘시(卯時, 6시)에서 오시(午時, 12시)	근원은 양(陽), 현상도 양(陽)
오시(午時, 12시)에서 유시(酉時, 18시)	근원은 음(陰), 현상은 양(陽)
유시(酉時, 18시)에서 자시(子時, 24시)	근원은 음(陰), 현상도 음(陰)

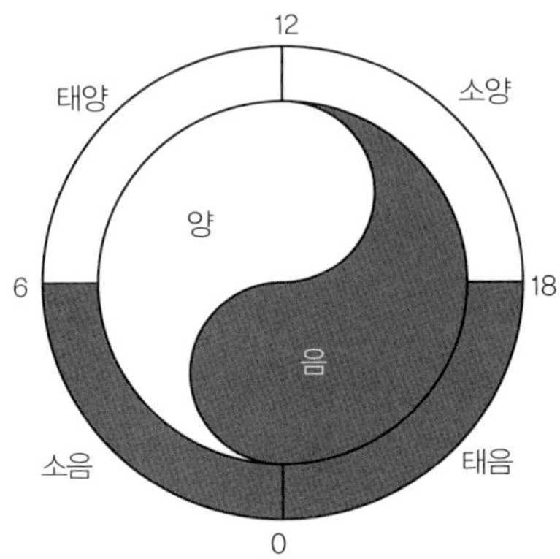

〈하루의 사상〉

3) 지구의 공전운동과 사상

지구의 공전운동에서 나오는 네 가지 기운, 즉 사상은 다음과 같이 정리하여 볼 수 있다.

음력 11월 동지(冬至)부터 음력 2월 춘분(春分) 전까지는 근원에는 양기운이 있지만 현상은 음기운이 작용하고 있으며, 춘분 이후 음력 5월 하지(夏至)까지는 근원과 현상이 모두 양기운이 된다. 하지(夏至) 이후부터 음력 8월 추분(秋分) 전까지는 근원에는 음기운이 드리우고 있지만 현상은 양기운이 작용하고 있으며, 추분 이후부터 음력 11월 동지(冬至) 전까지는 근원과 현상이 모두 음기운이 된다.

절기	음양
자월(子月, 동지)에서 묘월(卯月, 춘분)	근원은 양(陽), 현상은 음(陰)
묘월(卯月, 춘분)에서 오월(午月, 하지)	근원은 양(陽), 현상도 양(陽)
오월(午月, 하지)에서 유월(酉月, 추분)	근원은 음(陰), 현상은 양(陽)
유월(酉月, 추분)에서 자월(子月, 동지)	근원은 음(陰), 현상도 음(陰)

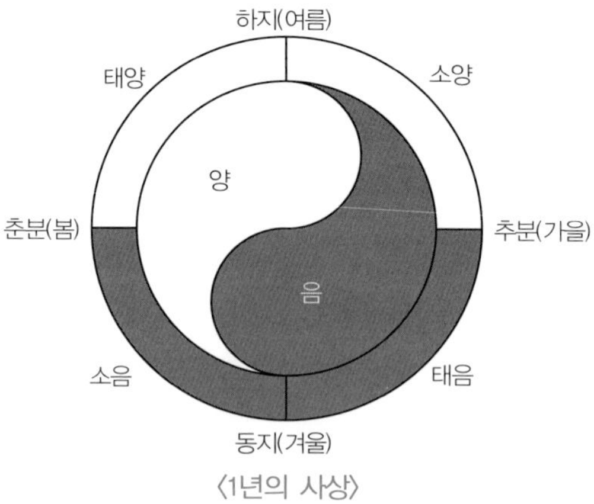

〈1년의 사상〉

(2) 사상의 개념과 상수(象數)

1) 사상의 개념

지구가 자전하고 공전하면서 나타나는 음양 기운을 근원적 양상과 현상적 양상으로 표현하면 4가지로 나타나게 되는데, 이를 사상(四象)이라 한다. 그러면 이 네 가지의 각각의 양상을 명명하여 무엇이라 하는가.

근원과 현상 모두가 양인 경우는 양기운이 매우 크게 작용하기 때문에 태양(太陽)이라 하고, 근원과 현상 모두가 음인 경우는 음기운이 크게 작용하기 때문에 태음(太陰)이라고 한다.

한편 근원은 양이고 현상은 음인 경우와 반대로 근원은 음이고 현상은 양인 경우에는 근원을 강조하느냐 아니면 현상을 강조하느냐에 따라 명명하는 입장이 달라진다. 우선, 근원을 위주로 할 경우에는 근원이 양이고 현상이 음인 상태를 소양(少陽)이라 하고, 근원이 음이고 현상이 양인 상태를 소음(少陰)이라 한다. 한편 현상을 위주로 할 경우에는 근원이 양이고 현상이 음인 상태를 소음이라 하고, 근원이 음이고 현상이 양인 상태를 소양이라 한다. 즉 사상의 명칭에 있어서 소양과 소음의 경우에는 어느 입장에서 보느냐에 따라 달라지는데,

사상(四象)	근원과 현상의 음양
태양(太陽)	근원 양(陽)　현상 양(陽)
소양(少陽)	근원 음(陰)　현상 양(陽)
소음(少陰)	근원 양(陽)　현상 음(陰)
태음(太陰)	근원 음(陰)　현상 음(陰)

이 책에서는 현상을 위주로 하여 근원이 양이고 현상이 음인 경우를 소음(少陰)이라 하고, 근원이 음이고 현상이 양인 경우를 소양(少陽)이라 명명하고자 한다.

2) 사상의 상(象)

사상은 음양기운이 분화 발전된 양상이기에 역시 상(象)으로 나타내는데, 태양(太陽)은 근원과 현상이 모두 양이므로 '⚌'으로 표상하고, 소양(少陽)은 근원이 음이고 현상이 양이므로 '⚍'로 표상하며, 태음(太陰)은 근원과 현상이 모두 음이므로 '⚏'로 표상하고, 소음(少陰)은 근원이 양이고 현상이 음이므로 '⚎'로 표상한다.

3) 사상의 수(數)

태극(太極)의 철학적 수는 '1'이고, 음(陰)의 철학적 수는 '2'이며, 양(陽)의 철학적 수는 '3'이라 하듯이, 사상(四象) 역시 그 상징적인 철학적 수가 있다.

다음에 살펴보는 하도(河圖)의 원리에서 자세히 논하겠지만,[28] 모든 수의 근본원리는 1부터 10까지의 수에 있다. 1부터 10까지의 수 가운데에서도 1부터 5까지의 수가 근원이 되는 수이기에 생수(生數)라고 하고, 6부터 10까지의 수는 생수 가운데 5의 조화작용($5+1=6$, $5+2=7$, $5+3=8$, $5+4=9$, $5+5=10$)으로 이루어지는 수이기에 성수(成數)라고 한다.

사상(四象)은 태극에서 양의(음양)로 양의에서 사상으로 발전하여

28) 제3장 제1절 하도와 간지오행의 원리 참조.

팔괘로 현상화되기 이전의 기미(幾微)를 뜻한다. 태극과 음양은 근원적인 기운의 양상이라면, 사상은 현상적으로 물상화되기 이전의 상태라 할 수 있고, 팔괘는 현상화된 상태를 의미할 수 있다. 그래서 태극과 음양은 1부터 10까지의 수 가운데 근원을 의미하는 생수(生數) 가운데 1 2 3을 취하여 철학적 수로 표상한 것이고, 사상은 성수(成數) 가운데 6 7 8 9의 네 수로 표상한다.

철학적 수의 이치는 일반적인 수리와는 다르다. 음양 기운의 팽창과 수축이라는 측면을 고려하여 이해하여야 한다. 음의 기운은 강할수록 수축되는데 수축된다는 것은 수가 줄어든다는 것을 의미하고, 양의 기운은 강할수록 팽창되는데 팽창된다는 것은 수가 늘어나는 것을 말한다. 그래서 6 7 8 9의 네 가지 수 가운데 6과 8은 짝수이므로 음의 수인데 '6'이란 수가 가장 응축된 상태이기 때문에 태음수로 표상하고, '8'이란 수를 소음수로 표상한다. 또한 7과 9는 홀수이므로 양의 수인데 '9'란 수가 가장 팽창된 수이기에 태양수로 표상하고, '7'이란 수를 소양수로 표상한다.

하루의 사상	일년의 사상	사상의 기운	사상의 명칭	사상의 상	사상의 수
자시 - 묘시	동지 - 춘분	근원양현상음	소음	⚍	8
묘시 - 오시	춘분 - 하지	근원양현상양	태양	⚌	9
오시 - 유시	하지 - 추분	근원음현상양	소양	⚎	7
유시 - 자시	추분 - 동지	근원음현상음	태음	⚏	6

Ⅲ. 팔괘의 원리

1. 팔괘의 형성원리

태극에 내재되어 있는 음양(양의)의 기운은 자연율에 의한 파동을 계속 일으키게 된다. 이러한 파동의 변화에서 태극은 음양으로 분화되고, 음양은 다시 사상으로 분화되며, 사상은 다시 음양분화작용을 일으켜 팔괘의 양상을 이루게 된다.

이러한 음양의 분화파동을 하루 24시간의 변화와 일년 24절기의 변화로 살펴보면 다음과 같다.

(1) 하루 24시간의 팔괘기운

우리는 앞서 하루 24시간의 사상을 표상하기를, 자시(子時, 0시)에서 묘시(卯時, 6시)까지는 근원은 양(陽)이고 현상은 음(陰)으로 소음(少陰 ⚍)이라 하고, 묘시(卯時, 6시)에서 오시(午時, 12시)까지는 근원은 양(陽)이고 현상도 양(陽)으로 태양(太陽 ⚌)이라 하며, 오시(午時, 12시)에서 유시(酉時, 18시)까지는 근원은 음(陰)이고 현상은 양

(陽)으로 소양(少陽 ⚎)이라 하고, 유시(酉時, 18시)에서 자시(子時, 24시)까지는 근원은 음(陰)이고 현상도 음(陰)으로 태음(太陰 ⚏)이라 하였다.

이러한 사상의 양상에서 다시 음양분화가 이루어지는데, 이를 각각 설명하면 다음과 같다.

가. 소음(0시 - 06시)에서의 음양분화

근원은 양(⚊)기운이고 현상은 음(⚋)기운이 작용하고 있는 0시부터 06시까지의 소음(⚍)에서 다시 음양분화작용을 나타내면, 0시부터 03시까지는 음기운이 작용하며, 03시부터 06시까지는 양기운이 작용하게 된다. 따라서 0시부터 03시까지의 음양기운을 3단으로 나타내면 ☳의 상이 되고, 03시부터 06시까지의 음양기운을 3단으로 나타내면 ☲의 상이 된다.

나. 태양(6시 - 12시)에서의 음양분화

근원은 양(⚊)기운이고 현상도 양(⚊)기운이 작용하고 있는 06시부터 12시까지의 태양(⚌)에서 다시 음양분화작용을 나타내면, 06시부터 09시까지는 음기운이 작용하며, 09시부터 12시까지는 양기운이 작용하게 된다. 따라서 06부터 09시까지의 음양기운을 3단으로 나타내면 ☱의 상이 되고, 09시부터 12시까지의 음양기운을 3단으로 나타내면 ☰의 상이 된다.

다. 소양(12시 - 18시)에서의 음양분화

근원은 음(⚋)기운이고 현상은 양(⚊)기운이 작용하고 있는 12시부터 18시까지의 소양(⚎)에서 다시 음양분화작용을 나타내면, 12시부터 15시까지는 양기운이 작용하며, 15시부터 18시까지는 음기운이 작용하게 된다. 따라서 12부터 15시까지의 음양기운을 3단으로 나타내면 ☴의 상이 되고, 15시부터 18시까지의 음양기운을 3단으로 나타내면 ☵의 상이 된다.

라. 태음(18시 - 24시)에서의 음양분화

근원은 음(⚋)기운이고 현상도 음(⚋)기운이 작용하고 있는 18시부터 24시까지의 태음(⚏)에서 다시 음양분화작용을 나타내면, 18시부터 21시까지는 양기운이 작용하며, 21시부터 24시까지는 음기운이 작용하게 된다. 따라서 18부터 21시까지의 음양기운을 3단으로 나타내면 ☶의 상이 되고, 21시부터 24시까지의 음양기운을 3단으로 나타내면 ☷의 상이 된다.

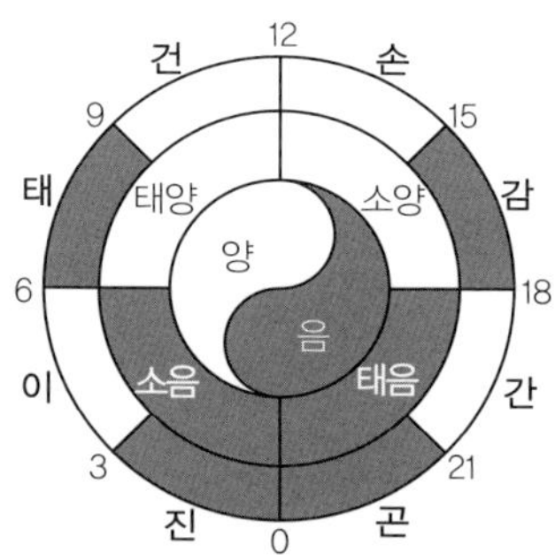

〈하루의 팔괘기운〉

(2) 1년 24절기(8절)의 팔괘기운

우리는 앞서 1년 24절기의 사상을 표상하기를 자월(子月, 동지)에서 묘월(卯月, 춘분)까지는 근원은 양(陽)이고 현상은 음(陰)으로 소음(少陰 ⚍)이라 하고, 묘월(卯月, 춘분)에서 오월(午月, 하지)까지는 근원은 양(陽)이고 현상도 양(陽)으로 태양(太陽 ⚌)이라 하고, 오월(午月, 하지)에서 유월(酉月, 추분)까지는 근원은 음(陰)이고 현상은 양(陽)으로 소양(少陽 ⚎)이라 하고, 유월(酉月, 추분)에서 자월(子月, 동지)까지는 근원은 음(陰)이고 현상도 음(陰)으로 태음(太陰 ⚏)이라 하였다.

이러한 사상의 양상에서 다시 음양분화가 이루어지는데, 이를 각각 설명하면 다음과 같다.

가. 소음(동지 - 춘분)에서의 음양분화

근원은 양(⚊)기운이고 현상은 음(⚋)기운이 작용하고 있는 동지부터 춘분까지의 소음(⚍)에서 다시 음양분화작용을 나타내면, 동지부터 입춘까지는 음기운이 작용하며, 입춘부터 춘분까지는 양기운이 작용하게 된다. 따라서 동지부터 입춘까지의 음양기운을 3단으로 나타내면 ☳의 상이 되고, 입춘부터 춘분까지의 음양기운을 3단으로 나타내면 ☲의 상이 된다.

나. 태양(춘분 - 하지)에서의 음양분화

근원은 양(⚊)기운이고 현상도 양(⚊)기운이 작용하고 있는 춘분부터 하지까지의 태양(⚌)에서 다시 음양분화작용을 나타내면, 춘분부터 입하까지는 음기운이 작용하며, 입하부터 하지까지는 양기운이 작용하게 된다. 따라서 춘분부터 입하까지의 음양기운을 3단으로 나타내면 ☱의 상이 되고, 입하부터 하지까지의 음양기운을 3단으로 나타내면 ☰의 상이 된다.

다. 소양(하지 - 추분)에서의 음양분화

근원은 음(--)기운이고 현상은 양(—)기운이 작용하고 있는 하지부터 추분까지의 소양(⚎)에서 다시 음양분화작용을 나타내면, 하지부터 입추까지는 양기운이 작용하며, 입추부터 추분까지는 음기운이 작용하게 된다. 따라서 하지부터 입추까지의 음양기운을 3단으로 나타내면 ☴의 상이 되고, 입추부터 추분까지의 음양기운을 3단으로 나타내면 ☵의 상이 된다.

라. 태음(추분 - 동지)에서의 음양분화

근원은 음(--)기운이고 현상도 음(--)기운이 작용하고 있는 추분부터 동지까지의 태음(⚏)에서 다시 음양분화작용을 나타내면, 추분부터 입동까지는 양기운이 작용하며, 입동부터 동지까지는 음기운이 작용하게 된다. 따라서 추분부터 입동까지의 음양기운을 3단으로 나타내면 ☶의 상이 되고, 입동부터 동지까지의 음양기운을 3단으로 나타내면 ☷의 상이 된다.

〈1년의 팔괘기운〉

2. 팔괘의 괘명(卦名)과 괘상(卦象)

팔괘란 태극에 내재된 음양기운이 3단 분화작용을 일으켜 현상적 물상으로 전화시키는 기본단계를 의미한다. 즉, 음양 3단 분화로 나타나는 팔괘에서 모든 물상이 현상화된다는 것을 뜻한다.

사상도 그 기운을 표상하여 소음(少陰) 태양(太陽) 소양(少陽) 태음(太陰)이라 명명하듯이, 사상에서 각각 분화된 팔괘도 그 기운을 표상하여 건(乾) 태(兌) 이(離) 진(震) 손(巽) 감(坎) 간(艮) 곤(坤)의 괘명을 붙이게 된다.

(1) 태양(太陽 ⚌)에서 양(陽 ⚊)으로 분화된 기운을 건(乾 ☰)이라 하는데, 이 기운을 나타내는 대표적인 물상은 하늘(天)이다.
(2) 태양(太陽 ⚌)에서 음(陰 ⚋)으로 분화된 기운을 태(兌 ☱)라고 하는데, 이 기운을 나타내는 대표적인 물상은 연못(澤)이다.
(3) 소음(少陰 ⚍)에서 양(陽 ⚊)으로 분화된 기운을 이(離 ☲)라고 하는데, 이 기운을 나타내는 대표적인 물상은 불(火)이다.
(4) 소음(少陰 ⚍)에서 음(陰 ⚋)으로 분화된 기운을 진(震 ☳)이라 하는데, 이 기운을 나타내는 대표적인 물상은 우레(雷)이다.
(5) 소양(少陽 ⚎)에서 양(陽 ⚊)으로 분화된 기운을 손(巽 ☴)이라 하는데, 이 기운을 나타내는 대표적인 물상은 바람(風)이다.
(6) 소양(少陽 ⚎)에서 음(陰 ⚋)으로 분화된 기운을 감(坎 ☵)이라 하는데, 이 기운을 나타내는 대표적인 물상은 물(水)이다.
(7) 태음(太陰 ⚏)에서 양(陽 ⚊)으로 분화된 기운을 간(艮 ☶)이라 하는데, 이 기운을 나타내는 대표적인 물상은 산(山)이다.

(8) 태음(太陰 ⚏)에서 음(陰 ⚋)으로 분화된 기운을 곤(坤 ☷)이라 하는데, 이 기운을 나타내는 대표적인 물상은 땅(地)이다.

3. 기본팔괘(基本八卦)의 의의

사상에서 분화된 팔괘, 즉 8가지의 괘(卦)가 현상적으로 배열을 달리할 수 있는 경우의 수는 40,320가지(8×7×6×5×4×3×2×1)가 된다. 즉, 팔괘는 단순히 8가지의 괘를 말하는 것이 아니고, 이미 그 기운의 변화양상이 40,320가지의 상황으로 전화하기 때문에, 팔괘로서 만물의 변화원리를 나타내는 기본이 형성되는 것이다.

이 40,320가지가 되는 팔괘의 배열구도 가운데, 태극에서 음양, 사상, 팔괘로 분화함에 있어 자연적으로 나타나는 유일한 순서가 1건(乾) 2태(兌) 3이(離) 4진(震) 5손(巽) 6감(坎) 7간(艮) 8곤(坤)이기 때문에, 건태이진손감간곤의 괘배열을 기본팔괘라고 한다.

태극에서 양의 사상 팔괘로 분화되어 나타나는 8가지의 기운에 있어, 첫 번째는 건(乾 ☰)인데 그 대표적인 물상은 하늘(天)이므로 이를 축약하여 '일건천'(一乾天)이라 하고, 두 번째는 태(兌 ☱)인데 그 대표적인 물상은 연못(澤)이므로 '이태택'(二兌澤)이라 하고, 세 번째는 이(離 ☲)인데 그 대표적인 물상은 불(火)이므로 '삼이화'(三離火)라 하고, 네 번째는 진(震 ☳)인데 그 대표적인 물상은 우레(雷)이므로 '사진뢰'(四震雷)라고 하고, 다섯 번째는 손(巽 ☴)인데 그 대표적인 물상은 바람(風)이므로 '오손풍'(五巽風)이라 하고, 여섯 번째는 감(坎 ☵)인데 그 대표적인 물상은 물(水)이므로 '육감수'(六坎水)라

하고, 일곱 번째는 간(艮 ☶)인데 그 대표적인 물상은 산(山)이므로 '칠간산'(七艮山)이라 하고, 여덟 번째는 곤(坤 ☷)인데 그 대표적인 물상은 땅(地)이므로 '팔곤지'(八坤地)라고 한다.

<table>
<tr><td>八
坤
地</td><td>七
艮
山</td><td>六
坎
水</td><td>五
巽
風</td><td>四
震
雷</td><td>三
離
火</td><td>二
兌
澤</td><td>一
乾
天</td></tr>
<tr><td>☷</td><td>☶</td><td>☵</td><td>☴</td><td>☳</td><td>☲</td><td>☱</td><td>☰</td></tr>
<tr><td>八</td><td>七</td><td>六</td><td>五</td><td>四</td><td>三</td><td>二</td><td>一</td></tr>
<tr><td>坤</td><td>艮</td><td>坎</td><td>巽</td><td>震</td><td>離</td><td>兌</td><td>乾</td></tr>
<tr><td colspan="2">太陰</td><td colspan="2">少陽</td><td colspan="2">少陰</td><td colspan="2">太陽</td></tr>
<tr><td colspan="4">陰</td><td colspan="4">陽</td></tr>
<tr><td colspan="8">太極</td></tr>
</table>

☰	一乾天
☱	二兌澤
☲	三離火
☳	四震雷
☴	五巽風
☵	六坎水
☶	七艮山
☷	八坤地

〈기본팔괘 차서도〉

4. 팔괘 기운의 양상

(1) 팔괘의 괘상

팔괘는 음양기운이 세 번 중첩하여 나타난 8가지 기운의 양상을 의미한다. 아래로부터 그 기운을 보면 건(乾 ☰)은 양양양, 태(兌 ☱)는 양양음, 이(離 ☲)는 양음양, 진(震 ☳)은 양음음, 손(巽 ☴)은 음양양, 감(坎 ☵)은 음양음, 간(艮 ☶)은 음음양, 곤(坤 ☷)은 음음음의 기운 양상이다.

이러한 음양기운의 양상에 기초하여 양(陽 ⚊)은 이어진 것(連)으로, 음(陰 ⚋)은 끊어진 것(絶)으로 표현하여 각 괘를 나타내면, 건(乾 ☰)은 양양양으로 모두 이어져 있으므로 '건삼련'(乾三連)이라 하고, 태(兌 ☱)는 양양음으로 위가 끊어져 있으므로 '태상절'(兌上絶)이라 하고, 이(離 ☲)는 양음양으로 가운데가 끊어져 있으므로 이중절(離中絶)이라 하지만 가운데가 비어 있다는 표현을 써서 '이허중'(離虛中)이라 하고, 진(震 ☳)은 양음음으로 아래가 이어져 있으므로 '진하련'(震下連)이라 하고, 손(巽 ☴)은 음양양으로 아래가 끊어져 있으므로 '손하절'(巽下絶)이라 하고, 감(坎 ☵)은 음양음으로 가운데가 이어져 있으므로 '감중련'(坎中連)이라 하고, 간(艮 ☶)은 음음양으로 위가 이어져 있으므로 '간상련'(艮上連)이라 하고, 곤(坤 ☷)은 음음음으로 모두 끊어져 있으므로 '곤삼절'(坤三絶)이라 표현한다.

즉 건삼련(乾三連 ☰), 태상절(兌上絶 ☱), 이허중(離虛中 ☲), 진하련(震下連 ☳), 손하절(巽下絶 ☴), 감중련(坎中連 ☵), 간상련(艮上連 ☶), 곤삼절(坤三絶 ☷)은 팔괘의 괘상을 표현하는 용어이다.

(2) 팔괘의 음양

건태이진손감간곤 팔괘를 음양기운의 양상으로 구분하면, 순양괘(純陽卦)와 순음괘(純陰卦), 일양이음괘(一陽二陰卦)와 일음이양괘(一陰二陽卦)로 구분하여 볼 수 있다.

건(乾 ☰)은 '양양양'으로 순양괘가 되어 양기운이 지극히 충만된 상태를 의미하고, 곤(坤 ☷)은 '음음음'으로 순음괘가 되어 음기운이 지극히 충만된 상태를 의미한다.

한편 팔괘 가운데 건(乾)과 곤(坤)을 뺀 나머지 6괘는 양이 하나면 음이 둘로 되고, 음이 하나면 양이 둘로 된다. 즉, 진(震 ☳), 감(坎 ☵), 간(艮 ☶)과 같이 양 하나 음 둘로 이루어진 괘를 '일양이음괘'라고 하고, 손(巽 ☴), 이(離 ☲), 태(兌 ☱)와 같이 음 하나 양 둘로 이루어진 괘를 '일음이양괘'라고 한다.

이렇게 팔괘를 순양괘, 순음괘, 일양이음괘, 일음이양괘로 구분하는 이유는 팔괘에 내재된 음양속성을 파악하는 기초가 되기 때문이다. 다시 말하면, 순양괘와 일양이음괘는 양(陽)의 속성으로 파악하고 순음괘와 일음이양괘는 음(陰)의 속성으로 파악하게 된다. 이에 기초하여 팔괘의 음양을 도표화하면 다음과 같다.

양(陽)		음(陰)	
순양괘	일양이음괘	순음괘	일음이양괘
건(乾 ☰)	진(震 ☳) 감(坎 ☵) 간(艮 ☶)	곤(坤 ☷)	손(巽 ☴) 이(離 ☲) 태(兌 ☱)

(3) 음양의 상호작용에서 본 팔괘 기운의 양상

음양의 삼단분화작용으로 나타난 팔괘의 속성을 각각 음양의 상호작용에서 파악하면 다음과 같이 설명할 수 있다.

건(☰)은 강한 양이 중첩하여 건장하고 굳세고 역동적인 속성을 띤다.

진(☳)은 동적 성질을 지닌 양이 아래에 있는데 고요하고 수축하려는 성질을 지닌 위의 두 음이 견제를 하지만 이에 반발하여 더욱 강력한 속성을 띤다.

감(☵)은 동적 성질을 지닌 양이 고요하고 수축하려는 성질을 지닌 두 음 사이에 있어 방향성을 잃고 결국 위아래의 두 음에 빠져 험난한 속성을 띤다.

간(☶)은 동적 성질을 지닌 양이 고요하고 수축하려는 성질을 지닌 두 음 위에 있으니, 아래에 있는 두 음의 작용으로 동적 성질이 그치고 평정해진 속성을 띤다.

곤(☷)은 고요하고 수축하려는 성질을 지닌 음이 중첩하여 순하고 만물을 잠장(潛藏)하는 속성을 띤다.

손(☴)은 고요하고 수축하려는 성질을 지닌 음이 동적 성질을 지닌 두 양의 아래에 있으니, 동적 성질을 지닌 위의 두 양의 기운에 대응하여 음의 수축작용이 강해지면서 겸손하면서도 기운을 빨아들이고 바람을 일으키는 속성을 띤다.

이(☲)는 고요하고 수축하려는 성질을 지닌 음이 동적이고 강한 두 양 가운데에 있으니, 위아래에 있는 동적 성질을 지닌 양이 마음대로 움직이지 못하게 되는데, 움직이려는 양 기운이 가운데에 있는 음에 의해 그치게 되면서 빛을 방사(放射)하는 속성을 띤다.

태(☱)는 고요하고 수축하려는 음이 동적인 성질을 지닌 두 양 위에 있으니, 아래에 있는 두 양의 동적인 작용을 수축시키면서도 양의 기운에 의해 마치 연못의 물이 출렁이듯이 잔잔한 음의 기운을 방출하는 속성을 띤다.

5. 팔괘(八卦)와 사상(四象)의 관계

(1) 팔괘(八卦)의 발생적 사상과 현상적 사상

팔괘의 사상(四象)은 발생적 사상과 현상적 사상으로 구분하여 살펴볼 수 있다. 팔괘의 발생적(發生的) 사상이란 태극 양의 사상(四象)에서 자연 분화되어 나타나는 속성으로 선천적(先天的) 사상이라 한다면, 팔괘의 현상적(現象的) 사상이란 팔괘의 현상적 물상에서 파악되는 속성으로 후천적(後天的) 사상이라 할 수 있다.

발생적 사상, 즉 선천적 사상을 물상에 내재된 근원적인 속성이라 한다면, 현상적 사상, 즉 후천적 사상은 현상적으로 외부에 나타나는 속성이라 할 수 있다.

(2) 팔괘의 발생적 사상

팔괘의 발생적 사상은 다음과 같다.

1) 건(乾 ☰)과 태(兌 ☱)는 태양(太陽 ⚌)에서 분화되었으므로 발생적 사상은 태양(太陽 9)이다.
2) 이(離 ☲)와 진(震 ☳)은 소음(少陰 ⚍)에서 분화되었으므로 발생적 사상은 소음(少陰 8)이다.
3) 손(巽 ☴)과 감(坎 ☵)은 소양(少陽 ⚎)에서 분화되었으므로 발생적 사상은 소양(少陽 7)이다.
4) 간(艮 ☶)과 곤(坤 ☷)은 태음(太陰 ⚏)에서 분화되었으므로 발생적 사상은 태음(太陰 6)이다.

(3) 팔괘의 현상적 사상

팔괘의 현상적 사상은 팔괘의 음양 속성에 따라 순양괘(純陽卦), 일양이음괘(一陽二陰卦), 일음이양괘(一陰二陽卦), 순음괘(純陰卦)로 구분하여 판단한다.

1) 건(乾 ☰)은 순양괘이므로 현상적 사상은 태양(太陽 9)이다.
2) 곤(坤 ☷)은 순음괘이므로 현상적 사상은 태음(太陰 6)이다.
3) 진(震 ☳) 감(坎 ☵) 간(艮 ☶)은 일양이음괘로 양적 성질로 나타나기 때문에 현상적 사상은 소양(少陽 7)이다.
4) 손(巽 ☴) 이(離 ☲) 태(兌 ☱)는 일음이양괘로 음적 성질로 나타나기 때문에 현상적 사상은 소음(少陰 8)이다.

<table>
<tr><td>태양</td><td>소음</td><td>소음</td><td>소양</td><td>소음</td><td>소양</td><td>소양</td><td>태음</td><td rowspan="2">현상적 사상</td></tr>
<tr><td>☰</td><td>☱</td><td>☲</td><td>☳</td><td>☴</td><td>☵</td><td>☶</td><td>☷</td></tr>
<tr><td colspan="2">태양</td><td colspan="2">소음</td><td colspan="2">소양</td><td colspan="2">태음</td><td rowspan="2">발생적 사상</td></tr>
<tr><td colspan="2">⚌</td><td colspan="2">⚍</td><td colspan="2">⚎</td><td colspan="2">⚏</td></tr>
</table>

〈팔괘의 발생적 사상과 현상적 사상〉

(4) 팔괘와 사상체질론

팔괘의 사상을 발생적 사상과 현상적 사상으로 구분하여 보면, 근원과 현상, 체와 용이 모두 같은 경우가 있고, 서로 상이한 경우도 있음을 알 수 있다. 『주역』에서 논하는 사상(四象)은 일반적으로 한의학에서 말하고 있는 사상(四象)체질론과는 다르다. 오히려 한의학에서 순수하게 주역에서의 사상(四象)을 토대로 체질론을 분석하면 보다 효용성이 있는 분석이 가능하다고 생각된다.

1) 건(乾 ☰)은 발생적 사상이나 현상적 사상이 모두 태양(太陽)이므로 근원과 현상, 체(體)와 용(用)이 모두 강건하고 동적인 태양의 속성을 지닌다.
2) 태(兌 ☱)는 발생적 사상은 태양(太陽)이나 현상적 사상은 소음(少陰)이므로 근원과 체는 태양의 속성을 지니고 있으나, 외부에 나타나는 현상과 용은 소음(少陰)으로 표출된다.
3) 이(離 ☲)는 발생적 사상이나 현상적 사상이 모두 소음(少陰)이므로 근원과 현상, 체와 용이 모두 소음(少陰)의 성질을 지닌다.
4) 진(震 ☳)은 발생적 사상은 소음(少陰)이나 현상적 사상은 소양(少陽)이므로 근원과 체는 소음의 속성을 지니고 있으나, 외부에 나타나는 현상과 용은 소양(少陽)으로 표출된다.
5) 손(巽 ☴)은 발생적 사상은 소양(少陽)이나 현상적 사상은 소음(少陰)이므로 근원과 체는 소양의 속성을 지니고 있으나, 외부에 나타나는 현상과 용은 소음(少陰)으로 표출된다.
6) 감(坎 ☵)은 발생적 사상이나 현상적 사상이 모두 소양(少陽)이므로 근원과 현상, 체와 용이 모두 소양(少陽)의 성질을 지닌다.
7) 간(艮 ☶)은 발생적 사상은 태음(太陰)이나 현상적 사상은 소양(少陽)이므로 근원과 체는 태음(太陰)의 속성을 지니고 있으나, 외부에 나타나는 현상과 용은 소양(少陽)으로 표출된다.
8) 곤(坤 ☷)은 발생적 사상이나 현상적 사상이 모두 태음(太陰)이므로 근원과 현상, 체와 용이 모두 태음(太陰)의 속성을 지닌다.

이상의 내용을 간단히 정리하면

건(乾 ☰)은 근원과 현상이 모두 태양(太陽)이다.

태(兌 ☱)는 근원은 태양(太陽)이지만 현상은 소음(少陰)이다.

이(離 ☲)는 근원과 현상이 모두 소음(少陰)이다.

진(震 ☳)은 근원은 소음(少陰)이지만 현상은 소양(少陽)이다.

손(巽 ☴)은 근원은 소양(少陽)이지만 현상은 소음(少陰)이다.

감(坎 ☵)은 근원과 현상이 모두 소양(少陽)이다.

간(艮 ☶)은 근원은 태음(太陰)이지만 현상은 소양(少陽)이다.

곤(坤 ☷)은 근원과 현상이 모두 태음(太陰)이다.

팔괘체질	근원사상(체)	현상사상(용)
건(乾 ☰)체	태양	태양
태(兌 ☱)체	태양	소음
이(離 ☲)체	소음	소음
진(震 ☳)체	소음	소양
손(巽 ☴)체	소양	소음
감(坎 ☵)체	소양	소양
간(艮 ☶)체	태음	소양
곤(坤 ☷)체	태음	태음

결국 『주역』의 원리에 입각하여 사람의 사상체질을 구분한다면, 근원과 현상이 모두 태양인 건(乾)체, 근원은 태양이고 현상은 소음인 태(兌)체, 근원과 현상이 모두 소음인 이(離)체, 근원은 소음이고 현상은 소양인 진(震)체, 근원은 소양이고 현상은 소음인 손(巽)체, 근

원과 현상이 모두 소양인 감(坎)체, 근원은 태음이고 현상은 소양인 간(艮)체, 근원과 현상이 모두 태음인 곤(坤)체의 8가지로 구분이 된다고 할 수 있다.

6. 팔괘의 속성과 물상

만물은 팔괘의 기운으로 분류하여 표현할 수 있다. 팔괘의 기본원리를 나타내고 있는 『주역』「설괘전(說卦傳)」의 내용을 중심으로 대표적인 분류를 설명하면 다음과 같다.

(1) 팔괘와 자연

건(乾 ☰)의 속성을 나타내는 대표적인 자연적 물상은 하늘이다(乾爲天). 우주(하늘)는 끊임없이 움직이고 있으며, 텅 비어 있는 것 같으면서도 만물의 근원이 되는 기운(玄氣)이 가득 차 있다.

태(兌 ☱)의 속성을 나타내는 대표적인 자연적 물상은 연못이다(兌爲澤). 연못 위의 물결과 바다 위의 파도가 잔잔하게 일렁이는 모습을 연상하라.

이(離 ☲)의 속성을 나타내는 대표적인 자연적 물상은 불이다(離爲火). 불은 스스로의 실물이 없고 사물에 걸려서 그 기운을 나타낸다. 겉으로는 밝고 화려하나 속은 어둡다(外明內暗).

진(震 ☳)의 속성을 나타내는 대표적인 자연적 물상은 우뢰이다(震爲雷). 양의 기운이 음에 의해 눌려 있다가 폭발적인 기운을 나타내는 것이 우뢰이다.

손(巽 ☴)의 속성을 나타내는 대표적인 자연적 물상은 바람이다(巽爲風). 위의 두 양이 고기압이라면 아래의 음은 저기압을 의미한다. 고기압과 저기압의 기압 차이에서 발생하는 것이 바람의 작용이고, 바람의 기운은 사방을 흔들리게 한다.

감(坎 ☵)의 속성을 나타내는 대표적인 자연적 물상은 물이다(坎爲水). 양이 두 음 사이에 빠져 있듯이 물은 산과 대지의 땅 사이로 흘러 나아간다.

간(艮 ☶)의 속성을 나타내는 대표적인 자연적 물상은 산이다(艮爲山). 산은 지구 내부의 양기운이 밖으로 분출되다가 그쳐서 형성된 것이다.

곤(坤 ☷)의 속성을 나타내는 대표적인 자연적 물상은 땅이다(坤爲地). 땅은 속이 비어 있는 듯한 허한 기운을 간직하여 하늘의 양기를 받아들이며 모든 만물을 낳고 기르고 잠장하는 터전이다.[29]

(2) 팔괘와 가족

건(乾 ☰)은 순양괘로 강하고 굳세며 통솔하는 기운을 머금어 가족으로 보면 아버지에 해당한다(乾爲父).

곤(坤 ☷)은 순음괘로 부드럽고 순하며 기르는 기운을 머금어 가족으로 보면 어머니에 해당한다(坤爲母).

진(震 ☳)은 건부(乾父)의 첫 양기운이 곤모(坤母)의 첫 음과 사귀어 낳은 것으로 가족으로 보면 장남에 해당한다(震爲長男).

손(巽 ☴)은 곤모(坤母)의 첫 음기운이 건부(乾父)의 첫 양과 사귀어 낳은 것으로 가족으로 보면 장녀에 해당한다(巽爲長女).

29) 『주역』「설괘전」제11장 참조.

감(坎 ☵)은 건부(乾父)의 두 번째 양기운이 곤모(坤母)의 두 번째 음과 사귀어 낳은 것으로 가족으로 보면 중남에 해당한다(坎爲中男).

이(離 ☲)는 곤모(坤母)의 두 번째 음기운이 건부(乾父)의 두 번째 양과 사귀어 낳은 것으로 가족으로 보면 중녀에 해당한다(離爲中女).

간(艮 ☶)은 건부(乾父)의 세 번째 양기운이 곤모(坤母)의 세 번째 음과 사귀어 낳은 것으로 가족으로 보면 소남에 해당한다(艮爲少男).

태(兌 ☱)는 곤모(坤母)의 세 번째 음기운이 건부(乾父)의 세 번째 양과 사귀어 낳은 것으로 가족으로 보면 소녀에 해당한다(兌爲少女).[30]

(3) 팔괘와 동물

건(乾 ☰)은 강하고 굳세므로 동물로는 말에 해당한다(乾爲馬).

곤(坤 ☷)은 순하게 기르므로 동물로는 소에 해당한다(坤爲牛).

진(震 ☳)은 두 음 아래의 양기운이 마치 땅 속에서 하늘로 비상하는 것과 같으므로 동물로는 용에 해당한다(震爲龍).

손(巽 ☴)은 맨 아래의 음기운이 위의 두 양기운에 순종하여 겸손하게 땅만 보는 것과 같으므로 동물로는 하늘에 오르지 못하고 땅만 쪼고 있는 닭에 해당한다(巽爲鷄).

감(坎 ☵)은 가운데에 있는 양기운이 두 음기운 사이에 빠져 있어 양기운을 제대로 발휘하지 못하므로 동물로는 마치 우리 안에서 진흙탕 속을 나뒹굴고 있는 돼지와 같다(坎爲豕).

30) 『주역』「설괘전」 제10장 : 乾은 天也ㅣ라 故로 稱乎父ㅣ오 坤은 地也ㅣ라 故로 稱乎母ㅣ오 震은 一索而得男이라 故로 謂之長男이오 巽은 一索而得女ㅣ라 故로 謂之長女ㅣ오 坎은 再索而得男이라 故로 謂之中男이오 離는 再索而得女ㅣ라 故로 謂之中女ㅣ오 艮은 三索而得男이라 故로 謂之少男이오 兌는 三索而得女ㅣ라 故로 謂之少女ㅣ라.

이(離 ☲)는 불기운이 하늘로 오르고 밝고 화려한 기운의 양상이므로 동물로는 날짐승 가운데에서도 깃이 화려한 꿩에 해당한다(離爲雉).

간(艮 ☶)은 양기운이 두 음기운 위에 있어 더 이상 움직이지 않고 가만히 그쳐있으므로 동물로는 마치 집을 지키며 주인을 섬기는 개에 해당한다(艮爲狗).

태(兌 ☱)는 음이 두 양 위에서 잔잔한 소리를 내고 겉은 유순하나 속은 강한 양기로 가득한 상이므로 동물로는 양에 해당한다(兌爲羊).[31]

(4) 팔괘와 신체

건(乾 ☰)은 하늘로 위에 있고 하늘에는 일월성신이 걸려 있으므로, 신체로는 하늘을 향하여 위에 있고 이목구비(耳目口鼻)가 있는 머리에 해당한다(乾爲首).

곤(坤 ☷)은 순하게 만물을 잠장하고 또한 만물을 기르는 토양이므로, 신체로는 오장육부가 들어 있는 배에 해당한다(坤爲腹).

진(震 ☳)은 두 음 아래의 양기운이 강하게 움직이므로, 신체로는 발에 해당한다(震爲足).

손(巽 ☴)은 마치 다리가 발이 움직여 가는 데로 순응해서 바람만 일으키며 따르는 상이므로, 신체로는 다리에 해당한다(巽爲股).

감(坎 ☵)은 그 상이 마치 사람의 머리 양쪽에 구멍이 뚫려 있는 귀와 같고, 또한 귀의 구조로 볼 때 고막을 중심으로 속과 밖에 구멍이 뚫려있는 상이므로, 신체로는 귀에 해당한다(坎爲耳).

31) 『주역』「설괘전」 제8장 : 乾爲馬ㅣ오 坤爲牛ㅣ오 震爲龍이오 巽爲鷄ㅣ오 坎爲豕ㅣ오 離爲雉ㅣ오 艮爲狗오 兌爲羊이라.

이(離 ☲)는 하늘에 밝게 걸려있는 일월(日月)의 상이므로, 신체로는 얼굴에 붙어있어 밝은 기운을 방출하는 눈에 해당한다(離爲目).

간(艮 ☶)은 양기운이 두 음기운 위에 있어 더 이상 움직이지 않고 가만히 그쳐있으므로, 신체로는 육신을 그치게 하고 사물을 그치게 하는 작용을 하는 손에 해당한다(艮爲手).

태(兌 ☱)는 음이 두 양 위에서 잔잔한 소리를 내고 마치 연못처럼 입 속에는 침이 계속 고이므로, 신체로는 입에 해당한다(兌爲口).[32]

(5) 팔괘와 성질

건(乾 ☰)은 하늘과 같이 순양으로 강하고 굳세며 일을 주장해 나가는 성질이 있다.

곤(坤 ☷)은 땅과 같이 순하게 기르며 또한 만물을 잠장시키는 성질이 있다.

진(震 ☳)은 우뢰와 같이 강하게 움직이는 성질이 있다.

손(巽 ☴)은 바람과 같이 만물을 흔들리게 하고 속으로 들어가는 성질이 있다.

감(坎 ☵)은 물과 같이 만물을 빠지게 하고 젖게 하며 수축시키는 성질이 있다.

이(離 ☲)는 불과 같이 밝게 걸려 빛나게 하는 성질이 있다.

간(艮 ☶)은 산과 같이 그치고 멈추게 하는 성질이 있다.

32) 『주역』「설괘전」 제9장 : 乾爲首ㅣ오 坤爲腹이오 震爲足이오 巽爲股ㅣ오 坎爲耳ㅣ오 離爲目이오 艮爲手ㅣ오 兌爲口ㅣ라.

태(兌 ☱)는 연못의 물결과 같이 말하고 기뻐하는 성질이 있다.[33)]

(6) 팔괘와 물리력

건(乾 ☰)은 하늘이고 하늘은 지구가 돌아가는 반대방향으로 돌아가기 때문에 물리력으로는 좌선(左旋)에 해당한다.

곤(坤 ☷)은 땅이고 지구이므로 건(乾)과 대비하여 곤(坤)은 물리력으로 우선(右旋)에 해당한다.

진(震 ☳)은 우뢰와 같이 강하게 움직이는 성질이므로 물리력으로는 파동(波動)에 해당한다.

손(巽 ☴)은 바람과 같이 속으로 들어가는 성질이므로 물리력으로는 구심력(求心力)에 해당한다.

감(坎 ☵)은 물과 같이 젖게 하며 수축시키므로 물리력으로는 수축력(收縮力)에 해당한다.

이(離 ☲)는 불과 같이 밝게 걸려 빛나게 하는 성질이므로 물리력으로는 방사성(放射性)에 해당한다.

간(艮 ☶)은 산과 같이 그치고 멈추게 하는 성질이므로 물리력으로는 평정(平靜)에 해당한다.

태(兌 ☱)는 말하고 기뻐하는 성질이 있고 위가 음으로 열려 있어 밖으로 기운이 나아가는 상이므로 물리력으로는 원심력(遠心力)에 해당한다.

33) 『주역』「설괘전」 제4장 : 雷以動之코 風以散之코 雨以潤之코 日以烜之코 艮以止之코 兌以說之코 乾以君之코 坤以藏之하나니라. 「설괘전」 제7장 : 乾은 健也ㅣ오 坤은 順也ㅣ오 震은 動也ㅣ오 巽은 入也ㅣ오 坎은 陷也ㅣ오 離는 麗也ㅣ오 艮은 止也ㅣ오 兌는 說也ㅣ라.

〈팔괘의 속성과 물상〉

괘상	☰	☱	☲	☳	☴	☵	☶	☷
괘명	乾	兌	離	震	巽	坎	艮	坤
자연	天 (하늘)	澤 (연못)	火 (불)	雷 (우뢰)	風 (바람)	水 (물)	山 (산)	地 (땅)
가족	父	少女	中女	長男	長女	中男	少男	母
성질	健·君 굳셈 주장	說 말함 기뻐함	麗·煊 걸림 빛남	動 움직임	入·散 들어감 흩어짐	陷·潤 빠짐 젖음	止 그침 멈춤	順·藏 순함 감춤
동물	馬 (말)	羊 (양)	雉 (꿩)	龍 (용)	鷄 (닭)	豕 (돼지)	狗 (개)	牛 (소)
신체	首 (머리)	口 (입)	目 (눈)	足 (발)	股 (다리)	耳 (귀)	手 (손)	腹 (배)
물리	左旋	離心 遠心	放射	波動	向心 求心	收縮	平靜	右旋

〈태극 양의 사상 팔괘 약표〉

八卦	☰	☱	☲	☳	☴	☵	☶	☷
순서	1	2	3	4	5	6	7	8
괘명	건(乾)	태(兌)	이(離)	진(震)	손(巽)	감(坎)	간(艮)	곤(坤)
형상	천(天)	택(澤)	화(火)	뢰(雷)	풍(風)	수(水)	산(山)	지(地)
괘상	건삼련 (乾三連)	태상절 (兌上絶)	이허중 (離虛中)	진하련 (震下連)	손하절 (巽下絶)	감중련 (坎中連)	간상련 (艮上連)	곤삼절 (坤三絶)
현상사상	태양	소음	소음	소양	소음	소양	소양	태음
사상수	구(九)	팔(八)	팔(八)	칠(七)	팔(八)	칠(七)	칠(七)	육(六)
발생사상	태양	태양	소음	소음	소양	소양	태음	태음
四象	⚌		⚍		⚎		⚏	
명칭	태양(太陽)		소음(少陰)		소양(少陽)		태음(太陰)	
사상수	구(九)		팔(八)		칠(七)		육(六)	
위수	1		2		3		4	
兩儀	⚊				⚋			
명칭	양(陽)				음(陰)			
음양수	삼(三)				이(二)			
太極	☯							
태극수	일(一)							

Modern introduction to the I Ching

제3장 선천팔괘와 후천팔괘론

Modern introduction to the I Ching

I. 하도와 간지오행의 원리

1. 하도(河圖)·낙서(洛書)의 개념과 의의

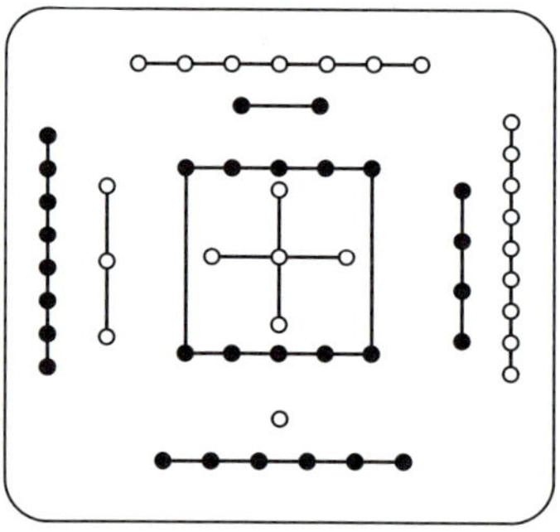

〈하도〉

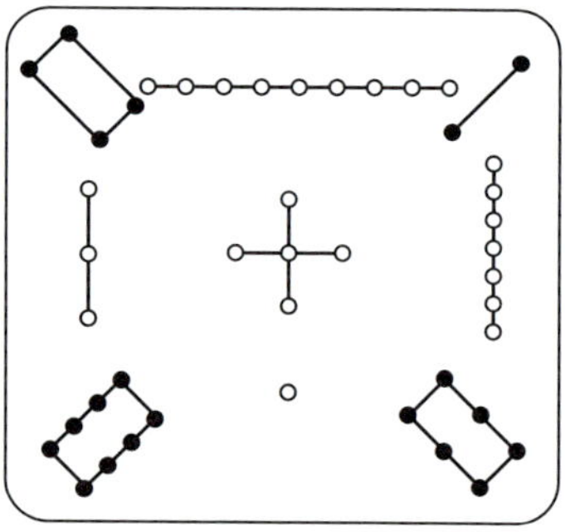

〈낙서〉

(1) 하도·낙서의 개념

일반적으로 주역 상수철학에 있어 하도와 낙서는 이른바 선천팔괘와 후천팔괘의 원리가 도출되는 기본 도서(圖書)로 이해되어 왔다. 즉 선천팔괘(복희팔괘)는 하도(河圖)의 원리에서 도출되었으며, 후천팔괘(문왕팔괘)는 낙서의 원리에서 도출되었다고 일컬어 왔다.

그러나 원리적으로 볼 때 이러한 일반적 견해는 잘못된 것이다. 왜냐하면 주역에서의 팔괘는 음양(陰陽)의 기운양상을 토대로 하여 우주자연의 원리를 표상한 것이며, 하도와 낙서는 수리(數理)의 원리에 기초하여 표상한 것이기에 애초에 원리를 표현하는 접근방식이 다른 것이기 때문이다.[34)]

일반적으로 하도(河圖)는 지금으로부터 약 5,000여 년 전에 하수(河水)에서 나타난 용마(龍馬)의 등에 그 상이 나타나 있었고 이를 복희씨께서 보고 이치를 깨우쳐 복희팔괘를 지었다고 일컫고 있으며, 낙서(洛書)는 약 4,200여 년 전에 하(夏)나라의 우(禹)임금이 황하에서 나타난 신비스러운 거북의 등에 새겨진 무늬를 보고 그 이치를 깨우쳐 9년 홍수를 다스렸다고 전해지고 있다. 그러나 중국의 주역철학사를 기초로 하여 살펴보면, 송(宋)대 이전에는 하도와 낙서에 관한 언급이 없었으며 송(宋)대 이후부터 상수학파를 중심으로 하도와 낙서를 중시한 것으로 밝혀지고 있다.[35)]

특히 하도와 낙서는 중국 송(宋)대초 도교학자이자 신선가인 진단(陳摶, 송 태종이 '희이선생希夷先生'이란 호를 내림)의 『역용도(易龍圖)』에 포함된 그림으로 도교의 연단도(煉丹圖)에 기초하여 우주사상을 표현한 것으로 보인다.[36)]

34) 신성수, 『주역통해』, 48쪽.

35) 廖名春·康學偉·梁韋弦 지음, 심경호 옮김, 『주역철학사』(예문서원, 1998), 365-437쪽 참조; 文載坤, 「河圖·洛書의 形成과 改托」『주역의 현대적 조명』(한국주역학회 편; 범양사 출판부, 1992), 247-279쪽 참조.

36) 廖名春·康學偉·梁韋弦 지음, 심경호 옮김, 『주역철학사』, 377-387쪽 참조.

(2) 하도·낙서와 『주역』과의 관계

앞서 언급하였듯이 하도와 낙서는 선진시대부터 당(唐)대에 이르기까지 언급이 없다가 송대 초에 상수학파를 중심으로 주장되기 시작하였는데, 특히 주진(朱震, 1072-1138)의 『한상역전(漢上易傳)』, 주희(朱熹, 1130-1200)의 『주역본의(周易本義)』, 주희와 채원정(蔡元定, 1135-1198)이 함께 지은 『역학계몽(易學啓蒙)』등에서 주역의 이치를 설명하는 전제로 하도와 낙서를 설명하였다.[37)]

그런데 주희(주자) 이후 확립된 성리학의 영향으로 중국은 물론 우리나라에서도 하도와 낙서를 주역원리의 기본 도본으로 이해하게 되었다. 그러나 하도와 낙서에 관한 많은 이론에도 불구하고, 하도와 낙서의 원리는 『주역』의 원리와 직접적인 관련은 없는 것으로 보아야 한다.

(3) 선천팔괘·후천팔괘와의 관계

주자 이후 중국을 비롯한 우리나라의 학자들이 하도에서 선천팔괘가 나왔고 낙서에서 후천팔괘가 나왔다고 설명하여 왔으나, 애초에 『주역』의 발생 및 그 원리와 하도·낙서와는 직접적인 관련이 없으며, 다만 하도의 원리와 후천팔괘의 원리는 춘하추동 사시변화와 오행원리에 있어 부합하는 이치가 있다. 따라서 하도에서 선천팔괘가 나오고 낙서에서 후천팔괘가 나왔다고 보는 전통적인 견해와는 달리, 하도(河圖)의 원리와 후천팔괘(後天八卦)의 원리가 이치적으로 부합하는 것이며, 낙서(洛書)는 상수학 입장에서 중요시했던 수의 조합으로서의

37) 廖名春·康學偉·梁韋弦 지음, 심경호 옮김, 『주역철학사』, 420-421쪽 참조; 文載坤, 「河圖·洛書의 形成과 改托」『주역의 현대적 조명』, 256쪽 참조.

마방진(魔方陣)[38]으로 주역의 원리와 직접적인 관계가 없는 것으로 보아야 한다.[39]

2. 하도(河圖)의 원리와 오행(五行)

(1) 하도의 기본 수리

하도는 1부터 10까지의 수로서 자연변화의 이치를 나타내고 있다. 다시 말하면 춘하추동 사시의 변화원리를 1부터 10까지의 자연수의 철학적 이치로 나타낸 것이다. 한없이 펼쳐져 가는 수리의 세계는 사실 1부터 10까지의 수로 이루어지고 있다.

하도의 상을 보면 1 2 3 4 5의 수가 안에 있고, 6 7 8 9 10의 수가 밖에 있는데, 안에 있는 1 2 3 4 5의 수는 생하는 기본수라 하여 생수(生數)라 하고, 밖에 있는 6 7 8 9 10의 수는 생수를 통하여 특히 5의 조화작용으로 이루어진 수라고 하여 성수(成數)라고 한다.

사실 1부터 10까지의 열 가지 수 가운데에서도 가장 핵심적인 기본수는 1, 2, 3, 4의 네 가지 수이다. 왜냐하면 1 + 2 + 3 + 4 = 10이 되기 때문이다. 그러나 1 2 3 4의 수로는 변화를 일으키지 못한다. 바로 조화의 수인 5를 통하여 변화가 일어나게 된다. 생수의 끝수인 5

38) 조셉 니덤 지음·콜린 로넌 축약·이면우 옮김,『중국의 과학과 문명 : 수학, 하늘과 땅의 과학, 물리학』(까치글방, 2000), 29-33쪽; 郭 揚,『易經求正解』(中國 : 廣西人民出版社, 1990), 213-229쪽; 永田 久·沈雨晟 역,『曆과 占의 과학』(東文選, 1992), 266-270쪽; 이은성,『曆法의 原理分析』(정음사, 1985), 220-222쪽 참조.

39) 신성수,『주역통해』, 48쪽.

가 1과 합하여 6을 이루고, 5와 2가 합하여 7을 이루며, 5와 3이 합하여 8을 이루고, 5와 4가 합하여 9를 이루며, 5와 5가 합하여 10을 이룬다. 즉 5라는 수가 있기에 10수가 이루어지 때문에 5를 조화의 중궁수(中宮數)라고 하고 수를 넓혀가는 기본이 되기에 연수(衍數)라고도 한다.

한편 10수는 0을 통하여 100, 1000, 10000 … 등 무한하게 수를 넓혀가게 되기 때문에 역시 연수(衍數)가 되는데, 하도의 중궁(中宮)에 있으면서 같은 연수(衍數)에 해당하는 5와 10을 곱한 50수를 크게 수를 넓혀가는 수라고 하여 대연수(大衍數)라고 한다. 이 대연수 50은 다음에 살펴보는 주역예측판단의 기본원리가 되는 설시(揲蓍)법의 기본 수리가 된다.[40]

(2) 하도의 음양기운과 계절상

1) 하도 수리의 음양기운

1부터 10까지의 수에서 기수(양수)인 1-3-5-7-9는 양기운의 발전상을 의미하고, 우수(음수)인 2-4-6-8-10은 음기운의 발전상을 의미한다. 이 가운데 중궁에 있는 조화의 수인 5와 10을 제하면, 양기운은 1-3-7-9로 발전하며 음기운은 2-4-6-8로 발전하게 된다. 결국 1년의 변화와 하루의 변화가 1-3-7-9-의 양기운과 2-4-6-8의 음기운의 상호관계로 나타나며, 5와 10은 조화와 균형을 이루는 수로 상징된다.

40) 제6장 예측판단론 II. 설시의 원리 참조

2) 하도 수리의 계절상

태극 양의 사상 팔괘의 상(象)은 음과 양의 기운으로 자연의 기운 변화를 나타낸 것이라면, 하도의 상(象)은 수리(數理)로서 자연의 기운, 특히 봄 여름 가을 겨울의 계절상을 표상한 것이다.

하도의 수리를 계절상으로 보면, 우선 생수 1과 성수 6의 조합은 겨울의 기운을 나타낸다. 왜냐하면 겨울은 추운 음기운에 의해 양기운이 응축되어 잠장된 상이기 때문이다. 그래서 겨울의 양기운은 가장 응축되어 1이란 수로 나타내고 이는 마치 한겨울 동지(冬至)에 일양시생(一陽始生)하는 것과도 같다.

생수 3과 성수 8의 조합은 봄의 계절상에 부합한다. 한 겨울 동지에 일양이 생하여 봄이 되면 3양으로 발전하게 되어 만물이 싹을 내게 되는데, 아직 외부적 환경은 음기운 8이 드리우고 있기 때문에 만물이 부드럽고 약한 상태가 된다.

생수 2와 성수 7의 조합은 여름의 계절상을 나타낸다. 겨울의 1양이 봄에는 3양으로 발전하지만 아직 내부에 있다가 여름에는 7양으로 발전하여 외부로 그 기운이 나타나니 더운 양기운이 성하게 된다. 그런데 바로 이 때, 즉 한 여름 하지(夏至)에 음기운이 나오게 되니(一陰始生) 속에 2음이 드리우게 된다.

생수 4와 성수 9는 가을의 기운을 나타낸다. 겨울의 1양이 봄의 3양으로 발전하고 여름의 7양을 거쳐 가을에는 9양으로 더욱 확장하게 되는데, 반면에 한 여름 하지에 생한 2음의 기운이 가을에는 4음으로 발전하면서 9양의 기운을 끌어당겨 수축시키는 작용을 하게 된다. 그래서 9양이 4음의 수축작용을 받게 되면 가을에는 건조하고 청량한 계절이 된다.

다시 겨울이 되면 여름의 2음이 가을의 4음을 거쳐 다시 6음으로 발전하여 외부의 환경을 다스리게 되니, 가을에 9양으로 발전했던 양기운은 1양으로 응축된다.

결국, 생수 1양과 성수 6음은 겨울의 상을 나타내고, 생수 3양과 성수 8음은 봄의 상을 나타내며, 생수 2음과 성수 7양은 여름의 상을 나타내고, 생수 4음과 성수 9양은 가을의 상을 나타내고 있다.

3) 하도 수리의 오행

이와 같은 이치에서 1양과 6음의 조합은 겨울을 의미하는데, 오행(五行)으로 보면 수(水)기운에 해당한다. 이때 겨울의 수(水)기운은 흐르는 물이 아니라 더운 양기운이 추운 음기운에 의해 잠장된 상태, 즉 이를테면 결빙(結氷)된 상태로 보아야 한다.

3양과 8음의 조합은 봄을 의미하는데, 오행으로 보면 목(木)기운에 해당한다. 봄에 식물이 땅을 뚫고 나와 생발하는 기운(生發之氣)으로 자라나는 모습을 취한 것이다.

2음과 7양의 조합은 여름을 의미하는데, 오행으로 보면 화(火)기운에 해당한다. 양기운이 성하여 만물이 무성하게 자라고 무덥고 태양의 기운이 강한 상태를 의미한다.

4음과 9양의 조합은 가을을 의미하는데, 오행으로 보면 금(金)기운에 해당한다. 음기운에 의해 양기운이 수축되면서 건조하고 냉랭하여 딱딱해지기 때문이다.

그리고 중궁에 있는 5양과 10음의 조합은 사계절에 해당하는데, 오행으로 보면 토(土)에 해당한다. 토기운은 중화작용을 일으켜 춘하추동 사시를 조절하는 역할을 한다. 그리고 기후적 양상으로 볼 때, 토기운은 습한 비의 작용으로 보아야 한다. 춘하추동 사시가 변화해 나감에 있어 비(降雨)의 작용이 크게 영향을 미치게 되는데, 한 겨울에서 봄으로 바뀔 때 촉촉이 내리는 비, 봄에서 여름으로 넘어갈 때 내리는 비, 여름에서 가을로 넘어갈 때 내리는 비(장마), 가을에서 겨울로 넘어갈 때 내리는 서늘한 비, 그리고 한 겨울에 내리는 눈을 생각하면 된다.

결국 하도에서 생수와 성수의 조합인 1·6, 2·7, 3·8, 4·9, 5·10은 춘하추동 사시의 기운변화를 음기운과 양기운의 상호작용으로 파악하여 각각 오행의 기운으로 상징한 것임을 알 수 있다.

하도수	1 6	2 7	3 8	4 9	5 10
오행	수	화	목	금	토
계절	겨울	여름	봄	가을	사계
방위	북	남	동	서	중

3. 하도(河圖)의 원리와 간지오행(干支五行)

(1) 간지의 의의

천간(天干 : 10干)과 지지(地支 : 12地支)의 합성어인 간지(干支)는 나무(木)의 간지(幹枝), 즉 나무의 줄기와 가지라는 뜻이다. 간지(干支)의 연원에 대하여 정확한 고증은 할 수 없으며, 다만 『통감외기(通鑑外紀)』『사물기원(事物紀原)』『협기변방서(協紀辨方書)』등의 문헌에 의하면, 일반적으로 간지는 천황씨(天皇氏)가 만들었다고 하며 황제(皇帝)시대에 대요씨(大撓氏)가 황제의 명(命)을 받아 비로소 천간과 지지를 배합하여 60갑자(甲子)를 만들었다고 전해지고 있다.

순서	1	2	3	4	5	6	7	8	9	10	11	12
天干	甲	乙	丙	丁	戊	己	庚	辛	壬	癸		
地支	子	丑	寅	卯	辰	巳	午	未	申	酉	戌	亥

중국 고대시대인 은대(殷代)에 간지가 보편적으로 사용되고 있었다는 것이 은허(殷墟)에서 발굴된 갑골문(胛骨文) 등에 의해 밝혀졌기 때문에, 은대 이전부터 간지가 사용되었음을 미루어 짐작할 수 있다.[41] 다만, 은대에는 간지가 일자(日字)에만 사용되었고, 연대(年代)에 간지를 사용하게 된 것은 B.C. 2세기경의 한대(漢代)부터였다고 추론된다. B.C. 104년에 만들어진 삼통력(三統曆)이란 책력에서 연대에 간지를 표기한 것이 처음으로 나타나고 있다.

간지는 음양오행의 원리가 구체화된 법칙이며, 연월일시(年月日時)의 주기성(週期性)을 나타냄과 아울러 천문역법(天文曆法)의 원리에까지 적용됨으로써 동양 과학철학의 기초를 이루고 있다.

(2) 하도(河圖)의 원리와 간지

일반적으로 간지의 원리는 하도(河圖)의 수리(數理)와 음양오행(陰陽五行)에 배합하여 설명하고 있다. 『협기변방서』「본원일(本原一) 간지오행(干支五行)」에 의하면,"천간에서 갑을(甲乙)은 목(木)에 속하고 병정(丙丁)은 화(火)에 속하고 무기(戊己)는 토(土)에 속하고 경신(庚辛)은 금(金)에 속하고 임계(壬癸)는 수(水)에 속하며, 지지에서 인묘진(寅卯辰)은 목(木)에 속하여 동방에 배합하고 사오미(巳午未)는

41) 김경일, 『갑골문이야기』, 바다출판사, 2002 참조.

화(火)에 속하여 남방에 배합하고 신유술(申酉戌)은 금(金)에 속하여 서방에 배합하고 해자축(亥子丑)은 수(水)에 속하여 북방에 배합하는데 토(土)는 진술축미(辰戌丑未)의 사이에 붙어 왕성하여 사계(四季)에 배합한다"고 하였다.[42)]

하도의 수리와 오행에 천간과 지지를 배합하여 보면 다음과 같다.

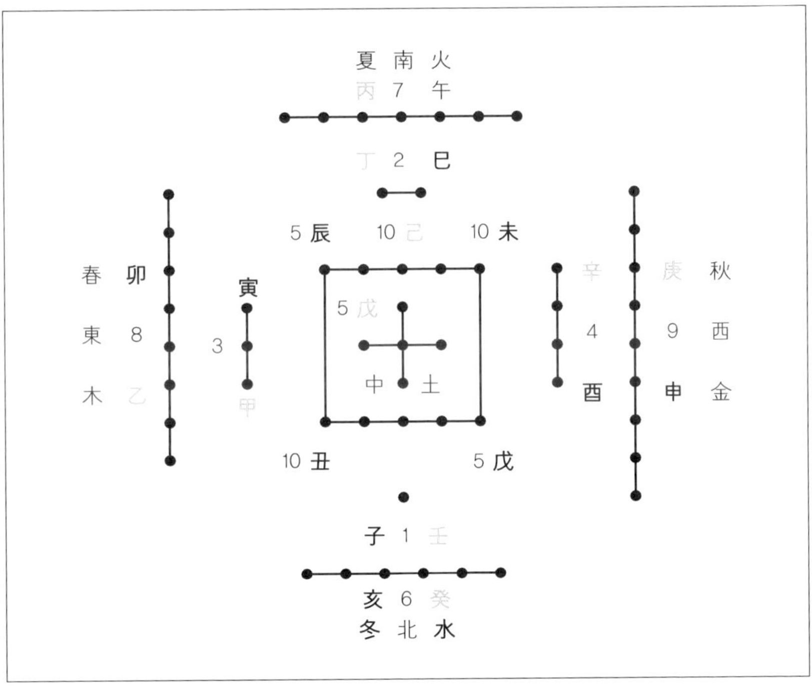

〈河圖干支生成圖〉

42) 『協紀辨方書』本原一 干支五行 : 天干則 甲乙屬木하고 丙丁屬火하고 戊己屬土하고 庚辛屬金하고 壬癸屬水하며 地支則 寅卯辰屬木하여 配東方也하고 巳午未屬火하여 配南方也하고 申酉戌屬金하여 配西方也하고 亥子丑屬水하여 配北方也하고 而土寄旺於辰戌丑未之間하여 配四季也하니라.

한편, 낙서(洛書)의 도상에 12지지를 배합하는 견해도 있으나, 낙서 수(數)에 내재된 이치와 지지오행(地支五行)의 원리가 부합되지 않기 때문에 타당하지 않다고 본다.

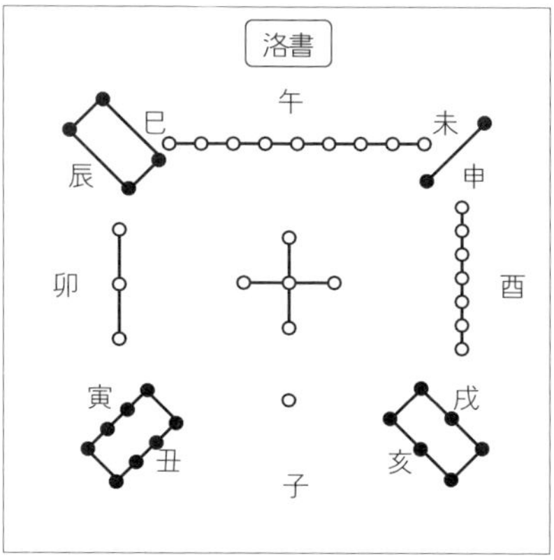

(3) 십간(十干 : 天干)의 음양오행

춘하추동 사시의 변화에 따른 십간 즉 천간의 음양오행은 만물이 생화하는 동방 목(봄)에서 시작한다. 우선 천간의 음양을 살펴보면, 갑(甲) 을(乙) 병(丙) 정(丁) 무(戊) 기(己) 경(庚) 신(辛) 임(壬) 계(癸)의 천간은 1부터 10까지의 수에 배합되는데, 1 3 5 7 9는 양수이고 2 4 6 8 10은 음수이므로 갑1 병3 무5 경7 임9는 양의 기운을 띠고 을2 정4 기6 신8 계10은 음의 기운을 띤다.

천간의 오행은 갑(甲)을(乙)은 동방 목(봄)에 해당하여 하도의 3·8에 배합되고, 병(丙)정(丁)은 남방 화(여름)에 해당하여 하도의 7·2에 배합되며, 무(戊)기(己)는 중앙 토(장하)에 해당하여 하도의 5·10에 배합되며, 경(庚)신(辛)은 서방 금(가을)에 해당하여 하도의 9·4에 배합되며, 임(壬)계(癸)는 북방 수(겨울)에 해당하여 하도의 1·6에 배합된다.

이렇게 하여 천간의 음양오행을 정리하면 갑(甲)과 을(乙)은 계절로는 봄이고 방위로는 동방인데, 갑(甲)은 양목(陽木)으로 하도의 3에 해당하고 을(乙)은 음목(陰木)으로 하도의 8에 해당한다.

병(丙)과 정(丁)은 계절로는 여름이고 방위로는 남방인데, 병(丙)은 양화(陽火)로 하도의 7에 해당하고 정(丁)은 음화(陰火)로 하도의 2에 해당한다.

무(戊)와 기(己)는 계절로는 장하(長夏)이고 방위로는 중앙인데, 무(戊)는 양토(陽土)로 하도의 5에 해당하고 기(己)는 음토(陰土)로 하도의 10에 해당한다.

경(庚)과 신(辛)은 계절로는 가을이고 방위로는 서방인데, 경(庚)은 양금(陽金)으로 하도의 9에 해당하고 신(辛)은 음금(陰金)으로 하도의 4에 해당한다.

임(壬)과 계(癸)는 계절로는 겨울이고 방위로는 북방인데, 임(壬)은 양수(陽水)로 하도의 1에 해당하고 계(癸)는 음수(陰水)로 하도의 6에 해당한다.

이상의 내용을 도표로 하면 다음과 같다.

〈10간의 음양오행배속〉

順序	1	2	3	4	5	6	7	8	9	10
天干	甲	乙	丙	丁	戊	己	庚	辛	壬	癸
河圖數	三	八	七	二	五	十	九	四	一	六
陰陽	陽	陰	陽	陰	陽	陰	陽	陰	陽	陰
五行	木	木	火	火	土	土	金	金	水	水
四季	春	春	夏	夏	四季	四季	秋	秋	冬	冬
方位	東	東	南	南	中	中	西	西	北	北

(4) 십이지(十二支 : 地支)의 음양오행

1) 1년 12달과 12지지

원래 12지지는 지구가 태양을 중심으로 공전하는 주기에서 나타나는 계절성과 지구의 위성인 달이 1년에 대략 12번 공전한다는 사실과 목성의 공전주기가 지구년도로 대략 12년에 해당한다는 점이 고려되어 천문책력의 중요지표로 사용되었다. 특히 북두칠성의 두강(斗綱)이 가리키는 방향에 따라 1년 12달을 일으키는 지표로 사용되었는데 이를 월건(月建)이라고 한다.

두강(斗綱)은 북두칠성(北斗七星)의 첫 번째, 다섯 번째, 일곱 번째의 세 별을 지적하는 말로 제1성(第一星)을 괴성(魁星), 제5성(第五星)을 충성(衡星), 제7성(第七星)을 표성(杓星)이라 한다.[43] 이 두강이 음력 정월(正月)에는 인(寅), 2월에는 묘(卯), 3월에는 진(辰), 4월에는 사(巳), 5월에는 오(午), 6월에는 미(未), 7월에는 신(申), 8월에는 유(酉), 9월에는 술(戌), 10월에는 해(亥), 11월에는 자(子), 12월에는 축(丑)을 각각 가리키니 이를 월건(月建)이라 부른다.[44]

43) 장개빈(張介賓)은 『유경도익(類經圖翼)』의 두강해(斗綱解)에서 "一歲四時之候를 皆統于十二辰하니 十二辰者는 以斗綱所指之地이니 卽節氣所在之處也라. 正月指寅하고 二月指卯하고 三月指辰하고 四月指巳하고 五月指午하고 六月指未하고 七月指申하고 八月指酉하고 九月指戌하고 十月指亥하고 十一月指子하고 十二月指丑하니 謂之月建이라. 天之元氣는 無形이나 可觀하니 觀斗建之辰하면 卽可知矣리라. 斗有七星하니 第一曰魁요 第五曰衡이요 第七曰杓라하니 此三星을 謂之斗綱이라. 仮如正月建寅하고 昏則杓指寅하고 夜半衡指寅하고 平旦魁指寅하니 餘月仿此라" 하여 월건(月建)에 대한 내용을 구체적으로 설명하고 있다.

44) 월건(月建)은 북두칠성의 두강이 가리키는 방향에 따라 결정하였다. 『삼재도회(三才圖會)』에서는 북두칠성에 대해 "北斗七星은 近紫薇垣하고 在太微之北하니 七政之樞機요 陰陽之元本也라. 故로 運乎天下而臨計四方하여 以建四時而均

지지기월(地支紀月)의 기원은 매우 오래되어 하(夏)나라 때는 인(寅)으로 세수(歲首)를 삼았고 은(殷)나라 때는 축(丑)으로 세수를 삼았고 주(周)나라 때는 자(子)로써 세수를 삼았다. 그 후 진대(秦代)에서는 해(亥)로써 정월(正月)을 삼았다가 한무제(漢武帝) 태초 원년(太初 元年)에 태초력(太初曆)을 만들고 인월(寅月)로써 세수(歲首)를 삼았는데 이것이 지금까지 사용되고 있다.

2) 12지지의 음양오행배속

춘하추동 사시의 변화에 따른 천간의 음양오행은 만물이 생화하는 동방 목(봄)에서 시작하는 반면, 앞서 언급하였듯이 12지지는 천문좌표와 밀접한 관계가 있기 때문에 이른바 한 겨울 동지(冬至)에 일양(一陽)이 생하여 천기(天氣)가 비롯되는 북방에서 자(子)가 시작된다.

우선 지지의 음양을 살펴보면, 자(子) 축(丑) 인(寅) 묘(卯) 진(辰) 사(巳) 오(午) 미(未) 신(申) 유(酉) 술(戌) 해(亥)의 12지지는 1부터 12까지의 수에 배합되는데, 1 3 5 7 9 11은 양수이고 2 4 6 8 10 12는 음수이므로 자1 인3 진5 오7 신9 술11은 양의 기운을 띠고 축2 묘4 사6 미8 유10 해12는 음의 기운을 띤다.

천간은 10가지로 되어 있어 하도수 10에 그대로 부합이 되지만, 지지는 12가지로 되어 있기 때문에 하도의 동서남북 4정방위의 사이(間方)에 4가지를 배속하게 된다.

五行하니 齊節度定綱紀也라. 魁四星爲璇璣하고 杓三星爲玉衡하니 天象號令之主요 是爲帝車取乎運動之義也라. 又魁第一星曰天樞요 二曰璇이요 三曰璣요 四曰權이요 五曰玉衡이요 六曰開陽이요 七曰搖光이니 一至四爲魁하고 五至七爲杓하니 樞爲天이요 璇爲地요 機爲人이요 權爲時요 玉衡爲音이요 開陽爲律이요 搖光爲星이라" 하였다. 王 圻·王思義 編集, 『三才圖會 上』(中國 : 上海古籍出版社, 1985), 22-23面.

지지는 1년 12달과 밀접한 관계가 있기 때문에 동짓달(음력11월)의 자월(子月)을 기준으로 하여 축(丑, 음력12월)과 해(亥, 음력10월)가 겨울에 해당하고, 인(寅, 음력1월) 묘(卯, 음력2월) 진(辰, 음력3월)은 봄에 해당하며, 사(巳, 음력4월) 오(午, 음력5월) 미(未, 음력6월)는 여름에 해당하고, 신(申, 음력7월) 유(酉, 음력8월) 술(戌, 음력9월)은 가을에 해당한다.

이렇게 1년 12달을 4계절에 배당하게 되면 오행으로는 겨울의 수(水), 봄의 목(木), 여름의 화(火), 가을의 금(金)만 있게 되는데, 토(土)는 수화목금의 사시기운을 조절하여 계절을 변화시키는 주체가 되기 때문에 각 계절의 끝이 되는 겨울의 말미인 축(丑)과 봄의 말미인 진(辰), 여름의 말미인 미(未), 가을의 말미인 술(戌)을 토(土)에 배속하고 있다. 토(土)에 해당되는 축(丑)진(辰)미(未)술(戌)이 하도에서 간방(間方)에 배속하게 된다.

1년은 365일여가 되지만, 360일 상수로 하면 봄 여름 가을 겨울의 사계절은 각각 90일씩 나뉘어 운행하게 된다. 그런데 토(土)는 각 계절의 말미에 작용하는데, 각 계절은 입춘(立春) 입하(立夏) 입추(立秋) 입동(立冬)에서 시작되므로 입춘 전 18일, 입하 전 18일, 입추 전 18일, 입동 전 18일을 토(土)가 용사하는 시기로 삼았다. 각 계절 90일에서 18일을 빼면 각각 72일이 되고 토(土)가 용사하는 각 계절 말미의 18일을 모두 더하면 72일이 되어 목화토금수 오행이 작용하는 기간은 모두 72일씩 같게 된다.[45)]

45) 김석진, 『대산 주역강의 1』(한길사, 1999), 119쪽; 이은성, 『曆法의 原理分析』(정음사, 1985), 130-131쪽 참조.

지지의 오행을 하도와 관련하여 보면, 해(亥)자(子)는 북방 수(겨울)에 해당하여 하도의 6·1에 배합되고 축(丑)은 토(土, 음토)에 해당하여 하도의 10에 배합되며, 인(寅)묘(卯)는 동방 목(봄)에 해당하여 하도의 3·8에 배합되고 진(辰)은 토(土, 양토)에 해당하여 하도의 5에 배합되며, 사(巳)오(午)는 남방 화(여름)에 해당하여 하도의 2·7에 배합되고 미(未)는 토(土, 음토)에 해당하여 하도의 10에 배합되고, 신(申)유(酉)는 서방 금(가을)에 해당하여 하도의 4·9에 배합되고 술(戌)은 토(土, 양토)에 해당하여 하도의 5에 배합된다.

축(丑)진(辰)미(未)술(戌) 4토의 작용을 양기운이 발전하는 봄 여름과 음기운이 발전하는 가을 겨울에 비추어 살펴보면, 진(辰)토는 봄에서 여름으로 같은 양기운이 발전하는 과정에서(木生火) 약간의 촉매작용을 하는 것이고, 술(戌)토 역시 가을에서 겨울로 같은 음기운이 자라나는 과정에서(金生水) 약간의 촉매작용을 하는 것으로 볼 수 있다. 그런데 축(丑)토는 음기운이 가장 극성한 해(亥)자(子)의 겨울 수국(水局)에서 양기운이 자라나게 하여 인(寅)묘(卯)의 봄 목국(木局)으로 바뀌게 하는 중요한 계기를 만들며, 미(未)토는 양기운이 가장 극성한 사(巳)오(午)의 여름 화국(火局)에서 음기운이 자라나게 하여 신(申)유(酉)의 가을 금국(金局)으로 바뀌게 하는 중요한 계기를 만든다. 그래서 축(丑)진(辰)미(未)술(戌) 4토 가운데에서도 특히 겨울에서 봄으로 바꾸는 역할을 하는 동북방의 축(丑)토와 여름에서 가을로 바꾸는 역할을 하는 서남방의 미(未)토가 중요하다. 이러한 이유에서 다음에 논하는 후천팔괘에서는 북방(겨울)과 동방(봄) 사이의 동북방에 간(艮 ☶, 양토)괘를 두고, 남방(여름)과 서방(가을) 사이의 서남방에 곤(坤 ☷, 음토)괘를 둔 것이다.

이렇게 하여 지지의 음양오행을 정리하면 다음과 같다.

해(亥)와 자(子)는 계절로는 겨울이고 방위로는 북방인데, 해(亥)는 음수(陰水)로 하도의 6에 해당하고 자(子)는 양수(陽水)로 하도의 1에 해당한다.

축(丑)은 계절로는 계동(季冬)이고 방위로는 동북방이며 오행으로는 음토(陰土)로 하도의 10에 해당한다.

인(寅)과 묘(卯)는 계절로는 봄이고 방위로는 동방인데, 인(寅)은 양목(陽木)으로 하도의 3에 해당하고 묘(卯)는 음목(陰木)으로 하도의 8에 해당한다.

진(辰)은 계절로는 계춘(季春)이고 방위로는 동남방이며 오행으로는 양토(陽土)로 하도의 5에 해당한다.

사(巳)와 오(午)는 계절로는 여름이고 방위로는 남방인데, 사(巳)는 음화(陰火)로 하도의 2에 해당하고 오(午)는 양화(陽火)로 하도의 7에 해당한다.

미(未)는 계절로는 계하(季夏)이고 방위로는 서남방이며 오행으로는 음토(陰土)로 하도의 10에 해당한다.

신(申)과 유(酉)는 계절로는 가을이고 방위로는 서방인데, 신(申)은 양금(陽金)으로 하도의 9에 해당하고 유(酉)는 음금(陰金)으로 하도의 4에 해당한다.

술(戌)은 계절로는 계추(季秋)이고 방위로는 서북방이며 오행으로는 양토(陽土)로 하도의 5에 해당한다.

이상의 내용을 도표로 하면 다음과 같다.

〈12지지의 음양오행배속〉

順序	1	2	3	4	5	6	7	8	9	10	11	12
地支	子	丑	寅	卯	辰	巳	午	未	申	酉	戌	亥
河圖數	一	十	三	八	五	二	七	十	九	四	五	六
陰陽	陽	陰	陽	陰	陽	陰	陽	陰	陽	陰	陽	陰
五行	水	土	木	木	土	火	火	土	金	金	土	水
四季	仲冬	季冬	孟春	仲春	季春	孟夏	仲夏	季夏	孟秋	仲秋	季秋	孟冬
方位	北	中 동북	東	東	中 동남	南	南	中 서남	西	西	中 서북	北
月建	11	12	1	2	3	4	5	6	7	8	9	10

Ⅱ. 선천팔괘와 후천팔괘의 원리

1. 선천팔괘와 후천팔괘의 의의

(1) 복희선천팔괘의 명칭과 유래

『주역』「계사전」에 "옛날에 포희씨가 천하에 왕을 할 때에 우러러서는 하늘에서 형상을 보고, 구부려서는 땅에서 법을 보며, 새와 짐승의 무늬와 땅의 마땅함을 보며, 가까이는 몸에서 취하고 멀리는 물건에서 취하여, 이에 비로소 팔괘를 지음으로써 신명의 덕을 통하며 만물의 실정을 같이 하니, …"[46]라는 문장이 있는데, 이 문장은 유교의 조종(祖宗)으로 일컬어지고 있는 포희(복희)씨가 선천팔괘를 지었다고 하는 대표적인 내용이다.

전통적으로 내려온 견해에 따르면, 복희(伏犧·包犧)는 고대 삼황오

46) 『주역』계사하전 제2장 : "古者包犧氏之王天下也에 仰則觀象於天하고 俯則觀法於地하며 觀鳥獸之文과 與地之宜하며 近取諸身하고 遠取諸物하야 於是에 始作八卦하야 以通神明之德하며 以類萬物之情하니 …"

제[47]시대에 해당하는 성인으로 약 5000여년 전에 중국 황하유역에서 나타난 용마(龍馬)의 등에 드리워진 하도(河圖)를 보고 우주만물의 이치를 깨달아 팔괘(八卦)를 지었다고 전해지는데, 이를 복희팔괘 또는 복희선천팔괘라고 한다.

이러한 전통적인 입장에 대하여 많은 학자들에 의해 새로운 각도에서 조명하는 반론이 제기되어 왔다. 아마도 팔괘(八卦)가 『주역』의 상징적인 원상(原象)이기 때문에 유가(儒家)의 조종(祖宗)으로 일컫고 있는 복희씨의 이름을 빌려 '복희팔괘'라 한 것으로 추론한다.

이치적으로 볼 때, 이른바 복희팔괘 또는 복희선천팔괘는 이미 살펴본 바와 같이 태극에서 양의·사상·팔괘로 분화되어 나타나는 유일한 괘상이고 또한 이른바 문왕후천팔괘와 대비하여 이를 선천팔괘라 하는 것이다. 이러한 관점에서 나는 전통적으로 사용되어 온 '복희선천팔괘'라는 명칭 대신에 '선천팔괘'로 명명하고자 한다.[48]

(2) 문왕후천팔괘의 명칭과 유래

문왕(文王)은 지금으로부터 약 3100년전 중국 은(殷)나라 말기에 서쪽 지방에 있던 주(周)나라 제후(西伯)로 있었는데, 선정(善政)을 베풀어 민심(民心)이 문왕에게 기울자, 은나라의 마지막 왕이었던 폭군 주왕(紂王)이 이를 두려워하여 문왕을 유리(羑里) 지방에 있는 옥(獄)에 가두었다고 한다.

47) 문헌에 따라 약간의 차이는 있으나, 일반적으로 삼황(三皇)은 복희씨·신농씨·황제씨를 일컫고, 오제(五帝)는 소호·전욱·제곡·요·순을 일컫는다.

48) 신성수, 『주역통해』, 47쪽.

그런데 문왕은 옥중생활을 하면서 은나라 이전인 하(夏)나라 우(禹) 임금이 다스릴 때(약 4200여년전) 출현했다고 하는 낙서(洛書)의 이치를 깨달아 복희팔괘의 배열을 달리 한 팔괘를 지었는데, 이를 문왕팔괘 또는 문왕후천팔괘라고 한다.

이러한 전통적인 입장에 대해서도 복희팔괘와 마찬가지로 많은 이설(異說)이 제기되어 왔다.[49] 나는 복희팔괘와 마찬가지로 문왕이 주나라때 역(易)을 체계화시킨 상징적인 인물로 보아 복희팔괘보다 뒤에 나온 팔괘를 문왕팔괘라 하고, 또한 복희선천팔괘보다 뒤에 나왔기에 후천팔괘라고 명명한 것으로 추론하고 있다. 이러한 관점에서 전통적으로 사용되어 온 '문왕후천팔괘'라는 명칭 대신에 '후천팔괘'로 명명하고자 한다.[50]

2. 선천팔괘의 공간성

선천팔괘와 후천팔괘의 괘 배열이 달라진 가장 큰 이유는 선천팔괘가 공간적(空間的) 양상을 표현한 원리라고 본다면 후천팔괘는 공간의 변화양상(時間性)에서 펼쳐지는 계절 기후의 변화원리에 맞추어 괘 배열을 달리했기 때문이다.

앞서 팔괘의 원리에서 살펴보았듯이, 태극에서 양의·사상·팔괘로 펼쳐지는 자연적인 기운의 양상으로 나타나는 「기본팔괘」를 원도(圓

49) 선천팔괘와 후천팔괘에 대한 논의는 앞서 설명한 하도(河圖)와 낙서(洛書)의 연원 및 원리와 맞물려 많은 논란이 있어 왔다.

50) 신성수, 『주역통해』, 47쪽.

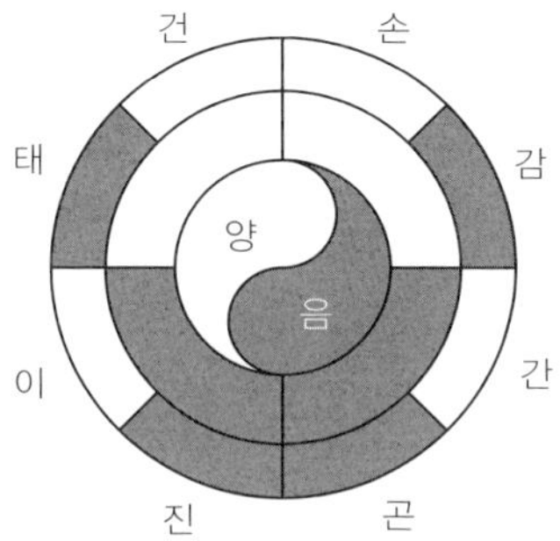

〈음양기운의 분화〉

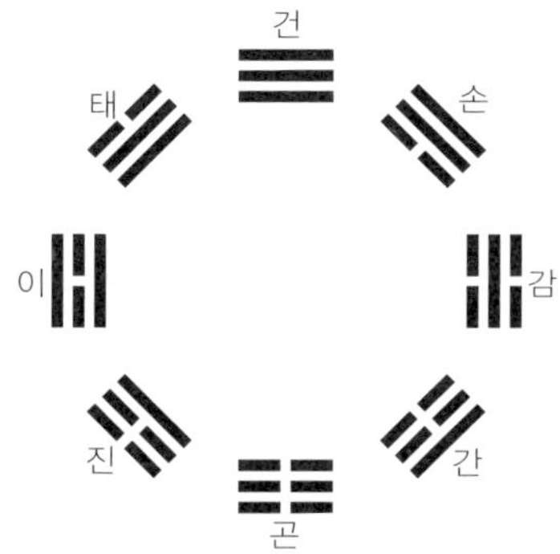

〈선천팔괘 원도〉

圖)로 돌리게 되면, 하루의 자전주기에서 나타나는 음양기운의 양상이나 1년의 공전주기에서 나타나는 음양기운의 양상이 선천팔괘와 같이 나타나게 된다. 이렇게 음양기운의 자연적인 분화현상을 드리운 선천팔괘는 이미 현상화되고 물상화된 우주만물의 실제를 나타내게 된다. 따라서 선천팔괘는 어느 시점에서나 펼쳐지는 공간적(空間的) 양상을 드리우게 된다.

즉 선천팔괘를 살펴보면, 상하좌우 정방위(正方位)에서 상하(上下)에는 천지(天地)를 의미하는 건(乾☰)·곤(坤☷)이 위 아래에서 자리를 정하고 좌우(左右)에는 일월(日月)을 의미하는 이(離☲)·감(坎☵)이 자리하는 천문적(天文的)인 현상을 보여주고 있으며, 간방위(間方位)에는 산과 연못을 의미하는 간(艮☶)·태(兌☱)가 서로 기운을 통하여 우뢰와 바람을 일으키는 진(震☳)·손(巽☴)이 자리하는 지리적(地理的) 기상적(氣象的) 양상을 보여주고 있다. 따라서 전체적으로 볼 때, 선천팔괘는 천문지리(天文地理)적인 공간(空間)성을 표상한다고

볼 수 있다.[51)]

이를 다시 구체적으로 논하면 다음과 같다.

(1) 선천팔괘의 천문적 양상

건(乾 ☰)·곤(坤 ☷) : 하늘을 상징하는 건괘(乾卦)는 위에 있고 땅을 상징하는 곤괘(坤卦)는 아래에 있다. 천문학적으로 볼 때 사실 지구라는 땅덩어리(항성)는 우주 공간에 떠 있어 물리적 힘의 상호작용에 의해 자전과 공전을 무한히 반복하고 있다. 즉 우리가 이른바 '과학적'이라고 하는 사고에서 본다면 하늘은 위에 있고 땅은 아래에 있다는 것이 모순인 것처럼 여겨질 수 있지만, 거대한 지구라는 항성의 지표(地表)에 극히 미미한 존재로 얹혀살고 있는 인간의 입장에서 볼 때, 남반구에 살든 북반구에 살든 하늘은 언제나 위에 있고 땅은 언제나 아래에 있다.

이(離 ☲)·감(坎 ☵) : 천문적으로 볼 때 이괘(離卦)는 태양을 상징하고 감괘(坎卦)는 달을 상징한다. 지구가 우주에서 끊임없는 공전과 자전을 거듭하면서도 언제나 하늘(건)은 위에 있고 땅(곤)은 아래에 있으며, 좌우로는 지구를 중심으로 해와 달이 운행하면서 교대로 서로의 기운을 드리우고 있다. 이러한 해와 달의 작용으로 춘하추동 사시의 변화와 낮과 밤의 변화가 이루어진다.

(2) 선천팔괘의 지리적 양상

태(兌 ☱)·간(艮 ☶) : 태괘(兌卦)의 대표적인 물상은 연못이고, 간괘(艮卦)의 대표적인 물상은 산이다. 간괘의 산과 태괘의 연못은 서

51) 신성수, 『주역통해』, 49쪽.

로 기운을 통한다(山澤通氣). 연못과 산을 지구적인 큰 차원에서 보면, 연못은 5대양의 바다를 의미하고 산은 6대주의 대륙을 의미한다. 5대양의 바다에 있는 기운(兌) 즉 수증기는 하늘로 올라가기에 태괘(兌卦)는 건괘(乾卦) 옆에 자리하고, 대륙의 산기운(艮)은 그쳐서 지구라는 땅에 붙어 있으니 곤괘(坤卦) 옆에 있다.

진(震 ☳)·손(巽 ☴) : 진괘(震卦)의 대표적인 물상은 우뢰이고 손괘(巽卦)의 대표적인 물상은 바람이다. 우뢰와 바람은 천지 사이에 펼쳐지는 기후적 양상의 가장 대표적인 징표라고 할 수 있다. 바람은 하늘에서 불기에 건괘(乾卦) 옆에 손괘(巽卦)가 있으며, 진괘(震卦)는 두 음 아래에 양기운이 있어 땅 속의 양기운이 움직이는 것(지진)을 의미하기에 곤괘(坤卦) 옆에 자리하고 있다.

3. 후천팔괘의 시간성(공간의 변화)

(1) 후천팔괘의 계절성과 방위성

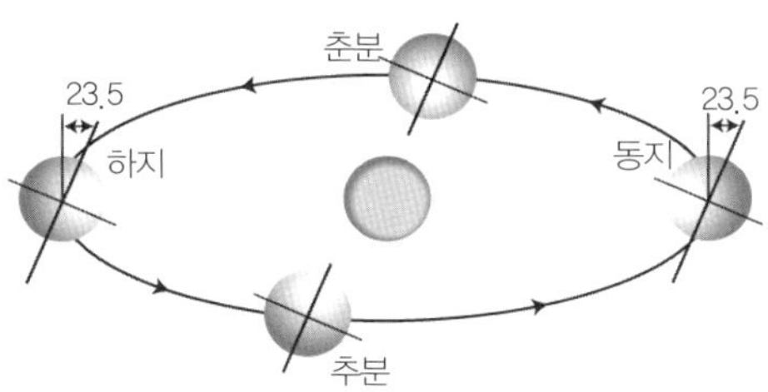

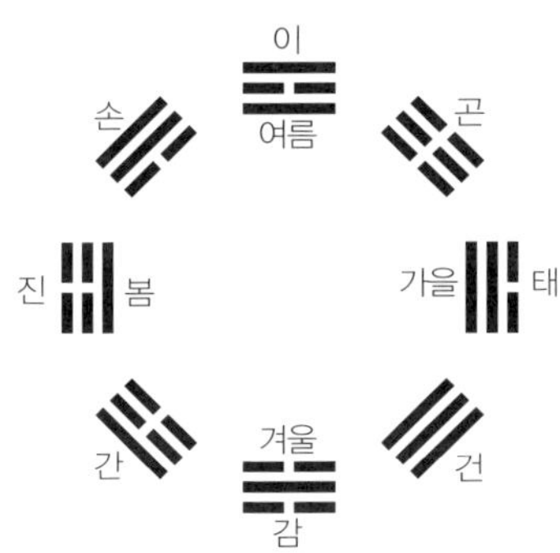

〈후천팔괘 방위원도〉

후천팔괘는 지구가 자전과 공전을 하면서 나타나는 기운의 변화양상을 춘하추동(春夏秋冬) 사시(四時)변화의 원리에 맞추어 각 계절의 기운에 맞는 괘상에 맞추어 괘 배열을 달리한 것이다. 즉, 후천팔괘는 일월(日月)의 운행에 따른 기후의 변화작용에 근원을 둔 시간적·계절적 변화의 상을 보여주고 있다. 후천팔괘를 이해하기 위해서는 앞서 논하였던 하도(河圖)의 원리와 12지지(地支)의 오행(五行) 원리를 같이 살펴보아야 한다.

1) 4정방괘의 배열원리

후천팔괘를 이해하기 위해서는 우선 앞서 살펴보았던 하도(河圖)의 원리를 떠 올려야 한다. 하도는 춘하추동 사시의 음양기운을 1부터 10까지의 수리가 갖는 상호작용으로 표상하였다.

하도에서 겨울의 기운을 표상하기를 1양과 6음으로 나타내었는데, 이는 겨울에는 음기운이 크게 작용하여(6음) 양기운을 응축시키는(1양) 음양의 관계를 수로 나타낸 것이다. 이러한 하도의 1·6수(水)의 상을 괘상으로 보면 위와 아래에 음이 있어 가운데에 있는 양을 포위하여 응축시키고 있는 감(坎 ☵)괘의 상이 된다. 그래서 후천팔괘에서는 겨울을 상징하는 정북방(아래쪽)에 감괘(坎卦)를 두었다.

하도에서 봄의 기운을 표상하기를 3양과 8음으로 나타내었는데, 겨울에 응축되었던 1양이 봄에는 3양으로 발전하고 아울러 음기운도 겨울의 6음에서 8음으로 발전하게 된다. 봄에는 양기운이 3양으로 작용하기 때문에 생동하는 기운이 싹트게 되고 현상적으로는 8음의 음기운이 작용하기 때문에 기후도 서서히 따뜻해지고 모든 물상이 부드럽고 연약한 기운을 띠게 된다. 이러한 하도의 3·8목(木)의 상을 괘상으로 보면 아래에 양기운이 있고 위에는 두 음기운이 작용하고 있는 진(震 ☳)괘의 상이 된다. 그래서 후천팔괘에서는 봄을 상징하는 정동방에 진괘를 두었다.

하도에서 여름의 기운을 표상하기를 2음과 7양으로 나타내었는데, 이는 겨울에 응축되었던 1양이 봄에 3양으로 발전하고 여름에는 7양으로 되어 현상계에서 양기운이 크게 작용하게 되는데, 반면에 양기운이 가장 성하게 되는 하지(夏至)에 음기운이 생하듯이 속에는 2음이 생하는 원리를 나타낸 것이다. 그래서 여름에는 무덥고 태양열이 강하게 작용하지만 땅 속에는 서늘한 음기운이 작용하게 된다. 이러한 하도의 2·7화(火)의 상을 괘상으로 보면 아래와 위가 모두 양으로 작용하지만 속에는 음기운이 있는 이(離 ☲)괘의 상이 된다. 그래서 후천팔괘에서는 여름을 상징하는 정남방에 이괘(離卦)를 두었다.

하도에서 가을의 기운을 표상하기를 4음과 9양으로 나타내었는데, 이는 여름에 작용하던 7양은 9양으로 발전하는 반면에 여름에 생한 2음이 4음으로 발전한 상을 나타낸 것이다. 그래서 양기운은 여름의 7양에서 9양으로 발전하였지만 음기운이 2음에서 4음으로 발전하면서 양기운을 수렴하고 인퇴하는 작용을 일으키게 되어 가을에는 청량하고 건조한 계절상을 띠게 된다. 이러한 하도의 4·9금(金)의 상을 괘상으로 보면 아래에는 두 양기운이 있고 위에는 음기운이 있어서 음기운이 양기운을 수렴 인퇴하는 상을 나타내고 있는 태(兌 ☱)괘의 상이 된다. 그래서 후천팔괘에서는 가을을 상징하는 정서방에 태괘를 두었다.

겨울이 되면 음기운이 크게 성하여 가을의 4음은 6음으로 발전하여 현상계에 작용하게 되고 이 음기운의 수축 인퇴작용으로 인하여 가을의 양기운(9양)이 응축되어 1양으로 된다(1·6수). 괘상으로는 정북방의 감(坎 ☵)괘가 된다.

이렇게 춘하추동 사계절로 순환 반복되는 계절상, 즉 공간의 변화에 따른 음양기운의 상호작용에 초점을 두어 후천팔괘는 선천팔괘와는 다른 배열로 표상된 것이다.

즉, 후천팔괘에서 정방위에 있는 진(震☳)·이(離☲)·태(兌☱)·감(坎☵)은 각각 춘하추동(春夏秋冬) 사시(四時)한서(寒暑)의 기운을 표상하여, 봄(春生 ☳, 하도의 3·8木)·여름(夏長 ☲, 하도의 2·7火)·가을(秋收 ☱, 하도의 4·9金)·겨울(冬藏 ☵, 하도의 1·6水)의 이치를 나타내고 있다. 후천팔괘는 공간이 변하면서 나타나는 계절적 변화, 즉 시간성을 표상한다고 할 수 있다.

따라서 후천팔괘는 계절성과 방위성의 두 가지 요소를 동시에 지니게 된다. 선천팔괘의 괘체(卦體)는 상하좌우(上下左右)의 공간적 개념으로 설명함이 타당하며, 후천팔괘의 괘체는 동서남북(東西南北)의 방위와 춘하추동(春夏秋冬)의 시간적 개념으로 설명함이 타당하다.

2) 4간방괘의 배열원리

후천팔괘는 4간방에 간괘(艮卦) 손괘(巽卦) 곤괘(坤卦) 건괘(乾卦)를 두고 있는데, 간괘는 동북방에 손괘는 동남방에 곤괘는 서남방에 건괘는 서북방에 배열하고 있다. 이 가운데 간괘와 곤괘를 먼저 살펴보면 다음과 같다.

우리는 앞서 12지지(地支)의 오행원리에서 축(丑)진(辰)미(未)술(戌) 4토의 작용을 양기운이 발전하는 봄 여름과 음기운이 발전하는 가을 겨울에 비추어 살펴본 바 있다.

다시 언급하면, 진(辰)토는 봄에서 여름으로 같은 양기운이 발전하는 과정에서(木生火) 약간의 촉매작용을 하는 것이고, 술(戌)토 역시 가을에서 겨울로 같은 음기운이 자라나는 과정에서(金生水) 약간의 촉매작용을 하는 것으로 볼 수 있다. 그런데 축(丑)토는 음기운이 가장 극성한 해(亥)자(子)의 겨울 수국(水局)에서 양기운이 자라나게 하여 인(寅)묘(卯)의 봄 목국(木局)으로 전화하게 하는 중요한 계기를 만들며, 미(未)토는 양기운이 가장 극성한 사(巳)오(午)의 여름 화국(火局)에서 음기운이 자라나게 하여 신(申)유(酉)의 가을 금국(金局)으로 전화하게 하는 중요한 계기를 만든다. 그래서 축(丑)진(辰)미(未)술(戌) 4토 가운데에서도 특히 겨울에서 봄으로 바꾸는 역할을 하는 동북방의 축(丑)토와 여름에서 가을로 바꾸는 역할을 하는 서남방의 미(未)토가 중요하다. 이러한 이유에서 후천팔괘에서는 북방(겨울) 감괘(坎卦 ☵)와 동방(봄) 진괘(震卦 ☳)사이의 동북방에 간(艮 ☶, 양토)괘를 두고, 남방(여름) 이괘(離卦 ☲)와 서방(가을) 태괘(兌卦 ☱) 사이의 서남방에 곤(坤 ☷, 음토)괘를 둔 것이다.

다음으로 동남방의 손괘(巽卦)와 서북방의 건괘(乾卦)를 살펴보면, 우선 가을의 태괘(兌卦)와 겨울의 감괘(坎卦) 사이에 해당하는 시절은 하도(河圖)의 원리에서 보면 가을에 9양이 4음의 수축 인퇴작용을 받아 메마르고 건조하며 청량한 기후를 보이게 되는데, 이러한 양상을 괘로 나타내면 바로 순양(純陽)으로 메마르고 건조한 양상을 의미하는 건괘(乾卦 ☰)의 상이 된다. 그래서 가을과 겨울의 사이인 서북방에 건괘(乾卦)를 둔 것이다.

마지막으로 동남방의 손괘(巽卦)는 봄의 진괘(震卦 ☳)와 여름의 이괘(離卦 ☲) 사이에 있는데, 이는 진괘의 상(☳)이 두 음 아래에 양기운이 있어 봄에 만물이 갑탁(甲坼)하는 생발지기(生發之氣)로 생화하여 양기운이 음 위로 나타난 상(☴)이기도 하고, 봄의 훈풍(薰風)을 타고 만물이 자라나는 기운을 의미하기도 하여 손괘(巽卦)를 봄과 여름의 사이인 동남방에 배치한 것으로 볼 수 있다.

(2) 후천팔괘의 오행성(五行性)

이상에서 살펴본 바와 같이 후천팔괘는 춘하추동(春夏秋冬) 사시의 변화에 따라 괘를 배열한 것이기 때문에, 자연히 오행성(五行性)이 나오게 된다. 즉, 동방(봄)의 진(震 ☳)은 양목(陽木)이고 동남방의 손(巽 ☴)은 음목(陰木)이며, 남방(여름)의 이(離 ☲)는 화(火)이고, 서남방의 곤(坤 ☷)은 음토(陰土)이며, 서방(가을)의 태(兌 ☱)는 음금(陰金)이고 서북방의 건(乾 ☰)은 양금(陽金)이며, 북방(겨울)의 감(坎 ☵)은 수(水)이며, 동북방의 간(艮 ☶)은 양토(陽土)의 기운을 나타내고 있다.

따라서 팔괘의 오행성은 바로 후천팔괘의 원리에서 나오는 것이고, 이는 계절이 봄·여름·가을·겨울로 순행하는 상생원리를 보여주고 있다.

☳☴ → ☲ → ☷ → ☱☰ → ☵
木 生 火 生 土 生 金 生 水

다만, 동북방의 간(艮 ☶)을 중심으로 하여 동방의 진(震 ☳)과 북방의 감(坎 ☵)의 관계는 상극관계임을 볼 수 있다. 「설괘전」에 "간

(艮)은 동북방의 괘이니, 만물의 마침을 이루는 바가 되고 또한 만물의 비롯함을 이루는 바가 되기 때문에 '간(艮)에서 말을 이룬다'고 하는 것이다"[52]라고 한 바와 같이, 간괘는 만물의 마침과 비롯함에 중요한 작용을 하는 괘인데, 이러한 작용을 바로 간(艮)을 중심으로 한 오행상극관계에서 찾아볼 수 있다. 즉, 만물을 마치는 작용은 간(艮 ☶)의 토(土)가 감(坎 ☵)의 수(水)를 극하는 작용으로 이루어지며(土克水), 만물을 비롯하는 작용은 진(震 ☳)의 목(木)이 간(艮 ☶)의 토(土)를 극하는 작용(木克土)으로 이루어지게 된다.

따라서, 오행작용의 이치에서 볼 때 후천팔괘는 간(艮)의 양토(陽土)와 곤(坤)의 음토(陰土)가 상호 대대하는 축이 되어 있음을 알 수 있으며, 음(陰)이 극성한 겨울에서 양(陽)의 봄으로 변화하는 과정에서는 간(艮)의 양토(陽土)가 중요한 작용을 하고, 양(陽)이 극성한 여름에서 음(陰)의 가을로 변화하는 과정에서는 곤(坤)의 음토(陰土)가 중요한 작용을 하고 있음을 알 수 있다.

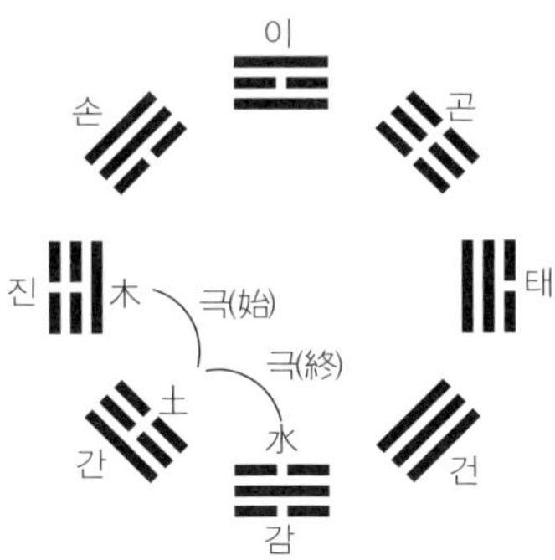

〈만물의 종시작용〉

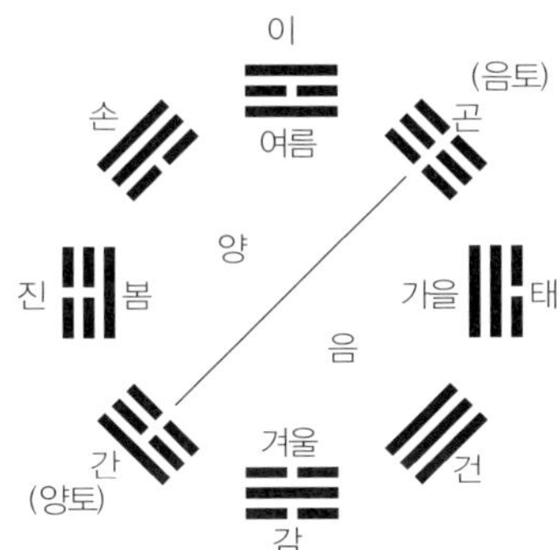

〈간토 · 곤토의 작용〉

52) 「설괘전」 제5장 : "艮은 東北之卦也ㅣ니 萬物之所成終而所成始也 ㄹ새 故로 曰成言乎艮이라"

이상의 후천팔괘와 관련된 내용을 도표화하면 다음과 같다.

후천팔괘	☵	☶	☳	☴	☲	☷	☱	☰
방위	북	동북	동	동남	남	서남	서	서북
계절	겨울		봄		여름		가을	
오행	수	양토	양목	음목	화	음토	음금	양금

Ⅲ. 우주변화원리의 원상

1. 시간과 공간의 개념

뉴턴(Isaac Newton, 1642-1727)의 기계론적 세계관으로 대표되는 고전물리학에서는 시간과 공간을 별개의 선험적 개념으로 이해했으나, 아인슈타인(Albert Einstein, 1879-1955)의 상대성이론 이후 현대물리학에서는 시간과 공간을 서로 분리할 수 없는 합성개념(時空, time-space)으로 이해하고 있다.

시간과 공간을 어떻게 이해해야 할 것인가. 우리는 낮과 밤의 교체주기로 하루하루의 흐름을 알게 되고 춘하추동 사시의 교체로 1년의 흐름을 파악하게 된다. 하루의 변화를 시계의 시침(時針) 분침(分針) 초침(秒針)으로 알아내고 하루하루가 거듭하여 진행되는 1년의 변화를 달력의 날짜변화로 파악하고 있다. 그런데 우리가 처하고 있는 공간은 항상 그대로인 듯 보이고 다만 기후와 기상작용의 변화 그리고 늘 펼쳐지고 있는 복잡하고 다양한 사건과 물상의 변화를 느낄 뿐이다.

시간(時間)이란 공간적 상황의 변화를 일정한 자연주기율에 의해 구분하는 좌표인데, 공간의 변화라는 점을 일단 배제하고 일반적으로 생각하고 있는 시간개념을 전제로 할 때, 시간(時間)은 객관적 시간과 주관적 시간으로 구분할 수 있다. 객관적 시간은 다시 기계시와 자연시로 구분할 수 있으며, 주관적 시간은 다시 상황시와 초월시로 구분할 수 있다.

(1) 객관적 시간

객관적 시간이란 세계의 모든 사람들이 서로의 약속에 의해 누구나 인지할 수 있는 시간개념을 말하며, 기본적으로는 물질의 이동변화를 나타내는 것이다. 이는 다시 '기계시'와 '자연시'로 구분할 수 있다.

가. 기계시(器械時)란 국제적인 약속에 의해 영국 런던의 그리니치(Greenwich) 천문대를 중심으로 세계의 경도(經度)와 시각의 기준을 삼아 세계 각 지역의 표준시를 정해 놓고 이 표준시에 의해 기계적으로 적용되는 시간을 말한다. 기계시는 자연의 기운과는 상관없이 1년을 12달로 구분하고 365일과 1/4로 구분하여 책력을 만들어 적용하며, 또한 하루의 흐름도 1일 24시간 1시간 60분 1분 60초라는 기계적인 단위로 구분하는 것이다.

나. 자연시(自然時)란 기계시와는 달리 지구가 공전하고 자전하면서 나타나는 자연의 기운을 세계의 각 지역에 사는 사람들이 저마다 실제로 느낄 수 있는 시간을 말한다. 예를 들면 해가 뜨는 시각은 기계시와는 관계없이 지평선에서 실제로 해가

뜨는 때를 말하는 것이고, 이는 세계 각 지역에 따라 지세의 높낮이에 따라 다르다. 만물이 느끼는 자연의 기운은 기계시가 아닌 자연시로서 표현된다. 전통적으로 사용되어 온 간지(干支)원리는 기계시가 아닌 자연시를 나타내는 것이다.

(2) 주관적 시간

주관적 시간이란 사람마다 지니고 있는 마음의 인식상태에 따라 달라지는 시간을 말한다. 객관적 시간이 물질의 이동변화(지구의 공전과 자전)를 나타내는 시간이라고 한다면, 주관적 시간은 마음 즉 정신계의 작용에 따른 상황변화를 나타내는 시간이라 할 수 있다. 이는 다시 '상황시'와 '초월시'으로 구분할 수 있다.

가. 상황시(狀況時)란 똑같은 객관적 시간대라도 그 상황에 처하고 있는 사람의 인식차이에 따라 다르게 의식되는 시간을 말한다. 예를 들면 1시간의 수업시간은 그 수업에 임하는 모든 사람에게 똑같은 객관적 시간이지만 각자의 심리적 상황에 따라 저마다 느끼는 상황적 시간은 다르다. 수업에 몰입하는 사람은 시간가는 줄 모르지만 산만한 사람은 1시간이 하염없이 길게 느껴진다. 즉 상황시는 정신의 집중도에 따라 다르게 나타난다고 할 수 있다. 이러한 상황시는 단지 인간의 심리적인 착각 내지는 마음의 상태를 나타내는 것이 아니라, 모든 사람에게 실제로 존재하는 정신계의 시간대라고 할 수 있다.

나. 초월시(超越時)란 상황시가 극대화된 시간이라고 할 수 있

다. 예컨대 정신수련이나 마음수련 또는 종교적 체험의 경우에 나타나는 시간이다. 이러한 초월시에 접근할 때 사람은 물질계의 법칙에 의해 움직여 가고 있는 세상사에 초연할 수 있는 심법을 터득하게 된다.

이러한 시간의 개념을 주역의 원리에 비추어 도표화하면 다음과 같다.

<table>
<tr><td>태양</td><td>소음</td><td>소양</td><td>태음</td><td>기계시</td><td>자연시</td><td>상황시</td><td>초월시</td></tr>
<tr><td colspan="2">양</td><td colspan="2">음</td><td colspan="2">객관시</td><td colspan="2">주관시</td></tr>
<tr><td colspan="4">태극</td><td colspan="4">시공</td></tr>
</table>

2. 공간의 변화좌표로서의 시간개념(年月日時)

자연법으로서의 『주역』의 원리를 제대로 이해하기 위해서는 '기계시'보다는 '자연시'의 개념을 정확하게 파악해야 한다. 우리가 흔히 책력에서 사용되고 있는 연월일시(年月日時)를 공간의 변화라는 관점에서 살펴보면 다음과 같다.

'1년'이란 지구가 태양을 중심으로 한 바퀴 공전한 주기(공간의 변화)를 의미하고, '1달'이란 지구의 위성인 달이 지구를 중심으로 한 바퀴 공전한 주기를 의미한다. 즉 천문에 기초할 때, 지구가 태양을 중심으로 1바퀴 공전하는 동안에 지구의 위성인 달은 지구를 중심으로 대략 12번 공전하기 때문에 1년 12달이라는 개념이 나온 것이다. 현

대에는 양력을 위주로 하여 1년 365일 1/4을 대략 30일 단위로 12달을 나누고 있다.[53)]

'1일'이란 지구가 자전한 주기를 의미하고, 이 자전주기를 다시 세분하여 24시간으로 정하고 있다. 그런데 전통적으로 사용되어 온 '12시'(자축인묘진사오미신유술해)는 단지 기계적으로 12등분하여 시간을 나타내는 것이 아니라, 태양이 뜨고 지면서 나타나는 기운의 변화양상을 나타내는 것으로 이해해야 한다. 왜냐하면 우리가 앞서 살펴보았듯이 12지지(地支)에는 음양오행의 기운이 반영되어 있기 때문이다. 즉 현재 사용되고 있는 24시간제는 기계시라고 한다면 전통적인 '12시'는 자연시에 기초하고 있다.

결국 우리가 사용하고 있는 시간이란 지구라는 항성(물질)이 우주공간에서 이동하는 좌표를 나타내는 것이고, 또한 전통적으로 사용되어 온 간지(干支)원리는 지구라는 항성이 이동하면서 나타나는 기운변화의 양상을 나타내는 좌표가 된다.

53) 책력은 인간과 밀접한 관계에 있는 자연계의 주기에 따라 만들어져야 하는데, 가장 표본이 되는 주기는 지구의 자전주기와 공전주기 및 달의 지구에 대한 공전주기이다. 지구의 자전주기는 1태양일을 이루고, 지구의 공전주기는 1태양년을 이루며, 달의 공전주기는 1태음월을 정해 준다. 태양년을 기준으로 하여 만든 역법이 태양력(太陽曆; solar calendar)이다. 이 역법은 춘하추동의 계절변화와 일치되지만 달의 삭망과는 전연 관계가 없다. 태음월을 기준으로 한 역법이 순태음력(純太陰曆; lunar calendar)이다. 이것은 달의 삭망에는 일치되지만, 계절변화는 전연 고려하지 않았으며 단순히 12 삭망월을 1년이라 하였다. 이슬람력이 그것이다. 현재 우리가 쓰고 있는 음력은 태음태양력(太陰太陽歷 ; lunisolar calendar)이라 하여 달의 삭망에 충실히 따르면서 가끔 윤달을 넣어서 계절에 맞추도록 한 역법이다. 과거에 지구상의 많은 나라가 이 태음태양력을 썼으며, 현재도 한국, 중국, 일본, 인도 등의 민간에서 널리 쓰인다.

3. 선천팔괘(공간성)와 후천팔괘(시간성)의 결합(時空) : 우주변화의 원상(原象)

앞서 살펴보았듯이 선천팔괘는 어느 계절과 방위에서나 공간적으로 펼쳐지는 대자연의 공간(空間)과 지리적(地理的) 원상(原象)을 표현한 것이고, 후천팔괘는 그러한 공간의 변화에서 나타나는 계절적 변화 즉 시간적(時間的) 양상을 표현한 것이기 때문에, 자연히 우주변화의 원리는 선천팔괘와 후천팔괘의 조합을 통해서 그 온전한 원상(原象)이 드리워지게 된다.

다시 말하면, 후천팔괘가 표상하는 계절·방위의 어느 시점에서나 항상 선천팔괘의 공간적 양상은 그대로 펼쳐지는 것이기 때문에, 후

〈우주변화원리의 원상〉

천팔괘의 각 팔방(八方)·계절(季節)에 선천팔괘의 공간적 상은 여여(如如)한 것이다. 따라서 후천팔괘의 각 괘를 체(體)로 하여 선천팔괘를 각각 공간적으로 배열하면, 우주변화의 원상(原象)이 이루어지는 것이고, 이렇게 되면 팔괘가 서로 거듭하여 나타나는 6효(爻)로 이루어진 대성괘(大成卦) 64괘의 조합이 자연히 드러나게 된다. 결국 64괘 384효는 우주자연의 변화원리를 드러낸 대자연의 원상(原象)이 되는 것이다.

4. 선천(先天)·후천(後天)의 개념에 대하여

선천(先天)과 후천(後天)이라는 용어가 이른바 역학(易學)에서 관용적으로 쓰이게 된 기원은 아마도 하도(河圖)와 낙서(洛書) 그리고 선천팔괘와 후천팔괘를 비교하게 되면서부터가 아닌가 생각된다. 그런데, 선천과 후천의 개념을 어떻게 파악해야 할 것인가는 다소 신중한 검토가 있어야 한다. 일반적으로 쓰이고 있는 개념 중의 하나는 종교적(宗教的) 이론에 입각한 것으로 후천(後天)을 내세(來世) 혹은 개벽(開闢)된 이후의 용화세계(龍華世界)로 보는 것이다. 그러나 대자연의 원리를 연구하는 순수한 학문적 입장에서 볼 때, 선천과 후천의 의미를 대체로 다음의 4가지로 볼 수 있으며, 각각의 의미는 경우에 따라 특정적으로 혹은 복합적으로 쓰이고 있음을 유의해야 한다.

(1) 학리적 개념(學理的 槪念)

1) 일원적 이원론(一元的 二元論, 一元論)

선천(先天)이란 구체적인 현상체로 나타나게 하는 근원적 원리로서의 형이상(形而上)을 의미하고, 후천(後天)이란 선천의 이치에 따라 천리가 변화하여 현상천(現象天)을 이루고 일월(日月)이 운행하고 한서(寒暑)가 교류하며 작용하고 있는 작용적 천문, 즉 형이하(形而下)를 의미한다고 본다. 이러한 입장에서는 선천과 후천이 서로 체용(體用)·표리(表裏)의 관계가 되고, 일체(一體)의 양면(兩面)과 같은 의미를 갖는다.

2) 이원론(二元論)

선천의 법도(法度)와 후천의 법도(法度)가 다르다고 보며, 따라서 선천이 후천으로 바뀌면 그 법도도 바뀐다고 보는 입장이다. 예컨대 1년 4계절 중 봄·여름(春夏, 선천)의 법도와 가을·겨울(秋冬, 후천)의 법도는 서로 다른 이치에 의해 운행한다고 본다. 이러한 견해는 지구가 공전하면서 나타나는 춘하추동(春夏秋冬) 사시의 기운변화에 있어 양기운이 주도적으로 작용하는 봄·여름의 법도와 음기운이 주도적으로 작용하는 가을·겨울의 법도를 나누어 보는 것이다.

(2) 현상적 개념(現象的 槪念)

1) 시간적 선후관(時間的 先後觀)

선천과 후천이란 개념을 단순한 시간적 개념으로 파악하여 지나간

과거(過去)를 선천이라 하고, 다가올 미래(未來)를 후천이라 보는 입장이다.

우리는 흔히 시간의 흐름을 통하여 과거(過去) 현재(現在) 미래(未來)로 구분하고 있다. 그런데 이 세 가지 개념, 즉 과거와 현재 그리고 미래라는 세 가지 개념 가운데 실제로는 존재하지 않는 개념이 있다. 그것은 바로 '현재'라는 개념이다. 왜냐하면 '현재'란 정지된 상태를 가정하여 사용하는 개념이기 때문이다. 세상은 끊임없이 변화하고 있다. 사실 정지된 '현재'라는 것은 존재하지 않는다. 다만 오로지 지나가는 것(과거)과 다가올 것(미래)이 있을 뿐이다. 따라서 이른바 과거와 현재와 미래는 지금 이 순간에 응축되어 있는 것이다.

2) 시기론적 개벽관(時期論的 開闢觀)

이는 우주적 순환의 큰 주기(週期)를 내세워 어느 특정 시점을 기준으로 하여 그 이전을 선천이라 하고 그 이후를 후천이라 하는 입장이다. 대체적으로 종말론적 개벽사상이나 종교관이 이러한 개념을 취하고 있는데, 이러한 견해에 지나치게 치중하면 인간의 존재의미와 현실세계를 무시하게 되는 오류를 범하게 된다.

인류역사를 돌이켜보건대, 철학사상이든 종교사상이든 간에 어느 시대에나 후천을 기약하는 사조(思潮)가 있어 왔다. 인간은 항상 지금보다 더 나은 상태를 기원한다. 그래서 이상적인 사회가 현실로 실현되기를 바라면서도, 정작 인간 스스로의 노력을 통해 이루려는 것이 아니라 초현실적인 그 무엇에다가 의존하는 경향이 있다.

나는 이른바 후천(後天)이란 인간사회가 만들어가는 미래상(未來像)

이라고 보고 있다. 어느 순간에 신(神)이 강림하여 인간사회를 징벌하고 이상세계를 구현한다는 개벽론적 종말관은 현실에 살고 있는 인간의 삶을 무의미하고 나약하게 만든다. 또한 어떠한 불가사의한 상황이 도래하여 인간을 심판한다 하더라도 특정 종교(宗敎)를 믿거나 특정 신(神)을 신봉하는 자들만이 이른바 이상세계의 생존자로 된다면, 그 신은 참다운 신이라고 할 수 없을 것이다.

대자연의 이치(理致)와 마찬가지로 대자연의 신(神)은 공정무사(公正無邪)하다. 어느 특정 부류의 인간에 의해 만들어진 특정 신에게 인류의 미래를 맡긴다는 것은 지금 살고 있는 모든 인간의 존재가치를 원천적으로 무시하는 것이라 할 수 있다. 성현(聖賢)의 가르침을 통해 깨닫고 수양하면서 지금 살아있는 인간 존재자가 보다 바른 존재가 될 수 있도록 노력하는 것이 이른바 이상적인 후천을 만들어가는 정도(正道)라고 본다.

Modern introduction to the I Ching

제4장 64괘 형성론

Modern introduction to the I Ching

Ⅰ. 팔괘의 상중방식과 상교방식

Ⅱ. 『경방역』과 『백서주역』의 배열원리

Ⅲ. 현행본『주역』의 배열원리와 특징

Ⅰ. 팔괘의 상중방식과 상교방식

1. 대성괘 64괘의 형성방식

태극에서 양의(음양) 사상을 거쳐 이루어지는 기본팔괘는 음양 3단 구조로 되는데 이를 소성괘(小成卦)라고 하고, 팔괘가 서로 거듭하여 음양 6단 구조로 이루어진 괘를 대성괘(大成卦)라고 한다. 서양에서는 일반적으로 음양 3단 구조로 된 소성괘(팔괘)를 'trigram'(三線型)이라 표현하고, 음양 6단 구조로 이루어진 대성괘(64괘)를 'hexagram'(六線型)으로 표현한다.[54)]

사실 음양 6단구조로 이루어지는 원리는 다양한 방법으로 제시될 수 있지만, 가장 자연법의 원리에 기초를 둔 선천팔괘와 후천팔괘를 기본으로 하여 이 두 가지의 팔괘배열이 서로 결합하여 음양 6단구조

54) Wilhelm / Baynes, *The I Ching or Book of Changes*, New Jersey : Princeton University Press, 1977 ; Sam Reifler, *I Ching - A New Interpretation For Modern Times*, New York : Bantam Books, 1991 ; Diana ffarington Hook, *The I Ching and Mankind*, London, Boston and Henley : Routledge & Kegan Paul, 1975.

로 나타나는 기본방식으로는 세 가지로 살펴볼 수 있다. 첫째는 선천팔괘가 서로 거듭하여 이루어지는 '선천팔괘상중방식'이고, 둘째는 후천팔괘가 서로 거듭하여 이루어지는 '후천팔괘상중방식' 그리고 셋째는 선천팔괘와 후천팔괘가 서로 교차하여 이루어지는 '선후천팔괘상교방식'이다.

2. 선천팔괘상중방식과 라이프니츠의 보편기호법

(1) 선천팔괘상중방식(先天八卦相重方式)

태극(太極)에서 양의(兩儀) 사상(四象) 팔괘(八卦)로 분화되는 자연적인 순서가 되는 선천팔괘(☰ ☱ ☲ ☳ ☴ ☵ ☶ ☷)가 서로 거듭하면 6효로 이루어진 대성괘가 되는데, 이를 선천팔괘상중방식이라고 한다. 우선 건천(☰)을 아래(내괘)에 놓고 그 위에 각각 선천팔괘 8가지를 교차하면 6효로 이루어진 대성괘 여덟 괘가 나오게 된다. 이러한 방법으로 각각 태택(☱), 이화(☲), 진뢰(☳), 손풍(☴), 감수(☵), 간산(☶), 곤지(☷)를 아래에 놓고 그 위에 각각 기본팔괘를 교차하면 모두 6효로 이루어진 대성괘 64괘가 이루어진다.

이러한 방식에 따르면 다음과 같은 순서로 64괘가 배열하게 된다.

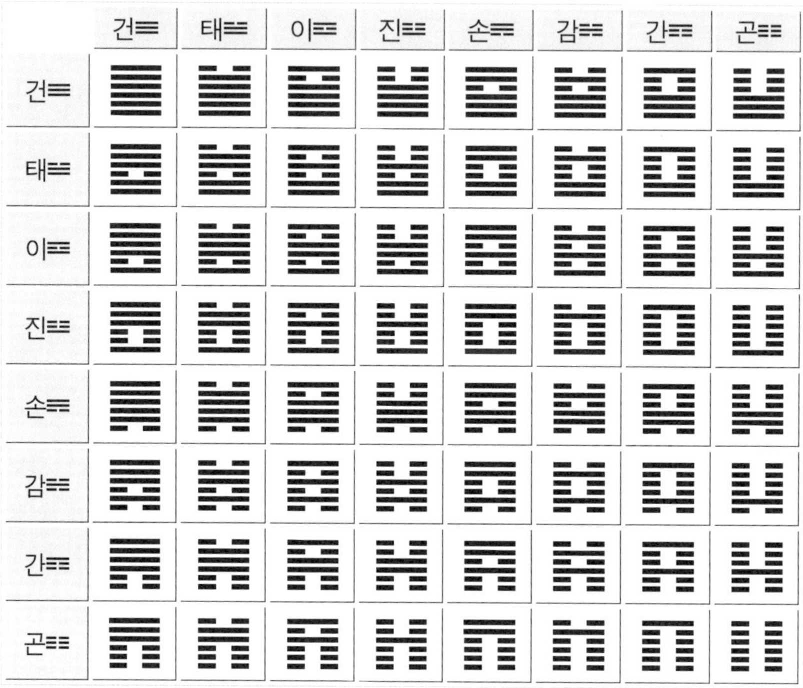

(2) 라이프니츠의 보편기호법

이러한 선천팔괘상중방식은 태극에서 음양, 음양에서 사상, 사상에서 팔괘, 팔괘에서 16괘, 16괘에서 32괘, 32괘에서 64괘로 분화 발전되는 자연한 순서가 되는데, 이것이 이른바 '복희 64괘 원도와 방도'로 널리 알려져 있는 방식이다. 또한 이는 독일의 철학자이자 수학자로서 이진법(二進法) 연산방식의 디지털 이론을 완성한 라이프니츠(Gottfried Wilhelm Leibniz, 1646-1716)의 이론과도 같은 것이다.

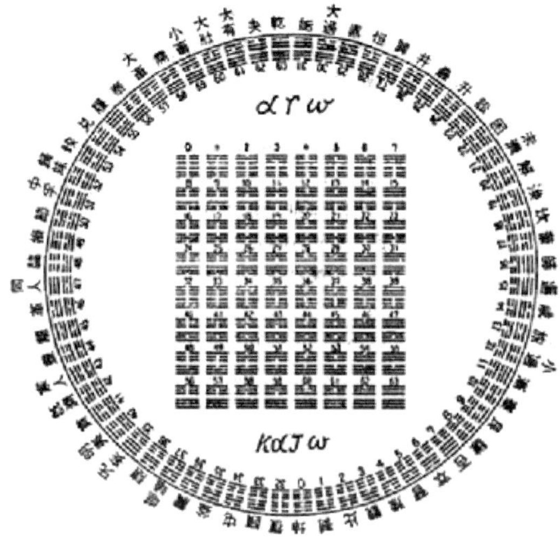

〈라이프니츠가 중국 선교사인 부베로부터 받은 도본〉

0	0	0	0	0	0	0
0	0	0	0	0	1	1
0	0	0	0	1	0	2
0	0	0	0	1	1	3
0	0	0	1	0	0	4
0	0	0	1	0	1	5
0	0	0	1	0	0	6
0	0	0	1	1	1	7
0	0	1	0	0	0	8
0	0	1	0	0	1	9
0	0	1	0	1	0	10
0	0	1	0	1	1	11
0	0	1	1	0	0	12
0	0	1	1	0	1	13
0	0	1	1	1	0	14
0	0	1	1	1	1	15
0	1	0	0	0	0	16
0	1	0	0	0	1	17
0	1	0	0	1	0	18
0	1	0	0	1	1	19
0	1	0	1	0	0	20
0	1	0	1	1	1	21
0	1	0	1	1	0	22
0	1	0	1	1	1	23
0	1	1	0	0	0	24
0	1	1	0	1	1	25
0	1	1	0	1	0	26
0	1	1	0	1	1	27
0	1	1	1	1	1	28
0	1	1	1	0	1	29
0	1	1	1	1	0	30
0	1	1	1	1	1	31

1	0	0	0	0	0	32
1	0	0	0	0	1	33
1	0	0	0	1	0	34
1	0	0	0	1	1	35
1	0	0	1	0	0	36
1	0	0	1	0	1	37
1	0	0	1	1	0	38
1	0	0	1	1	1	39
1	0	1	0	0	0	40
1	0	1	0	0	1	41
1	0	1	0	1	0	42
1	0	1	0	1	1	43
1	0	1	1	0	0	44
1	0	1	1	1	1	45
1	0	1	1	1	0	46
1	0	1	1	1	1	47
1	1	0	0	0	0	48
1	1	0	0	0	1	49
1	1	0	0	1	0	50
1	1	0	0	1	1	51
1	1	0	1	0	0	52
1	1	0	1	0	1	53
1	1	0	1	1	0	54
1	1	0	1	1	1	55
1	1	1	0	0	0	56
1	1	1	0	0	1	57
1	1	1	0	1	0	58
1	1	1	0	1	1	59
1	1	1	1	0	0	60
1	1	1	1	0	1	61
1	1	1	1	1	0	62
1	1	1	1	1	1	63

〈라이프니츠가 발표한 이진법을 도해한 그림〉

3. 후천팔괘상중방식

후천팔괘상중방식이란 지구가 자전하고 공전하면서 나타나는 변화(공간의 변화), 즉 시간(계절)에 중점을 두고 배열을 달리한 후천팔괘를 기본으로 하여 각각 서로 거듭하여 64괘가 이루어지는 방식이다.

만물을 마치고 만물을 비롯하게 하는 동북방 간☶으로부터 시작하여 만물이 화생하는 봄을 뜻하는 동방 진☳, 동남방 손☴, 남방(여름) 이☲, 서남방 곤☷, 서방(가을) 태☱, 서북방 건☰, 북방(겨울) 감☵의 순서로 하여 각각 상중하면 다음과 같은 순서로 64괘가 배열하게 된다.

이 방식은 주로 계절과 기후변화의 양상을 표현하는 것으로 나타난다.

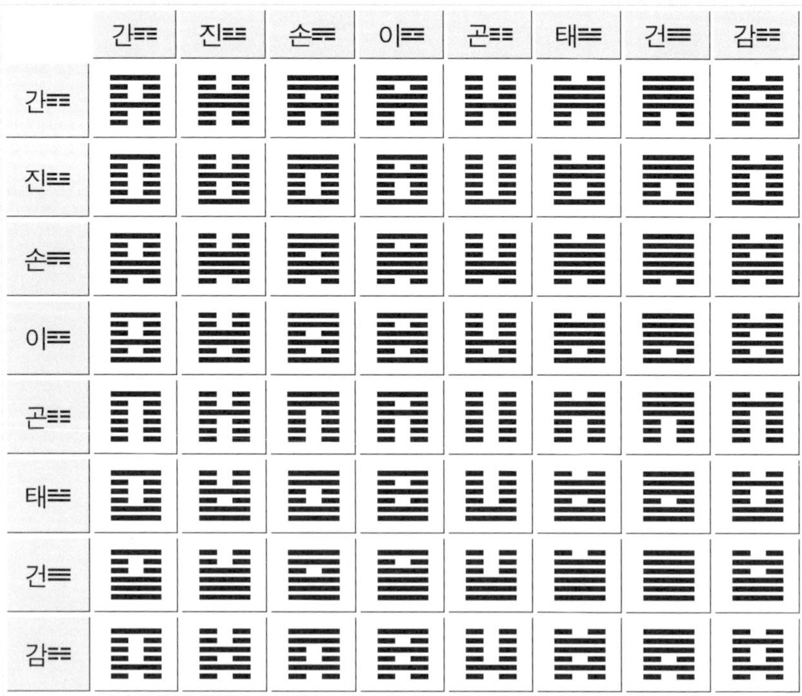

4. 선천팔괘와 후천팔괘의 상교방식

선천팔괘는 어느 계절과 방위에서나 공간적으로 펼쳐지는 대자연의 공간과 지리적 원상(原象)을 표현한 것이고, 후천팔괘는 그러한 공간의 변화에서 나타나는 계절적 변화 즉 시간적(時間的) 양상을 표현한 것이기 때문에, 자연히 우주변화의 원리는 선천팔괘와 후천팔괘의 조합을 통해서 그 온전한 원상(原象)이 드리워지게 된다.

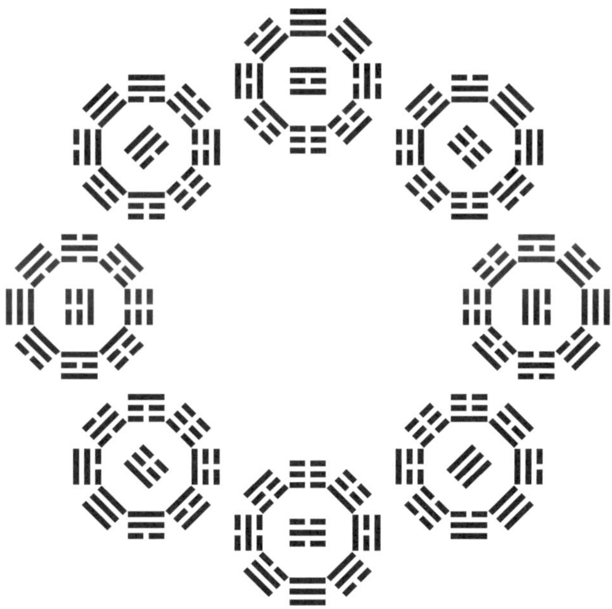

〈우주변화원리의 원상〉

후천팔괘가 표상하는 계절·방위의 어느 시점에서나 항상 선천팔괘의 공간적 양상은 그대로 펼쳐지는 것이기 때문에, 후천팔괘의 각 괘를 체(體)로 하여 선천팔괘를 각각 공간적으로 배열하면 우주변화의 원상(原象)이 이루어지고, 이렇게 되면 팔괘가 서로 거듭하여 나타나는 6효로 이루어진 대성괘(大成卦) 64괘의 조합이 자연히 드러나게 된다.

따라서 공간의 변화, 즉 시간(계절)을 나타내는 후천팔괘를 체로 하여 만물을 마치고 만물을 비롯하는 동북방 간☶으로부터 시작하여 각각의 방위에 공간을 나타내는 선천팔괘를 교차하면 다음과 같은 순서로 64괘가 배열하게 된다.

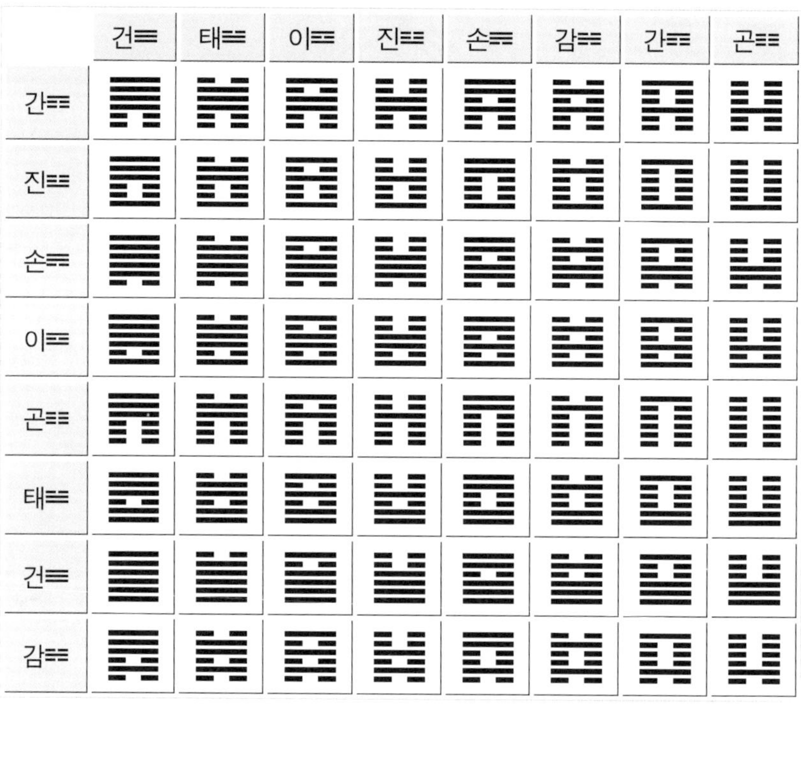

Ⅱ. 『경방역』과 『백서주역』의 배열원리

1. 『경방역』과 『백서주역』의 의의

(1) 『경방역』의 의의

경방(京房, 기원전 77-기원전 37)은 중국 한(漢)나라 때 상수학파의 대표자로 일컬어지고 있는데 그의 학설은 『경씨역전(京氏易傳)』에서 찾아볼 수 있다. 경방은 오늘날까지 전해져 오고 있는 상수역학(象數易學)의 비조(鼻祖)로 여겨질 정도로 『주역』의 원리를 상수학적으로 체계화하였기 때문에 그의 역학이론을 『경방역(京房易)』이라 칭하고 있다. 경방 역학은 괘기설(卦氣說), 팔궁괘설(八宮卦說), 오행설(五行說), 납갑설(納甲說), 팔괘기원설(八卦起源說) 등을 포괄하여 그 내용이 매우 풍부하다.[55)]

(2) 『백서주역』의 의의

1973년에 중국 장사(長沙)의 마왕퇴(馬王堆) 한묘(漢墓)에서 다량의

55) 廖名春·康學偉·梁韋弦 지음, 심경호 옮김, 『주역철학사』, 181-197쪽 참조.

백서(帛書) 경전들이 출토되었는데,[56] 그 가운데 하나인 『백서(帛書) 주역』은 현재 전해지고 있는 『주역』과 비교해볼 때 여러 가지 면에서 차이가 있기 때문에 많은 학자들의 연구대상이 되고 있다. 특히 가장 차이가 나는 특징으로는 64괘의 배열 순서가 현행본 『주역』과 다르다는 점이다.

2. 『경방역』의 배열원리

『경방역』은 『주역』경전에 담겨 있는 문장을 통한 의리학적 측면을 무시하고 괘상(卦象)만을 취하여 상수학의 공식으로 활용하는 것이 특징이며, 팔궁괘설(八宮卦說), 납갑오행설(納甲五行說)로 요약할 수 있다.

(1) 팔궁괘설(八宮卦說)

경방은 팔괘의 기본순서를 태극 양의 사상 팔괘로 드리워지는 선천팔괘(건태이진손감간곤)의 순서와는 달리 양괘와 음괘로 구분하여 건☰, 진☳, 감☵, 간☶, 곤☷, 손☴, 이☲, 태☱의 순서로 하였다. 그리고 동일한 팔괘를 거듭한 8개의 중괘(重卦)를 기본으로 팔궁(八宮)으로 하였다.

각 궁괘(宮卦)는 각각 괘 7개씩 통솔하는데, 궁괘를 상세(上世)라 하고 그 휘하에 있는 7개의 괘는 1세(一世), 2세(二世), 3세(三世), 4

56) 마왕퇴 한묘의 발굴과정과 출토 유물에 관한 이야기는 웨난 지음·이익희 옮김, 『마왕퇴의 귀부인 1, 2』(일빛, 1998)에서 상세하게 다루고 있다.

세(四世), 5세(五世), 유혼(遊昏), 귀혼(歸魂)이라 하였다.

예컨대 중천건(重天乾 ䷀)괘를 궁괘로 하여 나타나는 7개의 괘를 설명하면, 중천건괘 자체는 궁괘(宮卦)로 체가 된다. 1세란 궁괘의 초효가 변한 상태를 말하는데, 중천건괘에서는 초효가 변한(즉, 양이 음으로 바뀌면) 천풍구(天風姤 ䷫)괘가 1세가 된다. 2세란 궁괘에서 2효까지, 즉 초효와 2효가 변한 상태를 말하는데, 중천건괘에서 초효와 2효가 변한 천산돈(天山遯 ䷠)괘가 2세가 된다. 3세란 궁괘에서 3효까지, 즉 초효와 2효 3효가 변한 상태를 말하는데, 중천건괘에서 3효까지 변한 천지비(天地否 ䷋)괘가 3세가 된다. 4세란 궁괘에서 4효까지, 즉 초효 2효 3효 4효가 변한 상태를 말하는데, 중천건괘에서 4효까지 변한 풍지관(風地觀 ䷓)괘가 4세가 된다. 5세란 궁괘에서 5효까지, 즉 초효 2효 3효 4효 5효가 변한 상태를 말하는데, 중천건괘에서 5효까지 변한 산지박(山地剝 ䷖)괘가 5세가 된다.

한편 체가 되는 궁괘에서 상효까지 변하면, 즉 여섯 효가 모두 변하면 궁괘 자체가 사라지는 것이기 때문에 5효까지 변한 다음에는 뒤로 후퇴하여 네 번째 효를 다시 변화시키는데, 이를 혼이 노닌다고 하여 유혼(遊魂)이라고 한다. 중천건괘를 예를 들면 5효까지 변한 산지박(山地剝 ䷖)괘(5세) 다음에는 산지박괘 상태에서 5효 아래의 4효를 변화시키면 화지진(火地晉 ䷢)괘가 되는데, 이 화지진괘가 유혼(遊魂)이 된다.

그리고 마지막으로 궁괘에서 기본이 되는 내괘 즉 초효 2효 3효를 다시 원래의 상태, 즉 중천건괘에서는 건괘(☰)로 변화시키는데, 이를 혼이 원래로 돌아간다고 하여 귀혼(歸魂)이라고 한다. 중천건괘에서는 유혼이 되는 화지진괘에서 다시 초효 2효 3효를 원래의 건괘(☰)

로 바꾸면 화천대유(火天大有 ䷍)괘가 되는데, 이 화천대유괘가 귀혼이 된다.

이러한 방식으로 괘를 배열하게 되면 건궁(乾宮 ䷀), 진궁(震宮 ䷲), 감궁(坎宮 ䷜), 간궁(艮宮 ䷳), 곤궁(坤宮 ䷁), 손궁(巽宮 ䷸), 이궁(離宮 ䷝), 태궁(兌宮 ䷹)에 각각 궁괘(上世)를 포함하여 8괘씩 나오게 되어 8궁 64괘가 된다. 이를 도표화하면 다음과 같다.

	팔궁괘(八宮卦)							
上世	䷀	䷲	䷜	䷳	䷁	䷸	䷝	䷹
一世	䷫	䷏	䷻	䷕	䷗	䷈	䷷	䷮
二世	䷠	䷧	䷂	䷙	䷒	䷤	䷱	䷬
三世	䷋	䷟	䷾	䷨	䷊	䷩	䷿	䷞
四世	䷓	䷭	䷰	䷥	䷡	䷘	䷃	䷦
五世	䷖	䷯	䷶	䷉	䷪	䷔	䷺	䷎
遊昏	䷢	䷛	䷣	䷼	䷄	䷚	䷅	䷽
歸魂	䷍	䷐	䷆	䷴	䷇	䷑	䷌	䷵

(2) 납갑오행설(納甲五行說)

우리는 앞서 간지오행의 원리를 간단하게 살펴본 바 있다. 간지(干支)는 자연의 변화에서 나타나는 기운의 양상을 음양오행의 원리로 표상한 상징적인 기호이다.

경방은 앞서 살펴 본 팔궁괘를 각각 10간(干)에 배당하고 팔궁괘의 각 효를 12지(支)에 배당하였는데, 이를 괘상에 갑자(甲子)를 들였다고 하여 납갑설(納甲說)이라 한다. 갑자(甲子), 즉 간지(干支)는 음양오행의 기운을 표상한 것이기 때문에 납갑(納甲)을 하면 자연히 오행(五行)으로 파악되어 오행 상호간의 상생과 상극관계가 나타나게 된다.

이렇게 팔궁괘에 납갑을 붙임으로써 괘와 각 효에 내재된 기운을 통하여 오행(五行)의 상생(相生)과 상극(相剋) 그리고 동류(同類)의 관계가 형성되는데, 이 관계를 분석하여 길흉(吉凶)을 판단하는 원리로 삼았다. 오늘날 길흉판단의 대표적인 예측학(豫測學)으로 일컫고 있는 육효점(六爻占)은 바로 경방역의 이 원리에 근거한 것이다. 이를 도표화하면 다음과 같다.

	건금	진목	감수	간토	곤토	손목	이화	태금
상효	임술(토)	경술(토)	무자(수)	병인(목)	계유(금)	신묘(목)	기사(화)	정미(토)
오효	임신(금)	경신(금)	무술(토)	병자(수)	계해(수)	신사(화)	기미(토)	정유(금)
사효	임오(화)	경오(화)	무신(금)	병술(토)	계축(토)	신미(토)	기유(금)	정해(수)
삼효	갑진(토)	경진(토)	무오(화)	병신(금)	을묘(목)	신유(금)	기해(수)	정축(토)
이효	갑인(목)	경인(목)	무진(토)	병오(화)	을사(화)	신해(수)	기축(토)	정묘(목)
초효	갑자(수)	경자(수)	무인(목)	병진(토)	을미(토)	신축(토)	기묘(목)	정사(화)

3. 『백서주역』의 배열원리

(1) 『백서주역』의 특징

『경방역』이 주역의 경문(經文)을 무시하고 괘상(卦象)에 납갑을 붙여 오행으로 판단하는 전형적인 상수학을 나타내는 반면에, 『백서주역』은 예전부터 내려온 『주역』의 문장체계를 전승하는 것이 특징이다. 다만 『백서주역』의 괘명과 문장은 대체로 현행 『주역』과 유사하나 상이한 한자로 되어 있는 부분이 많이 있고,[57] 또한 이른바 「십익전(十翼傳)」의 체제와 내용도 차이가 있기 때문에 현대 학자들의 관심과 연구의 대상이 되고 있다.[58]

(2) 『백서주역』의 64괘 배열원리

『백서주역』은 『경방역』과 마찬가지로 현행 『주역』과는 달리 공식적인 원리에 의해 64괘를 배열하고 있다. 또한 『경방역』과 유사하게 64괘를 8궁(八宮)으로 나누고 있다. 기본적으로 8궁의 순서는 제1궁 건궁(乾宮), 제2궁 간궁(艮宮), 제3궁 감궁(坎宮), 제4궁 진궁(震宮), 제5궁 곤궁(坤宮), 제6궁 태궁(兌宮), 제7궁 이궁(離宮), 제8궁 손궁(巽宮)의 순서로 배열되어 있다. 그리고 64괘 대성괘에 있어 하괘(下卦)와 상괘(上卦)의 배열원리가 다음과 같이 다르게 되어 있다.

57) 『백서주역』의 괘명(卦名)은 현행본 『주역』과 차이점이 있지만, 이 책에서는 64괘 배열의 원리를 설명하고자 하는 의미에서 편의상 현행본 괘명을 사용하였음을 밝힌다.

58) 郭球柏, 『帛書周易校釋』, 中國 : 湖南人民出版社, 2002; 劉大鈞, 『今, 帛, 竹書《周易》綜考』, 中國 : 上海古籍出版社, 2004.

1) 상괘의 순서

상괘(上卦)는 각 궁의 체가 되는데 예컨대 건궁 8괘의 상괘는 모두 건괘(☰)로 되어 있고, 간궁 8괘의 상괘는 모두 간괘(☶)로 되어 있으며 나머지 궁괘도 마찬가지이다. 팔궁의 체가 되는 상괘는 제1궁(乾宮) 8괘는 건☰, 제2궁(艮宮) 8괘는 간☶, 제3궁(坎宮) 8괘는 감☵, 제4궁(震宮) 8괘는 진☳, 제5궁(坤宮) 8괘는 곤☷, 제6궁(兌宮) 8괘는 태☱, 제7궁(離宮) 8괘는 이☲, 제8궁(巽宮) 8괘는 손☴으로 되어 있다.

각 궁의 첫 괘는 제1궁(乾宮)은 중천건(重天乾 ䷀), 제2궁(艮宮)은 중산간(重山艮 ䷳), 제3궁(坎宮)은 중수감(重水坎 ䷜), 제4궁(震宮)은 중뢰진(重雷震 ䷲), 제5궁(坤宮)은 중지곤(重地坤 ䷁), 제6궁(兌宮)은 중택태(重澤兌 ䷹), 제7궁(離宮)은 중화리(重火離 ䷝), 제8궁(巽宮)은 중풍손(重風巽 ䷸)으로 되어 있어 모두 중괘(重卦)를 첫 괘로 두고 있다.

2) 하괘의 순서

각궁 8괘 하괘의 순서는 기본적으로 건☰, 곤☷, 간☶, 태☱, 감☵, 이☲, 진☳, 손☴으로 되어 있으며, 다만 각 궁 첫 괘의 중괘(重卦)에 해당하는 괘가 항상 먼저 나온다.

예를 들어 제1궁(乾宮)을 살펴보면, 상괘는 모두 건괘☰로 되어 있고, 하괘는 바로 앞에서 언급한 기본적인 순서 즉 건☰, 곤☷, 간☶, 태☱, 감☵, 이☲, 진☳, 손☴으로 되어 있기 때문에, 제1궁 8괘는 중천건(重天乾 ䷀), 천지비(天地否 ䷋), 천산돈(天山遯 ䷠), 천택리(天澤履 ䷉), 천수송(天水訟 ䷅), 천화동인(天火同人 ䷌), 천뢰무망(天雷无妄 ䷘), 천풍구(天風姤 ䷫)로 되어 있다.

또한 제2궁(艮宮)의 예를 들면, 제2궁 8괘의 상괘는 모두 간괘☶로 되어 있다. 그런데 하괘의 순서는 기본적으로 건☰, 곤☷, 간☶, 태☱, 감☵, 이☲, 진☳, 손☴으로 되지만, 제2궁(艮宮)의 첫 괘가 중산간(重山艮)괘가 되기 때문에 하괘에서 간☶이 맨 먼저 나오게 되며 나머지는 기본 순서로 배열되어 간☶, 건☰, 곤☷, 태☱, 감☵, 이☲, 진☳, 손☴으로 된다. 따라서 제2궁 8괘는 중산간(重山艮 ䷳), 산천대축(山天大畜 ䷙), 산지박(山地剝 ䷖), 산택손(山澤損 ䷨), 산수몽(山水蒙 ䷃), 산화비(山火賁 ䷕), 산뢰이(山雷頤 ䷚), 산풍고(山風蠱 ䷑)의 순서로 되어 있다.

나머지 각 궁괘도 이와 같은 원리로 배열되어 있는데, 이를 도표화하면 다음과 같다.

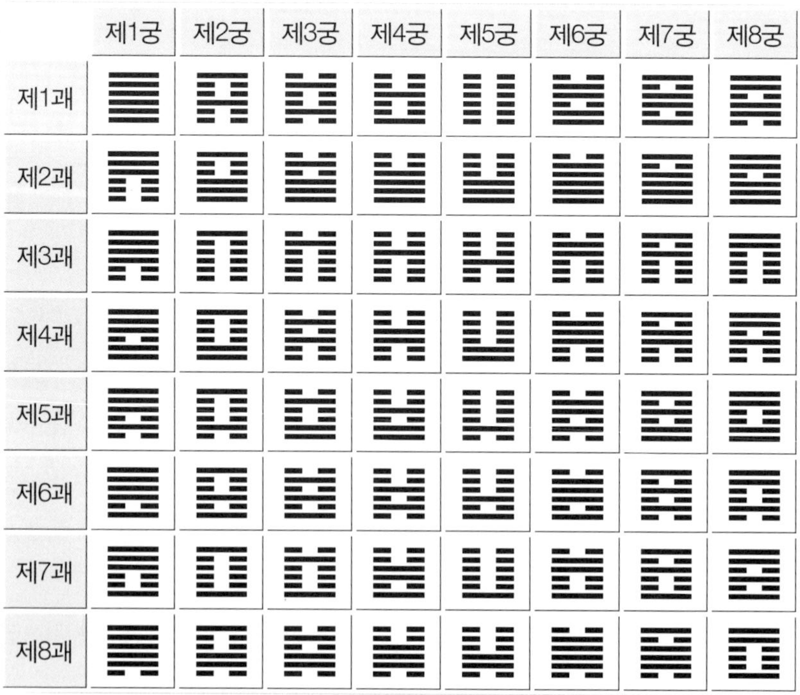

Ⅲ. 현행본『주역』의 배열원리와 특징

1. 64괘 배열원리로서의 도전괘와 배합괘

현행본 『주역』은 상경 30괘와 하경 34괘로 구분되어 있는데, 첫 번째 괘인 중천건(重天乾)괘로부터 마지막 64번째 괘인 화수미제(火水未濟)괘에 이르기까지의 괘상(卦象)을 보면 1·2(건·곤), 3·4(둔·몽), 5·6(수·송) … 61·62(중부·소과), 63·64(기제·미제)와 같이 둘씩 짝을 맞추고 있다. 이렇게 두 괘씩 짝을 맞추는 기본방식은 도전괘(倒顚卦)와 배합괘(配合卦)의 원리이다.

(1) 도전괘와 부도전괘

1) 도전괘(倒顚卦)

일반적으로 6효(爻)로 이루어진 괘는 아래로부터 위로, 즉 맨 아래를 초효(初爻)로 하고 맨 위를 상효(上爻)로 보아 괘상(卦象)을 판단한다. 그런데, 보는 방향을 거꾸로 하여 맨 위를 초효로 보고 맨 아래를 상효로 볼 경우에 기본적인 괘상이 달라지는 경우가 있는데, 이렇게 본괘(本卦)를 거꾸로 보아서 이루어지는 괘를 도전괘라고 한다. 이 경우의 괘상을 보면 초효 2효 3효 4효 5효 상효의 여섯 효를 전체로 하고 그 중간이 되는 3효와 4효 사이를 접어서 합할 경우 괘상이 다르게 되어 비대칭구조를 이루게 된다는 것을 알 수 있다.

예를 들면 64괘 가운데 3번째인 수뢰둔(水雷屯)괘와 4번째인 산수몽(山水蒙)괘는 짝이 되는데, 수뢰둔괘를 거꾸로 보면 산수몽괘가 되고 산수몽괘를 거꾸로 보면 수뢰둔괘가 되어 서로 도전괘 관계로 짝이 되고 있다.

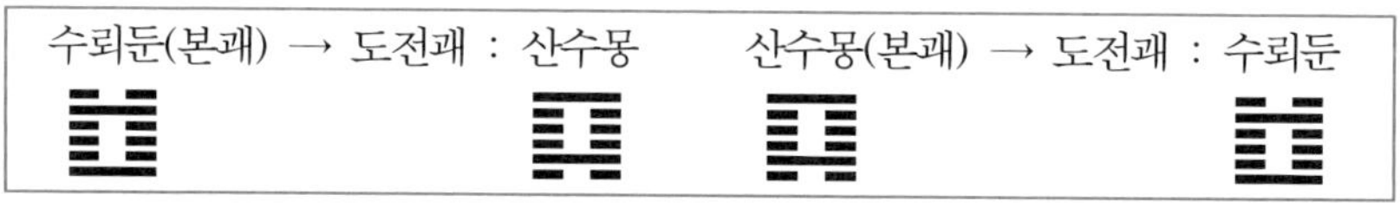

2) 부도전괘(不倒顚卦)의 배합괘관계

본괘를 놓고 거꾸로 보아도 같은 괘상으로 나오는 경우를 부도전괘라고 하는데, 이 경우의 괘상을 보면 초효 2효 3효 4효 5효 상효의 여섯 효를 그 중간이 되는 3효와 4효 사이를 접어서 합할 경우 괘상이 똑같게 되어 대칭구조를 이루게 된다. 이렇게 보도전괘로 되는 괘가 64괘 가운데 모두 여덟 괘가 나오는데, 이 부도전괘들은 모두 배합괘로 짝을 이루고 있다.

다시 말하면 도전해 보아도 같은 괘가 나오는 경우로는, 상경에 중천건(重天乾)·중지곤(重地坤), 산뢰이(山雷頤)·택풍대과(澤風大過), 중수감(重水坎)·중화리(重火離)의 6괘가 있고 하경에 풍택중부(風澤中

孚)·뇌산소과(雷山小過)의 2괘가 있어 모두 여덟 괘가 된다. 이러한 괘의 괘상을 보면 모두 기하학적으로 대칭구조를 이루고 있는데, 이러한 괘를 일반적으로 '부도전괘(不倒顚卦)'라고 한다.

64괘 가운데 부도전괘가 되는 여덟 괘는 모두 배합괘관계로 짝을 맞추고 있는데, 배합괘(配合卦)란 본괘의 모든 효의 음양관계를 바꿔 놓은 괘를 말한다. 일반적으로 배합괘 관계는 원인과 결과의 관계를 나타내게 된다.[59] 부도전괘 여덟 괘가 각각 배합괘 관계로 짝이 되는 것은 다음과 같다.

〈부도전괘의 배합괘관계〉

重天乾	重地坤	山雷頤	澤風大過	重水坎	重火離	風澤中孚	雷山小過
1	2	27	28	29	30	61	62

(2) 상경 30괘와 하경 34괘의 균형

『주역』경전은 상경과 하경으로 나누어져 있는데, 상경은 30괘로 되어 있고 하경은 34괘로 되어 있다. 상경과 하경이 각각 32괘로 균형을 이루지 못하고, 30괘와 34괘로 되어 있는 근본적인 이유는 작역자(作易者)의 의도를 알 수 없는 한 확실하게 추론할 수는 없다.

그렇지만 겉으로 보기에 상경 30괘 하경 34괘로 불균형한 상태에 있는 것 같아도, 그 이면을 보면 상경과 하경은 균형을 맞추고 있다. 그것은 도전괘와 배합괘의 구조를 살펴보면 알 수 있다.

59) 제5장 대성괘 분석론 Ⅲ. 대성괘 64괘의 변화원리 참조.

상경 30괘 가운데 도전괘 관계로 짝이 되고 있는 괘로는 둔(屯) 몽(蒙), 수(需) 송(訟), 사(師) 비(比), 소축(小畜) 리(履), 태(泰) 비(否), 동인(同人) 대유(大有), 겸(謙) 예(豫), 수(隨) 고(蠱), 임(臨) 관(觀), 서합(噬嗑) 비(賁), 박(剝) 복(復), 무망(无妄) 대축(大畜) 등 모두 24괘가 있고, 부도전괘이기 때문에 배합괘 관계로 짝이 되고 있는 괘로는 건(乾) 곤(坤), 이(頤) 대과(大過), 감(坎) 리(離) 등 모두 6괘가 있다. 그런데 도전괘 관계로 짝이 되고 있는 괘들은 한 괘만 놓고 도전하면 두 괘가 되기 때문에 도전괘 24괘는 12괘로 축약된다. 따라서 상경은 도전괘 12괘와 부도전괘 6괘가 되어 18괘로 된다.

한편 하경 34괘 가운데 도전괘 관계로 짝이 되고 있는 괘로는 함(咸) 항(恒), 돈(遯) 대장(大壯), 진(晉) 명이(明夷), 가인(家人) 규(睽), 건(蹇) 해(解), 손(損) 익(益), 쾌(夬) 구(姤), 취(萃) 승(升), 곤(困) 정(井), 혁(革) 정(鼎), 진(震) 간(艮), 점(漸) 귀매(歸妹), 풍(豐) 려(旅), 손(巽) 태(兌), 환(渙) 절(節), 기제(旣濟) 미제(未濟) 등 모두 32괘가 있으며, 부도전괘이기 때문에 배합괘로 짝이 되고 있는 괘로는 중부(中孚) 소과(小過)의 두 괘가 있다. 상경에서와 마찬가지로 도전괘 관계로 짝이 되고 있는 괘들은 한 괘만 놓고 도전하면 두 괘가 되기 때문에 도전괘 32괘는 16괘로 축약된다. 따라서 하경은 도전괘 16괘와 부도전괘 2괘가 되어 18괘로 된다.

결국 상경 30괘는 도전괘 12괘와 부도전괘 6괘로 모두 18괘로 되고, 하경 34괘는 도전괘 16괘와 부도전괘 2괘로 되어 역시 18괘로 되니, 상경과 하경은 각각 18괘로 같게 되어 균형을 이루게 된다.

2. 64괘의 유기적 관계와 상징성

(1) 64괘의 유기적 관계

앞서 살펴보았듯이 자연의 원리에 바탕을 둔 선천팔괘와 후천팔괘를 근거로 하여 64괘가 형성되는 방식에는 선천팔괘상중방식, 후천팔괘상중방식, 선천·후천팔괘상교방식의 세 가지가 있다. 이것은 그야말로 대자연의 음양기운의 양상에 근거를 둔 64괘의 변화양상이다.

그런데 『주역』경문의 64괘 배열은 이러한 자연한 순서에 입각하지 않고, 작역자(作易者)의 역사관과 철학에 의한 원리에 의해 배열되어 있다. 기본팔괘(☰ ☱ ☲ ☳ ☴ ☵ ☶ ☷)가 순서를 달리할 수 있는 총 경우의 수가 40,320가지(8×7×6×5×4×3×2×1)가 된다는 것을 이미 살펴본 바가 있듯이, 사실 『주역』의 64괘가 각각 순서를 달리할 수 있는 총 경우의 수는 64×63×62×61×60×…×4×3×2×1에 이르는 거의 무한대의 경우로 나가게 된다.

이렇게 무한대에 이르는 64괘 배열의 경우가 있음에도 불구하고 현행본 『주역』의 괘 순서는 어떠한 원리에 의해 이루어진 것인가. 『주역』의 상경 30괘와 하경 34괘의 배열은 기계적이고 자연한 순서에 입각한 것이 아니라, 작역자(作易者)의 역사관과 철학적 가치관 및 미래관에 입각하여 우주창조로부터 시작하는 인류사의 흐름과 국가 사회적 변화양상 그리고 지구환경의 변화양상, 사회적 관계에서의 인간의 변화원리 등에 기초하여 64괘를 배열한 것으로 이해할 수 있다.

64괘의 각 괘체(卦體)는 각각 고유한 상징성을 지니고 있으면서도 64괘의 전체적 원형을 간직하고 있다. 즉, 64괘라는 전체에서 각 괘는 1/64에 해당하는 하나의 부분이지만 각 괘에는 64괘 전체의 원형을 간직하여 64괘 상호간에 유기적인 관계성을 나타내고 있다. 결국 음양 6단구조의 64괘가 모두 태극(太極)에서 분화되었기 때문에 각 괘에는 근원성을 의미하는 태극의 인자(因子)가 내포되어 있는 것이다.

(2) 『주역』 상경과 하경의 의미

상경(上經)과 하경(下經)의 의미를 단적으로 비교하는 것은 무리가 있다. 64괘의 모든 괘체에는 형이상(形而上)과 형이하(形而下)의 다양한 의미가 내재되어 있기 때문이다. 따라서 상경은 선천(先天)이고 하경은 후천(後天)이라는 비교, 상경은 형이상적이고 하경은 형이하적이라는 비교, 상경은 천도(天道)이고 하경은 인사(人事)라고 하는 비교 등은 어느 정도 부합하는 면도 있지만 절대적인 의미를 갖지는 못한다.

『주역』상경과 하경의 단적인 비교를 해 보면, 상경은 천지부모인 중천건(重天乾 ䷀)괘와 중지곤(重地坤 ䷁)괘로부터 시작하고, 하경은 청춘남녀가 가정을 꾸리는 택산함(澤山咸 ䷞)괘와 뇌풍항(雷風恒 ䷟)괘로부터 시작한다는 점이다.

대체적으로 표현한다면, 『주역』 상경은 거대한 인류역사의 흐름과 사회의 변화원리 그리고 인간으로서의 본성회복원리를 나타내고 있다고 한다면, 『주역』 하경은 상경에 내재된 원리를 비교적 구체적이고 현실적으로 나타내고 있으며 아울러 인류역사의 미래관이 담겨 있다고 할 수 있다.

〈『주역』 상경 30괘〉

1. 중천건 (重天乾)	2. 중지곤 (重地坤)	3. 수뢰둔 (水雷屯)	4. 산수몽 (山水蒙)	5. 수천수 (水天需)	6. 천수송 (天水訟)
7. 지수사 (地水師)	8. 수지비 (水地比)	9. 풍천소축 (風天小畜)	10. 천택리 (天澤履)	11. 지천태 (地天泰)	12. 천지비 (天地否)
13. 천화동인 (天火同人)	14. 화천대유 (火天大有)	15. 지산겸 (地山謙)	16. 뇌지예 (雷地豫)	17. 택뢰수 (澤雷隨)	18. 산풍고 (山風蠱)
19. 지택림 (地澤臨)	20. 풍지관 (風地觀)	21. 화뢰서합 (火雷噬嗑)	22. 산화비 (山火賁)	23. 산지박 (山地剝)	24. 지뢰복 (地雷復)
25. 천뢰무망 (天雷无妄)	26. 산천대축 (山天大畜)	27. 산뢰이 (山雷頤)	28. 택풍대과 (澤風大過)	29. 중수감 (重水坎)	30. 중화리 (重火離)

〈『주역』 하경 34괘〉

31. 택산함 (澤山咸)	32. 뇌풍항 (雷風恒)	33. 천산돈 (天山遯)	34. 뇌천대장 (雷天大壯)	35. 화지진 (火地晉)	36. 지화명이 (地火明夷)
37. 풍화가인 (風火家人)	38. 화택규 (火澤睽)	39. 수산건 (水山蹇)	40. 뇌수해 (雷水解)	41. 산택손 (山澤損)	42. 풍뢰익 (風雷益)
43. 택천쾌 (澤天夬)	44. 천풍구 (天風姤)	45. 택지취 (澤地萃)	46. 지풍승 (地風升)	47. 택수곤 (澤水困)	48. 수풍정 (水風井)
49. 택화혁 (澤火革)	50. 화풍정 (火風鼎)	51. 중뢰진 (重雷震)	52. 중산간 (重山艮)	53. 풍산점 (風山漸)	54. 뇌택귀매 (雷澤歸妹)
55. 뇌화풍 (雷火豐)	56. 화산려 (火山旅)	57. 중풍손 (重風巽)	58. 중택태 (重澤兌)	59. 풍수환 (風水渙)	60. 수택절 (水澤節)
61. 풍택중부 (風澤中孚)	62. 뇌산소과 (雷山小過)	63. 수화기제 (水火旣濟)	64. 화수미제 (火水未濟)		

(3) 64괘의 상징성

64괘의 각각의 괘는 괘를 구성하고 있는 여섯 효의 음양조합이 저마다 다르기 때문에 고유한 상징성을 내포하게 된다. 바로 각 괘가 지니고 있는 고유한 상징성을 단적으로 표현한 것이 64괘 괘명(卦名)이다. 64괘의 각각의 괘가 의미하는 상징성을 간단히 설명하면 다음과 같다.

『주역』상경

1. 건(乾) : 우주, 하늘, 강건함, 양
2. 곤(坤) : 지구, 땅, 순함, 음
3. 둔(屯) : 만물의 탄생, 시작할 때의 어려움
4. 몽(蒙) : 어림, 몽매함, 교육
5. 수(需) : 기다림, 음식, 앞날의 험함
6. 송(訟) : 정쟁, 정세, 다툼, 분쟁(소송)
7. 사(師) : 전쟁, 경쟁, 병법, 군율, 기강
8. 비(比) : 천하평정, 협조, 중도정치
9. 소축(小畜) : 문명, 문화, 평화회복
10. 리(履) : 밟아온 이력, 인생의 의미, 민심파악
11. 태(泰) : 군자의 정치, 평화, 국제선린외교
12. 비(否) : 소인의 정치, 막힘, 기강확립
13. 동인(同人) : 사회, 친교, 동일성, 내부 갈등
14. 대유(大有) : 경제호황, 부국, 청렴정치
15. 겸(謙) : 겸손, 부지런함, 경제적 형평
16. 예(豫) : 즐거움, 제사, 종교의식, 화합, 조화

17. 수(隨) : 따름, 위로, 잔치, 지도력
18. 고(蠱) : 좀스런 일, 새 출발을 위한 정리, 남의 일 마무리
19. 임(臨) : 진행, 정성, 성찰(省察), 교육, 지도력
20. 관(觀) : 반성, 관찰, 설교, 진퇴결정
21. 서합(噬嗑) : 씹어 합함, 부조리 척결, 형벌(형사관계), 사법제도
22. 비(賁) : 꾸밈, 소박함, 채권채무(민사관계), 용서
23. 박(剝) : 깎임, 소인의 득세, 붕괴, 군자의 포용
24. 복(復) : 회복, 조심, 상서로운 조짐
25. 무망(无妄) : 망령됨이 없음, 신앙의 원리, 순진무구
26. 대축(大畜) : 크게 쌓음, 저축, 박학다식, 억제, 도통
27. 이(頤) : 양육, 기름, 말조심, 음식조심, 자아추구
28. 대과(大過) : 큰 것(陽)이 지나침, 큰 변화, 근본이 약함, 불균형
29. 감(坎) : 빠짐, 험함, 물의 재앙, 진퇴양난, 수수방관
30. 리(離) : 밝음, 호황, 문명, 불의 재앙, 재난예고

『주역』하경

31. 함(咸) : 느낌, 남녀교합, 영향, 교류, 긴장
32. 항(恒) : 오래함, 온갖 풍파에도 항구성을 유지, 남녀·부부관계
33. 돈(遯) : 물러남, 소인 정치, 매임, 초연함
34. 대장(大壯) : 크게 씩씩함, 상승국면, 강자의 힘
35. 진(晉) : 나아감, 전진, 승진
36. 명이(明夷) : 밝음이 상함, 어두움, 폭정(暴政)
37. 가인(家人) : 가족, 가도(家道), 가풍(家風), 각자의 역할과 책임
38. 규(睽) : 어긋남, 부조화, 이반(離反), 외로움

39. 건(蹇) : 산전수전(山戰水戰), 진퇴양난(進退兩難), 인내
40. 해(解) : 해결, 용서, 위안, 위험요소 척결
41. 손(損) : 손해, 세금납부(조세정책), 출산, 베풂
42. 익(益) : 이익, 큰 사업, 복지정책
43. 쾌(夬) : 결단, 척결, 이해관계에 따른 처신곤란
44. 구(姤) : 만남, 새로운 변화의 조짐, 길들임
45. 취(萃) : 모임, 다중(多衆), 민심규합, 불의의 사고 대비
46. 승(升) : 오름, 상승, 승진, 저축, 정성
47. 곤(困) : 곤궁, 경제적 궁핍, 재정파탄
48. 정(井) : 우물, 민생(民生), 경제정책과 사회제도의 수립
49. 혁(革) : 고침, 혁명, 변화, 심기일전(心機一轉)
50. 정(鼎) : 솥, 완성, 결실을 이룰 때까지의 인내, 자아완성
51. 진(震) : 지진, 갑작스런 큰 변화, 혼비백산, 인명구조
52. 간(艮) : 그침, 평정(平靜), 일의 마무리, 수양(참선, 명상)
53. 점(漸) : 점차 나아감, 순조로움, 순리, 정당한 혼인
54. 귀매(歸妹) : 정당한 대우를 받지 못함, 불륜관계, 결실이 없음
55. 풍(豐) : 풍대(豊大)함, 물질문명의 그늘, 형벌집행, 큰 변화
56. 려(旅) : 나그네, 여행, 이방인, 특공대, 유배(流配)
57. 손(巽) : 바람, 새로운 여론(輿論)몰이, 신바람, 신앙(信仰)활동
58. 태(兌) : 기쁨, 강습(講習), 화합
59. 환(渙) : 흩어짐, 재난(홍수), 구원
60. 절(節) : 절도, 절제, 말조심, 사회정책 조절
61. 중부(中孚) : 내면으로부터의 믿음, 이해, 진실, 관용
62. 소과(小過) : 작은 것(陰)이 지나침, 실질에서 벗어남

63. 기제(旣濟) : 완성, 유비무환(有備無患), 초길종란(初吉終亂)

64. 미제(未濟) : 미완성, 어려움을 무릅쓰고 목적한 바를 행함

(4) 서양에서의 64괘 상징 표현

한편 서양에서는 64괘의 상징을 어떻게 표현하고 있는가를 살펴볼 필요가 있다. 이미 중세 이후 서양에서도 『주역』에 관한 많은 연구와 번역이 진행되어 왔기 때문에 많은 번역본이 있지만, 여기에서는 세 가지 책을 인용하여 서양에서의 64괘 상징 표현을 예시하여 보고자 한다.

우선 첫째로는 현대 서양학계에서 『주역』연구의 최고 권위자로 일컬어지고 있는 독일의 리하르트 빌헬름(Richard Wilhelm, 1873-1930)이 『역경』을 최초로 독일어로 번역한 것을 미국의 베인즈(Cary F. Baynes)가 다시 영어로 번역한 『*The I Ching : or Book of Changes*』[60]이다. 이 번역본은 서양에서 '표준 역본'이 되었다.[61]

둘째로는 전통적 해석에 구애받지 않고 새로운 각도에서 『주역』을 재해석하고 있는 Sam Reifler의 『*I Ching - A New Interpretation For Modern Times*』이다.[62]

셋째로는 중국 명(明)나라 말기 지욱(智旭)선사가 지은 『주역선해(周易禪解)』를 Thomas Cleary가 영어로 번역한 『*The Buddhist I Ching*』이다.[63]

60) Wilhelm / Baynes, *The I Ching : or Book of Changes*, New Jersey : Princeton University Press, 1977.

61) 廖名春·康學偉·梁韋弦 지음, 심경호 옮김, 『주역철학사』, 805-808쪽 참조.

62) Sam Reifler, *I Ching - A New Interpretation For Modern Times*, New York : Bantam Books, 1991.

63) Chih-hsu Ou-i (Translated by Thomas Cleary), *The Buddhist I Ching*, Boston & London : Shambhala, 1994.

우리 말로 해석을 하지 않고 이 세 책의 괘상 표현을 함께 도표화하여 비교가 가능하게 하였다.

A : Wilhelm / Baynes, *The I Ching or Book of Changes*
B : Sam Reifler, *I Ching - A New Interpretation For Modern Times*
C : Chih-hsu Ou-i, Trans. Thomas Cleary, *The Buddhist I Ching*

괘서	괘명	A	B	C
1	乾	The Creative	Yang	Heaven
2	坤	The Receptive	Yin	Earth
3	屯	Difficulty at the Beginning	Growing Pains	Difficult
4	蒙	Youthful Folly	Youthful Ignorance	Darkness
5	需	Waiting(Nourishment)	Waiting	Waiting
6	訟	Conflict	Conflict	Contention
7	師	The Army	Soldiers	The Army
8	比	Holding Together (Union)	Seeking Union	Accord
9	小畜	The Taming Power of the Small	Minor Restraint	Small Obstruction (Nurturance of the Small)
10	履	Treading (Conduct)	Treading	Treading
11	泰	Peace	Peace	Tranquillity
12	否	Standstill (Stagnation)	Disjunction	Obstruction
13	同人	Fellowship with Men	Society	Sameness with People
14	大有	Possession in Great Measure	Wealth	Great Possession
15	謙	Modesty	Modesty	Humility
16	豫	Enthusiasm	Enthusiasm	Joy
17	隨	Following	Following	Following
18	蠱	Work on What Has Been Spoiled (Decay)	Fixing	Degeneration
19	臨	Approach	Conduct	Overseeing

괘서	괘명	A	B	C
20	觀	Contemplation (View)	Contemplation	Observing
21	噬嗑	Biting Through	Biting Through	Biting Through
22	賁	Grace	Beauty	Adornment
23	剝	Splitting Apart	Collapse	Stripping Away
24	復	Return (The Turning Point)	Returning	Return
25	无妄	Innocence (The Unexpected)	The Simple	No Error
26	大畜	The Taming Power of the Great	Major Restraint	Great Buildup
27	頤	The Corners of the Mouth (Providing Nourishment)	Nourishment	Nourishment
28	大過	Preponderance of the Great	Greatness in Excess	The Passing of Greatness
29	坎	The Abysmal (Water)	The Deep	Multiple Danger
30	離	The Clinging, Fire	Fire	Fire
31	咸	Influence (Wooing)	Tension	Sensing
32	恒	Duration	Continuity	Constancy
33	遯	Retreat	Retreat	Withdrawal
34	大壯	The Power of the Great	Great Strength	The Power of the Great
35	晉	Progress	Advance	Advance
36	明夷	Darkening of the Light	Darkening of the Light	Damage of Illumination (Concealment of Illumination)
37	家人	The Family (The Clan)	The Family	People in the Home
38	睽	Opposition	Neutrality	Opposition
39	蹇	Obstruction	Difficulty	Trouble
40	解	Deliverance	Release	Solution
41	損	Decrease	Decrease	Reduction
42	益	Increase	Increase	Increase

괘서	괘명	A	B	C
43	夬	Break-through (Resoluteness)	Breakthrough	Decision (Parting)
44	姤	Coming to Meet	Temptation	Meeting
45	萃	Gathering Together (Massing)	Accord	Gathering
46	升	Pushing Upward	Pushing Upward	Rising
47	困	Oppression (Exhaustion)	Repression	Exhaustion
48	井	The Well	The Well	The Well
49	革	Revolution (Molting)	Revolution	Change
50	鼎	The Caldron	The Caldron	The Caldron
51	震	The Arousing (Shock, Thunder)	The Thunderclap	Thunder
52	艮	Keeping Still, Mountain	Keeping Still	Mountain
53	漸	Development (Gradual Progress)	Procession	Gradual Progress
54	歸妹	The Marrying Maiden	The Marrying Maiden	Marrying a Young Girl
55	豐	Abundance (Fullness)	Abundance	Richness
56	旅	The Wanderer	The Stranger	Travel
57	巽	The Gentle (The Penetrating, Wind)	The Penetration of the Wind	Wind
58	兌	The Joyous, Lake	Pleasure	Delight
59	渙	Dispersion	Dispersion	Dispersal
60	節	Limitation	Restraint	Regulation
61	中孚	Inner Truth	Understanding	Sincerity in the Center
62	小過	Preponderance of the Small	Smallness in Excess	Small Excess
63	旣濟	After Completion	Completion	Settled
64	未濟	Before Completion	Almost There	Unsettled

Modern introduction to the I Ching

제5장 대성괘 분석론

Modern introduction to the I Ching

Ⅰ. 대성괘의 분석개념

1. 대성괘가 6효(爻)로 이루어진 이유

우리는 『역』이 음양이진법(陰陽二進法)에 의해 이루어진 자연법임을 알아 왔다. 그런데 음양이진법은 '2의 0승(2^0)'부터 무한대로 한없이 나아가는데, 왜 하필이면 '2의 6승(2^6)'을 기본으로 하여 자연과 인간사의 변화현상을 설명하는 원리로 매듭을 지었는가 하는 것을 살펴볼 필요가 있다. 이에 대하여는 다음과 같은 설명을 해 볼 수가 있다.

(1) 자연수 7의 조화

수의 기본이 되는 1부터 10까지의 자연수의 관계를 살펴보면 '7'이란 수가 지닌 고유한 특성이 있다. 예컨대 '1'은 가장 기본적이면서도 마치 태극과 같이 모든 것을 낳는 기본이 된다. 그래서 사실 모든 수에는 1이 내포되어 있다. 2·4·6·8·10은 2의 배수로서 서로 형제관계가 된다. 3·6·9 역시 3의 배수로서 서로 형제관계가 된다. 5와 10은 역시 5의 배수로서 형제관계를 이룬다. 이렇게 보면 오직 '7'이란 수만 홀로 존재하기에 '7'을 독생자라고 하고 이러한 특성 때문에 '7' 수는 동서양의 철학자가 주목하였고, 또한 종교적으로도 성수(聖數)로 여겨졌다.[64)]

그런데 모든 자연수를 독생자인 '7'로 나누면 다음과 같은 변화가 나타나는데, 소수점 이하의 수 조합이 3의 배수인 3·6·9를 제외한 '1·4·2·8·5·7'의 여섯 가지 수가 각각 순서를 달리하면서 조합을 이루어 종횡으로 무한히 반복되고 있다는 것을 알 수 있다.

$1 \div 7 = 0.142857142857 \cdots$

$2 \div 7 = 0.285714285714 \cdots$

$3 \div 7 = 0.428571428571 \cdots$

$4 \div 7 = 0.571428571428 \cdots$

$5 \div 7 = 0.714285714285 \cdots$

$6 \div 7 = 0.857142857142 \cdots$

$7 \div 7 = 1.0$

$8 \div 7 = 1.142857142857 \cdots$

$9 \div 7 = 1.285714285714 \cdots$

이는 '7'이란 수가 주기성을 나타내는 것이고, 주기 안의 구성인자가 '6'의 정률로 나타난다는 것을 의미한다. 바로 이러한 수리적 이치에서 음양 분화의 연속선에서 2^6을 기본으로 하여 자연율과 사회변화

64) 永田 久·沈雨晟 역, 『曆과 占의 과학』, 65-79쪽 참조. 구약성서 해석에 있어 수신학(數神學)에서 보고 있는 '7'수의 의미 분석에 대하여는 嚴元植, 「카발라 文學과 구약성서의 數神學」『浸神論集』제6집 (1983), 7-32쪽 참조.

원리를 나타낸 것이라 할 수 있다.

(2) 60갑자의 조합

앞서 말한 수리적 이치는 동양에서 전통적으로 사용되어 온 60갑자의 조합에서도 나타난다. 10간(干)과 12지(支)가 조합하여 이루어지는 60갑자, 즉 간지(干支)원리는 예로부터 천문(天文)에 근거하여 책력(册曆)에 사용되어 온 것으로 역시 자연율에 근거하고 있다.

天 干	甲	乙	丙	丁	戊	己	庚	辛	壬	癸
地 支	子	丑	寅	卯	辰	巳	午	未	申	酉
天 干	甲	乙	丙	丁	戊	己	庚	辛	壬	癸
地 支	戌	亥	子	丑	寅	卯	辰	巳	午	未
天 干	甲	乙	丙	丁	戊	己	庚	辛	壬	癸
地 支	申	酉	戌	亥	子	丑	寅	卯	辰	巳
天 干	甲	乙	丙	丁	戊	己	庚	辛	壬	癸
地 支	午	未	申	酉	戌	亥	子	丑	寅	卯
天 干	甲	乙	丙	丁	戊	己	庚	辛	壬	癸
地 支	辰	巳	午	未	申	酉	戌	亥	子	丑
天 干	甲	乙	丙	丁	戊	己	庚	辛	壬	癸
地 支	寅	卯	辰	巳	午	未	申	酉	戌	亥

예컨대 천간(天干)의 '갑을병정무기경신임계'를 고정시켜 놓고, 지지(地支)의 '자축인묘진사오미신유술해'를 이해하기 쉽게 '1·2·3·4·5·6·7·8·9·10·11·12'로 치환하여 배열하면 다음과 같은 수리가 나오게 된다.

甲	1	11	9	7	5	3	1	11	9	7	5	3	…
乙	2	12	10	8	6	4	2	12	10	8	6	4	…
丙	3	1	11	9	7	5	3	1	11	9	7	5	…
丁	4	2	12	10	8	6	4	2	12	10	8	6	…
戊	5	3	1	11	9	7	5	3	1	11	9	7	…
己	6	4	2	12	10	8	6	4	2	12	10	8	…
庚	7	5	3	1	11	9	7	5	3	1	11	9	…
辛	8	6	4	2	12	10	8	6	4	2	12	10	…
壬	9	7	5	3	1	11	9	7	5	3	1	11	…
癸	10	8	6	4	2	12	10	8	6	4	2	12	…

이러한 조합을 살펴보면, 천간(天干)의 갑(甲)·병(丙)·무(戊)·경(庚)·임(壬)의 양 자리에 응하는 지지(地支)는 자(子)·술(戌)·신(申)·오(午)·진(辰)·인(寅)의 6양지(陽支)가 각각 배열을 달리한 조합이 무한히 반복해나감을 알 수 있고, 마찬가지로 천간의 을(乙)·정(丁)·기(己)·신(辛)·계(癸)의 음 자리에 응하는 지지(地支)는 축(丑)·해(亥)·유(酉)·미(未)·사(巳)·묘(卯)의 6음지(陰支)가 각각 배열을 달리한 조합이 무한히 반복해 나감을 알 수 있다. 이는 마치 자연수를 7로 나누었을 때 나타나는 소숫점 이하의 배열구도가 '142857'의 여섯 가지 수가 배열순서를 달리하면서 반복해 나가는 것과도 같다.

(3) 7일 주기(七日來復)의 이치

이러한 이치에 근거하여 『주역』원문에도 7일이 하나의 변화의 주기라는 것을 나타내는 문장이 있다.[65] 오늘날 보편적으로 쓰이고 있는 책력은 동서양을 불문하고 7일을 1주일로 하는 책력을 쓰고 실생활에

적용하고 있다.[66)]

일(日)·월(月)·화(火)·수(水)·목(木)·금(金)·토(土)의 1주일 개념은 원래 천문에서 나온 것이다. 즉, 지구가 공전 자전하면서 펼쳐지는 태양계 내에서의 항성간 역학관계에서 볼 때, 지구에 가장 영향을 미치는 항성이 해(日)와 달(月)이고, 아울러 지구를 중심으로 해서 가까운 항성인 수성(水)·금성(金)·화성(火)·목성(木)·토성(土)의 오행성이 영향을 미치고 있기 때문에 일월오성(日月五星)을 1주일의 단위 명칭으로 삼게 된 것으로 추정된다.

(4) 자연계의 결정 육각형

오늘날 현대과학의 발전에 힘입어 물질의 극소 결정체를 확인하게 되었는데, 만물의 근원적 요소가 되는 물과 얼음, 눈(雪) 등 자연현상의 가장 이상적인 결정체의 모습이 6각형으로 이루어지고 있다는 사실이 밝혀졌다.

(5) 6효의 공간성

6효는 공간적 상황(六合)을 나타낸다. 일반적으로 동서남북 사방에 위아래를 더하여 육합(六合)이라고 하는데, 이러한 공간적 상황을 나타내는 것이 6효이다. 인간은 전후(前後)·좌우(左右)·상하(上下)를 두루 살펴야 공간적 실체의 온전한 상황을 파악할 수 있기 때문에 결

65) 예를 들면, 지뢰복(地雷復)괘 괘사에 "反復其道 七日來復", 중뢰진(重雷震)괘 육이 효사에 "… 勿逐 七日得", 수화기제(水火旣濟)괘 육이 효사에 "… 勿逐 七日得", 산풍고(山風蠱)괘 괘사에 "… 先甲三日 後甲三日", 중풍손(重風巽)괘 구오 효사에 "…先庚三日 後庚三日…" 등은 모두 7일의 주기성을 나타내고 있다.

66) 永田 久·沈雨晟 역, 『曆과 占의 과학』, 81-102쪽 참조.

국 6의 정률은 공간적 상황성을 표현하는 기본 구도가 된다.

이상의 여러 근거를 토대로 하여 『주역』은 여섯 효로 이루어진 대성괘(大成卦)를 기본으로 하여 천문(天文)·지리(地理)·인사(人事)를 포함한 공간적 상황을 나타내고 있다.

2. 대성괘를 파악하는 기본개념

(1) 대성괘 6효의 공간성

1) 천지인(天地人) 삼재(三才)

우리는 동양철학을 이해함에 있어서는 천문(天文) 지리(地理) 인사(人事)를 망라하는 종합적 사유체계를 갖추어야 함을 살펴본 바가 있다. 다시 말하면 동양철학에 있어서는 천지인(天地人) 삼재(三才)가 언제나 함께 어우러지는 종합적 가치판단을 하고 있다. 이러한 인식을 바탕으로 하여 「설괘전」 제2장에는 다음과 같이 설명하고 있다.

> 옛날에 성인이 역을 지음은 장차 성명(性命)의 이치에 순하고자 함이니, 이로써 하늘의 도를 세워 가로되 음(陰)과 양(陽)이요, 땅의 도를 세워 가로되 유(柔)와 강(剛)이요, 사람의 도를 세워 가로되 인(仁)과 의(義)니, 삼재(三才)를 아울러 둘로 하니라. 그러므로 역이 여섯 획으로 괘를 이루고, 음을 나누고 양을 나누며 유와 강을 차례로 씀이라. 그러므로 역이 여섯 위(位)로

문장을 이루느니라.[67]

또한 「계사하전」 제10장에서도 다음과 같이 설명하고 있다.

> 역의 글됨이 넓고 커서 다 갖추어, 천도(天道)가 있으며 인도(人道)가 있으며 지도(地道)가 있으니 삼재(三才)를 겸해서 둘로 하니라. 그러므로 육(六)이니, 육(六)이란 다른 것이 아니라 삼재(三才)의 도니, 도(道)가 변동이 있음이라 그러므로 가로되 효(爻)요, 효(爻)에 차등이 있음이라 그러므로 가로되 물건이요, 물건은 서로 섞임이라 그러므로 가로되 문채요, 문채는 당치 아니함이라 그러므로 길흉이 생하니라.[68]

2) 천지인 삼재의 위치

효(爻)를 이루는 순서는 맨 아래로부터 초효·이효·삼효·사효·오효·상효로 된다. 이 효의 자리와 삼재와의 관계는 발생적인 측면과 현상적인 측면에 따라 차이가 있다.

우주의 생성과정이라는 관점에서 볼 때, 하늘(우주)이 먼저 생기고, 땅(지구)이 다음에 생기며, 마지막으로 만물(사람)이 나온다.[69] 그래서

67) 「설괘전(說卦傳)」 제2장 : 昔者 聖人之作易也는 將以順性命之理니 是以立天之道曰陰與陽이오 立地之道曰柔與剛이오 立人之道曰仁與義니 兼三才而兩之라 故로 易이 六劃而成卦하고 分陰分陽하며 迭用柔剛이라 故로 易이 六位而成章하니라.

68) 「계사하전」 제10장 : 易之爲書也ㅣ 廣大悉備하야 有天道焉하며 有人道焉하며 有地道焉하니 兼三才而兩之라. 故로 六이니 六者는 非他也ㅣ라 三才之道也ㅣ니 道有變動이라 故(로) 曰爻ㅣ오 爻有等이라 故(로) 曰物이오 物相雜이라 故(로) 曰文이오 文不當이라 故로 吉凶이 生焉하니라.

69) 이러한 생성론을 예로부터 '하늘은 자시(子時)에 열리고 땅은 축시(丑時)에 열리며 사람은 인시(寅時)에 나온다'(天開於子 地闢於丑 人生於寅)고 표현하였다.

발생적인 측면에서의 삼재 자리는 초효와 이효가 천위(天位), 삼효와 사효가 지위(地位), 오효와 상효가 인위(人位)가 된다.

그런데 이미 우주만물이 이루어진 현상적인 측면에서는 하늘은 위에 있고 땅은 아래에 있으며 만물(사람)은 가운데 있으므로, 초효와 이효는 땅의 자리(地位)가 되고, 삼효와 사효는 만물의 자리(人位)가 되며, 오효와 상효는 하늘의 자리(天位)가 된다. 이러한 관계를 가장 대표적으로 나타낸 괘가 『주역』 맨 첫 번째 괘인 중천건(重天乾)괘이다.

발생적 측면		현상적 측면
人	상효	천(天) → 항룡유회(亢龍有悔)
	오효	천(天) → 비룡재천(飛龍在天)
地	사효	인(人) → 혹약재연(或躍在淵)
	삼효	인(人) → 군자종일건건(君子終日乾乾)
天	이효	지(地) → 현룡재전(見龍在田)
	초효	지(地) → 잠룡물용(潛龍勿用)

발생적인 면과 현상적인 면에서 삼재(三才)의 위치가 달라지지만, 일단 6효로 이루어진 대성괘는 현상적 상황을 나타내는 것이기 때문에 『주역』경문 64괘의 원리와 내용을 파악함에 있어서는 주로 현상적 측면에서의 삼재를 기본으로 적용하여 판단하여야 한다.

(2) 내괘(內卦)와 외괘(外卦)

6효로 이루어진 대성괘는 외관상 아래의 세 효와 위의 세 효로 구분되는데, 아래 세 효를 내괘(內卦) 또는 하괘(下卦)라고 하고, 위 세 효를 외괘(外卦) 또는 상괘(上卦)라고 한다. 대성괘에서 내괘와 외괘는 서로 대응하면서 상응(相應)·상보(相補)·상대(相對)하는 관계를 이룬다.

또한 대성괘 자체는 언제나 전체적 양상을 나타내고 있다. 따라서 전체적 양상을 나타내는 대성괘에서 내괘와 외괘는 선후(先後)·전후(前後)·본말(本末)·체용(體用)·상하(上下) 등의 관계로 나타난다.

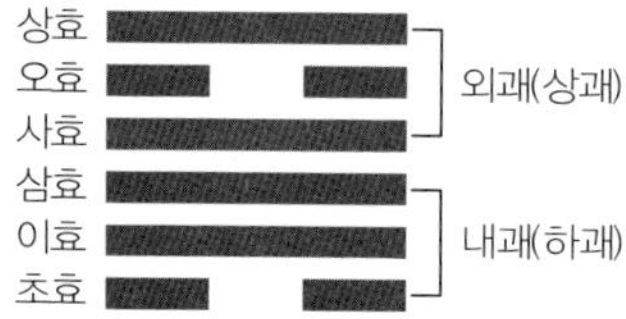

(3) 대성괘의 괘상(卦象)과 괘명(卦名)

6효로 이루어진 대성괘의 기운 양상은 내괘와 외괘가 각각 나타내고 있는 대표적인 물상으로 표현하고 있다. 이미 이루어진 현상은 위에서 아래로 펼쳐지니 외괘를 먼저 표현하고 다음에 내괘를 표현하게 된다.

외괘와 내괘의 기운의 양상을 표현함에 있어서는 기본팔괘의 괘명을 사용하는 것이 아니라, 팔괘가 나타내는 가장 대표적인 물상으로 표현한다. 즉, 건☰이면 하늘(天), 태☱이면 연못(澤), 이☲면 불(火), 진☳이면 우뢰(雷), 손☴이면 바람(風), 감☵이면 물(水), 간☶이면 산(山), 곤☷이면 땅(地)으로 표현한다.

외괘와 내괘를 각각 표현하는데, 예를 들어 외괘가 간☶이고 내괘가 건☰으로 이루어진 대성괘 6효의 기운 양상은 '산천(山天)'이라 하고, 괘의 명칭은 산 속에 큰 하늘을 담고 있으니 크게 쌓는 상이라 하여 '대축(大畜)'이라 한다. 그래서 괘기운의 양상은 '산천'(山川)이요 괘명은 '대축'(大畜)인데 이를 합쳐서 '산천대축(山天大畜)'이라 표현한다.

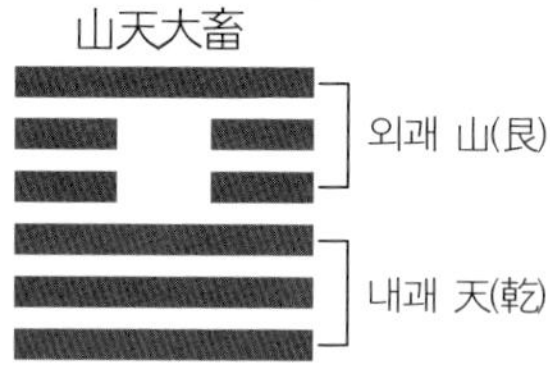

괘명은 그 괘의 특징적 양상을 단적으로 표현하여 개념화한 것이다. 64괘는 기본팔괘(소성괘)가 서로 거듭하여 이루어지게 되는데, 외괘와 내괘가 동일한 소성괘로 되어 있는 경우와 서로 다른 소성괘로 되어 있는 경우를 나누어 살펴보면 다음과 같다.

1) 외괘와 내괘가 동일한 소성괘로 이루어진 경우

외괘와 내괘가 같은 소성괘로 이루어져 있는 경우에는 동일한 기운의 양상이 거듭되어 있다는 의미에서 '거듭 중(重)'자를 써서 표현한다. 예컨대 중천건괘(重天乾卦)의 경우에는 외괘가 하늘(天) 내괘도 하늘(天)로 하늘(天)이 거듭했으므로 '중천(重天)'이라 하고 괘명을 건(乾)이라 하여, 괘상(卦象)과 괘명(卦名)을 합쳐 중천건(重天乾)이라고 한다. 대성괘 64괘 가운데 이렇게 동일한 괘가 거듭한 경우는 중천건(重天乾), 중지곤(重地坤), 중뢰진(重雷震), 중화리(重火離), 중수감(重水坎), 중풍손(重風巽), 중산간(重山艮), 중택태(重澤兌) 등 8괘가 있다.

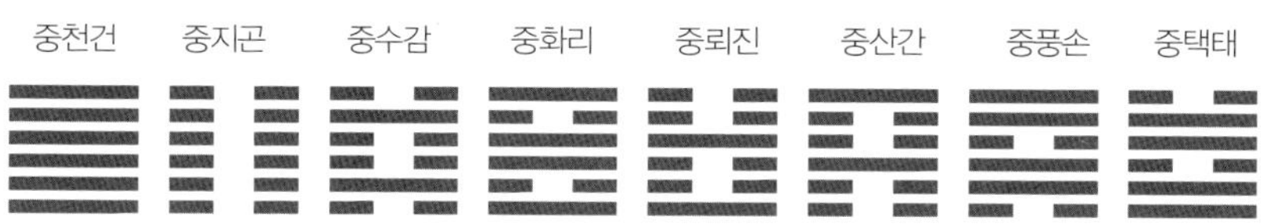

이렇게 동일한 괘로 구성된 대성괘를 건위천(乾爲天), 곤위지(坤爲地), 진위뢰(震爲雷), 손위풍(巽爲風), 태위택(兌爲澤), 간위산(艮爲山), 감위수(坎爲水), 이위화(離爲火) 등으로 일반적으로 표현하고 있으나, 이는 잘못된 표현이다. '건위천(乾爲天)', '곤위지(坤爲地)', '진위뢰(震爲雷)' … 등의 표현은 팔괘의 성질을 설명한 「설괘전(說卦傳)」 제 11장에 있는 내용으로, 기본팔괘가 의미하는 여러 속성 가운데 자연의 대표적인 물상을 나타낸 설명이다. 기본팔괘의 성질을 나타낸 표현을 대성괘를 표현하는 개념으로 그대로 사용하는 것은 이치에 맞지 않다.

2) **외괘와 내괘가 서로 다른 소성괘로 되어 있는 경우**

외괘와 내괘가 서로 다른 소성괘로 되어 있는 경우에는 각각 외괘와 내괘의 기운 양상과 그 괘의 명칭을 아울러 표현하게 된다. 즉 예컨대, 수뢰둔(水雷屯)괘의 경우를 보면 외괘가 감☵수(水), 내괘가 진☳뢰(雷)로 되어 있고 이러한 괘 기운의 양상은 어려움을 뜻하기 때문에 괘명을 둔(屯)으로 하여 수뢰둔(水雷屯)이라 한다. 동일한 괘가 거듭된 8괘를 제외한 56괘는 모두 이와 같은 방식으로 괘상과 괘명을 표현하고 있다.

水雷屯

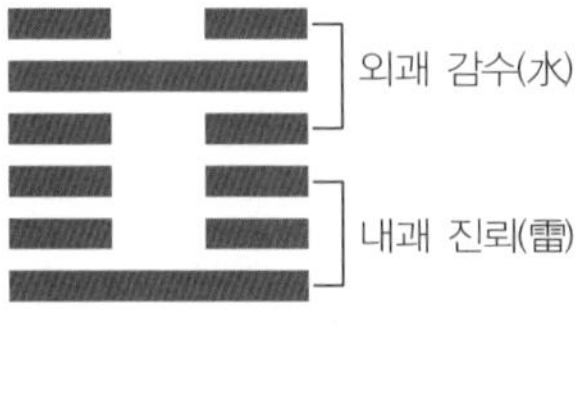

Ⅱ. 대성괘 효위와 관계론적 분석

1. 효(爻)와 효위(爻位)의 의미

(1) 효(爻)의 의미

괘를 형성하고 있는 각각의 구성단위를 효(爻)라고 한다. 효는 괘(卦)가 나타내는 전체적(全體的)인 상황과 효(爻)에 내재된 부분적(部分的)인 상황의 실질을 판단하는 기초가 되는 개념이며, 전체(괘)와 부분(효) 및 부분 상호간의 관계성과 변화를 판단하는 주요 요소이다.

『주역』「계사전」에서는 "효라는 것은 변하는 것을 말한다"[70]라고 하였고, "도에 변동이 있으므로 효라고 일컫는다"[71]고 하였으며, "효라는 것은 이것을 본받는 것이다"[72]라고 하였다. 이러한 내용을 종합하면 효(爻)라는 것은 변화의 상황적 계기가 되고 또한 그 변화의 기미를 고찰하여 본받는 것임을 알 수 있다.

70) 「계사상전」 제3장 : "爻者는 言乎變者也오"
71) 「계사하전」 제10장 : "道有變動이라 故로 曰爻오"
72) 「계사하전」 제1장 : "爻也者는 效此者也오"

(2) 효(爻)의 명칭

대성괘는 6효로 이루어지는데, 그 각각의 자리(位)에 따라 그리고 그 효의 음양(陰陽)에 따라 효의 명칭이 정해진다.

각 효의 자리는 초(初) 이(二) 삼(三) 사(四) 오(五) 상(上)으로 표시하며, 각 자리에 있는 효가 음(陰)인 경우에는 육(六)이란 수로 양(陽)인 경우에는 구(九)란 수로 표시한다. 예컨대 수뢰둔(水雷屯)괘와 산수몽(山水蒙)괘의 경우를 보면 다음과 같다.

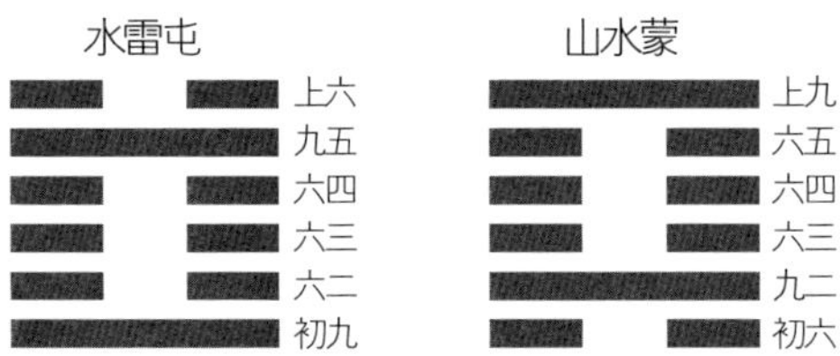

(3) 음효(陰爻)를 6으로 하고 양효(陽爻)를 9로 표시하는 이유

음효(陰爻)를 6으로 하고 양효(陽爻)를 9로 표시하는 근거로는 다음의 몇 가지로 설명할 수 있다.

첫째, 앞서 하도(河圖)의 원리에서 살펴본 바와 같이 1부터 10까지의 기본수에서 1부터 5까지의 수를 생수(生數)라고 하는데, 생수 1 2 3 4 5 가운데 양수(1 3 5)의 합은 9이고 음수(2 4)의 합은 6이 된다. 따라서 9와 6은 생수 내에서 각각 양수와 음수의 총합으로 양의 극수(極數)와 음의 극수(極數)를 의미한다.

둘째, 삼천양지법(參天兩地法)에 의하면 양의 기본수는 3이요 음의 기본수는 2인데, 이 기본수가 삼변(三變)하여 변화를 이루므로 각각 3

배를 하여 얻은 9(3×3)와 6(2×3)으로 음양변화의 수를 삼는다.

셋째, 사상수(四象數)로 볼 때 태음수는 6이고 태양수는 9이다.

이상의 내용을 종합하면, 요컨대 전체적 상황을 나타내는 괘(卦)의 구성부분이 되는 효(爻)는 변화의 기틀이 되고, 모든 상황은 극에 달하면 항상 변화할 수 있는 가능성을 전제로 하기 때문에 양의 극수인 구(九)와 음의 극수인 육(六)으로 효(爻)의 음양을 나타내고 있다.

(4) 효위(爻位)의 의미 : 전체와 부분의 관계

대성괘 64괘의 모든 괘는 각각 전체적 상황성을 나타내고 있다. 64괘를 전체로 본다면 각 괘는 64괘중의 하나로 1/64이 되지만, 사실 각 괘에는 64괘의 전체적 상황성이 내포되어 있다.

외괘가 땅(地) 내괘가 바람(風)으로 이루어진 지풍승(地風升)괘를 예로 들면, 승괘(升卦)에서 각 효가 한 효씩 변하고 두 효씩 변하고 세 효씩 변하고 네 효씩 변하고 다섯 효씩 변하고 여섯 효가 변하면, 결국 지풍승괘를 본체로 하여 모두 64괘의 변화가 나타나게 된다. 효가 변한다는 것은 양효(—)는 음(--)으로 음효(--)는 양(—)으로 바뀌는 것을 말한다. 승괘(升卦)에서 한 효씩 변하는 경우를 예로 들면 다음과 같다.

따라서 『주역』원전에 있는 64괘 경문(經文)은 자연과 사회 변화의

기본적 상황을 설정하여 표현한 것이고, 그 이면에 작용하는 변화는 첫 번째 괘인 중천건(重天乾)괘로부터 마지막 64번째 괘인 화수미제(火水未濟)괘에 이르기까지 각각 모든 괘에 64괘의 변화적 양상이 담겨 있다. 결국 64괘가 나타내고 있는 총 변화의 경우수는 64의 64승(64^{64})이라는 천문학적인 변화가 나오게 된다. 여기에 『주역』이 나타내고 있는 변화의 묘리(妙理)가 있다.

이렇듯 각 괘는 64괘 가운데의 하나의 양상이면서도 동시에 64괘 전체의 원형을 담고 있는 것이다. 이러한 원리는 동양철학이 상정하고 있는 기본법칙, 즉 '부분은 전체를 내포하고 있다'는 법칙이다. 이러한 원리는 단지 관념상의 원리가 아니라 정신계와 물질계를 아우르는 실질적인 원리이다. 예컨대, 동양의학에서 전통적으로 전해지고 있는 수지침(手指針), 족침(足針), 이침(耳針) 등의 원리는 인간의 신체의 한 부분(손, 발, 귀 등)에는 신체 전체의 원형이 담겨 있다는 원리를 표현하고 있는 것이다.

따라서 어느 괘이든 괘에는 항상 전체적 양상이 내포되어 있기 때문에, 초효, 이효, 삼효, 사효, 오효, 상효의 각 효의 자리는 전체와 부분의 관계를 나타내게 된다. 이러한 관계를 도표로 나타내면 다음과 같다.

	사 회	가 족	신 체	동 물	연령(시간)
상효	無位(上王·國師)	조부	머리	머리	60 (戌·亥)
오효	天子(王)	부	어깨	앞발	50 (申·酉)
사효	公·卿(宰相·大臣)	형(자)	몸통	몸의 앞부분	40 (午·未)
삼효	大夫(지방장관)	제(매)	넓적다리	몸의 뒷부분	30 (辰·巳)
이효	士(하급관리)	모	정강이	뒷발	20 (寅·卯)
초효	民(백성)	손	발	꼬리	10 (子·丑)

이 도표를 토대로 하여 사회적 양상을 예로 부연설명하면, 국가 전체를 의미할 경우에는 국가원로(상효), 통치자(오효), 정부각료(사효), 지방자치단체장(삼효), 일반공무원 또는 지식층(이효), 국민(초효)의 관계가 된다. 그리고 일반 회사의 경우에는 회장(상효), 사장(오효), 이사(사효), 중견간부 내지 지점장(삼효), 하급간부(이효), 일반사원(초효)으로 표현된다. 이러한 관계를 각 사회단체에 유추적용하면 『주역』의 각 괘에 내포된 사회적 원리를 도출할 수 있다.[73)]

2. 효위(爻位)의 관계론적 분석

한 괘체내에서 각 효는 독립적으로 있는 것이 아니라, 일반 사회적 원리와 마찬가지로 상호간에 영향을 미치고 있다. 이렇게 한 괘체 내에서 작용하는 효 상호간의 관계를 나타내는 주된 개념이 중(中)·정(正)·응(應)·비(比)이다.

(1) 중(中)

중(中)이란 내괘의 가운데 효와 외괘의 가운데 효를 말하는데, 여섯 위에서 볼 때에는 2위와 5위를 중(中)이라 한다. 어떠한 상황성에 있어서 이치로 판단하든 점(占)으로 판단하든 이 자리를 얻음을 '득중(得中)'이라고 한다.

73) 현대 사회학적 관점에서 『주역』을 설명한 대표적 저서로는 김재범, 『주역사회학』(예문서원, 2001)을 들 수 있다. 특히 효위와 사회조직원리에 관한 내용은 같은 책 190-196쪽에서 찾아볼 수 있다.

내괘에서의 중(2위)은 하부구조에서 중도적 역할을 하여 아래(초위)를 잘 이끌면서도 위(3위)와 아래를 적절하게 조율하는 작용을 하는 것으로 볼 수 있으며, 외괘에서의 중(5위)은 상부구조에 있어 전체를 조화롭게 통솔하는 역할을 하는 것으로 이해할 수 있다.

세상 이치와 인간의 덕성 및 사회성의 적절함이 중용(中庸)의 도에 있듯이, 『주역』에서도 중(中)을 얻은 상태를 좋게 평가하고 있다.[74]

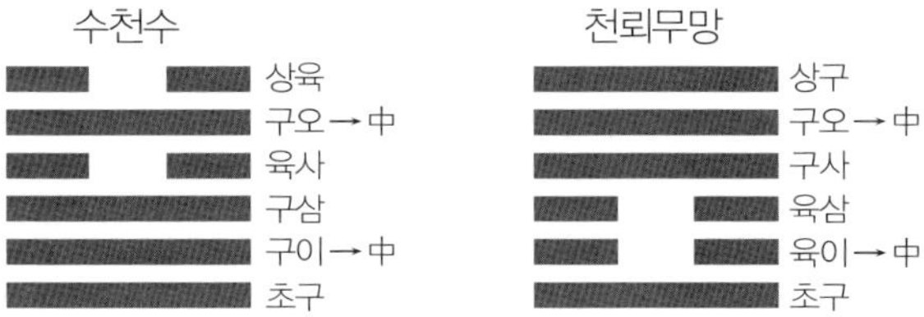

(2) 정(正)

정(正)이란 음자리(陰位)에 음효(陰爻)가 오고, 양자리(陽位)에 양효(陽爻)가 온 상태를 말한다.

여섯 효 가운데 초효 삼효 오효는 양자리(陽位)가 되고 이효 사효 상효는 음자리(陰位)가 되므로, 양자리에 양효가 오고 음자리에 음효가 온 것은 바른 자리를 얻은 것이기에 '득위(得位)' 또는 정(正)이라 하고, 양자리에 음효가 오거나 음자리에 양효가 온 상태는 바른 자리를 잃었다 하여 '실위(失位)' 또는 부정(不正)이라고 한다.

정(正)이란 개념은 어떠한 상황에서의 행위 또는 맡은 바 직분이

74) 중용과 주역의 관계에 대해서는 김석진·신성수, 『대산 중용강의』(한길사, 2004), 22-24쪽 참조. 특히 중천건(重天乾)괘 문언전(文言傳)에는 '중용(中庸)' 사상이 농후하게 배여 있다. 신성수, 『주역통해』, 122-136쪽 참조.

적절함을 의미한다고 볼 수 있다.

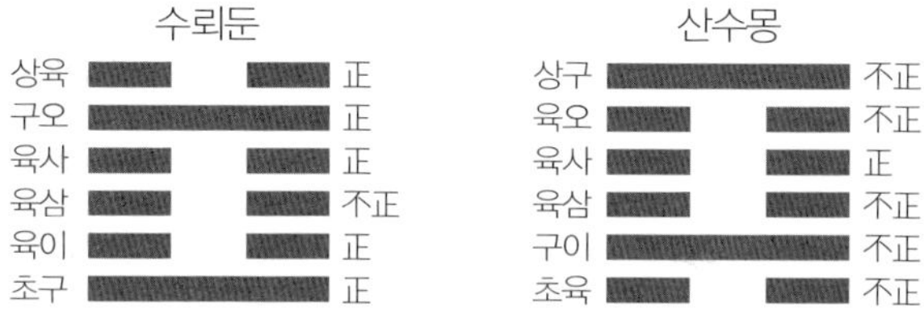

(3) 응(應)

앞서 살펴 본 바와 같이 대성괘에서 외괘(상괘)와 내괘(하괘)는 서로 영향을 주는 관계에 있다.

특히 이를 효 관계에서 보면, 여섯 효에서 내괘의 첫 효인 초효와 외괘의 첫 효인 사효, 내괘의 둘째 효인 이효와 외괘의 둘째 효인 오효, 내괘의 셋째 효인 삼효와 외괘의 셋째 효인 상효가 각각 서로 영향을 주는 관계가 되는데, 이러한 관계가 음과 양의 관계로 응하는 것을 '정응(正應)' 또는 '상응(相應)'이라고 한다. 즉 상호간에 음양관계로 응하는 것인데, 이는 서로를 필요로 하거나 도움을 줄 수 있는 상보적(相補的)인 관계를 이루고 있음을 의미한다. 한편, 같은 속성인 양과 양 또는 음과 음으로 대치된 경우를 '적응(敵應)' 또는 '불응(不應)'이라고 하는데, 이러한 경우에는 서로간에 배타적이고 비협조적인 관계가 됨을 의미한다.

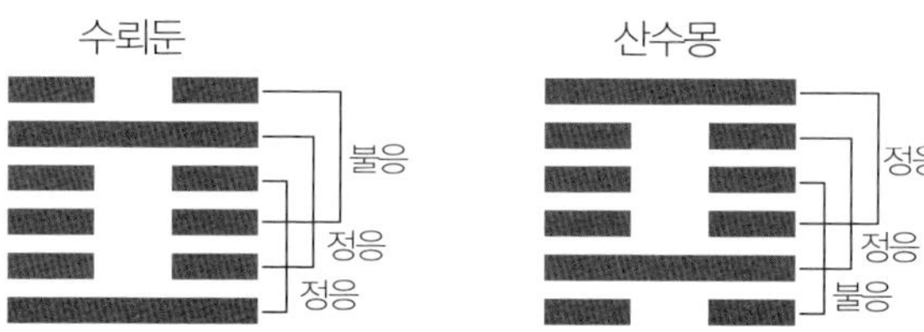

(4) 비(比)

비(比)란 서로 이웃한 효끼리의 음양관계를 말한다. 이 경우에도 이웃하고 있는 효 사이의 음양관계로 살펴보는데, 앞서 살펴 본 응(應)관계와 비교해 볼 때 비(比)는 대체로 응(應)하는 관계를 방해하는 상황성이 내재되어 있다고 할 수 있다.

예컨대, 수뢰둔괘의 경우 육이 음효와 구오 양효가 음양으로 정응관계에 있어 상호간에 적절한 역할(예컨대, 배우자관계의 설정)을 해야 함에도, 육이 음효가 바로 아래에 이웃하고 있는 초구 양효와 상비(相比)관계에 있기 때문에 정응관계인 구오를 만나는데 방해되는 상황으로 나타나게 된다.[75)]

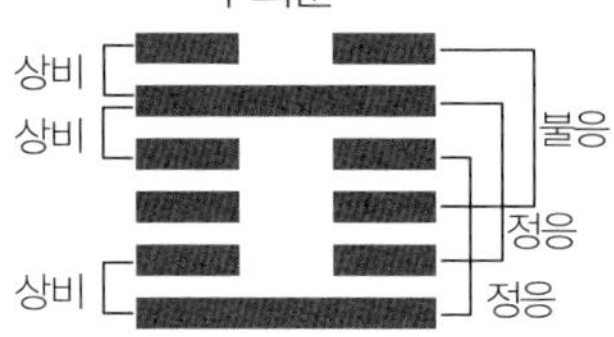

(5) 중(中)·정(正)·응(應)·비(比)의 종합고찰

중·정·응·비는 한 괘체 내에서 각 효의 상황적 적절함과 상호관계를 나타내는 중요한 기본개념이다. 그러나 이러한 원리가 절대불변의 공식처럼 작용하는 것은 아니다. 괘(卦)의 특수한 정황에 따라서는 정응관계가 오히려 부적절한 양상으로 나타날 경우도 있으며,[76)] 또

75) 신성수, 『주역통해』, 155-162쪽 참조.

76) 예컨대, 산천대축(山天大畜)괘의 경우에 초구(양)와 육사(음), 구이(양)와 육오(음)가 각각 음양관계로 상응하고 있으나, 대축괘는 외괘(艮山)가 내괘(乾天)를 그치게 하여 크게 쌓는 작용을 하기 때문에, 초효와 사효의 음양관계와 이

한 상비관계가 오히려 서로 협조하는 관계로 나타날 수도 있고,[77] 중·정의 관계도 괘의 정황에 따라 다른 양상을 보이게 된다. 일반적으로 볼 때, 득중(得中)하고 득위(得位)를 한 상태를 중정(中正)이라고 하는데 효의 관계에서는 가장 이상적인 상태에 있음을 의미한다. 그러나 64괘 가운데 괘에 내재된 특수한 상황성에 따라서는 아무리 중정한 상태에 있어도 좋지 않은 양상으로 나타나는 경우도 있다.[78]

효와 오효의 음양관계가 모두 서로 견제하는 작용으로 설정되고 있다. 신성수, 『주역통해』, 337-344쪽 참조.

77) 예컨대, 지뢰복(地雷復)괘의 경우는 초효의 양(陽, 군자)이 회복하여 위의 다섯 음(陰, 소인)의 부정적인 상황을 바른 방향으로 회복시키는 작용을 하는데, 초구의 양(陽)과 육사의 음(陰)이 상응관계에 있고 또한 초구의 양과 바로 위의 육이 음이 상비관계에 있지만, 모두 초구의 작용으로 긍정적인 방향으로 나아가게 되는 상황으로 설정된다. 신성수, 『주역통해』, 321-329쪽 참조.

78) 대체로 64괘 전체를 볼 때, 육이효의 중정(中正), 구오효의 중정(中正)이 가장 좋은 상태로 된다. 그러나 이 역시 괘체에 내재된 특수한 상황성으로 인하여 중정(中正)한 자리에 있으면서도 좋지 않은 양상으로 되는 경우가 있다. 예컨대 산지박(山地剝)괘는 좋은 상황(군자)이 나쁜 상황(소인)에 의해 깎여 나간다는 의미인데, 이렇게 부정적인 상황에서는 육이효가 아무리 중정하더라도 매우 좋지 않은 양상으로 나타나고 있다(六二는 剝牀以辨이니 蔑貞이라 凶토다).

Ⅲ. 대성괘 64괘의 변화원리

1. 괘변법(卦變法)의 의의

64괘 384효는 상호 유기적인 관계에 있다. 전체와 부분으로서, 괘와 괘로서, 효와 효로서 상호 밀접한 관련을 맺고 있다. 예를 들자면, 인간사회에 있어서 한 인간이라는 개체가 집에서는 가족의 일원으로 부자(父子), 부부(夫婦), 형제(兄弟) 등의 관계를 맺고 있고, 직장에서는 직장의 구성원으로 일정한 관계를 형성하고 있으며, 각종 사회단체에서 또한 일정한 관계를 맺고 있고, 국가와의 관계에서도 일정한 법률관계를 형성하고 있는 것과 같다.

이러한 상호 유기적인 관계는 지구라는 거대한 환경 안에서 존재하고 있는 모든 존재자들 사이에 나타나는 것이며, 또한 신과 인간과 자연과의 사이에서도 상호간에 유기적인 관계로 연결되어 있는 것이다. 이러한 모든 존재와 환경 사이의 유기적인 관계는 그대로 64괘 384효의 유기적인 관계로 나타난다고 할 수 있다.

64괘 가운데 전체를 의미하는 한 괘(卦)에서 부분에 해당하는 효

(爻)가 변하게 되면 사실 괘 자체가 변하게 된다. 이렇게 본괘(本卦)의 효가 변하여 이루어지는 다른 괘와의 관계는 '지괘(之卦)'로 파악된다. 효가 전혀 변하지 않았다 하더라도 괘 그 자체로 다른 괘와 관련을 맺게 된다. 즉, 괘를 판단함에 있어 괘체(卦體)를 변화시킴으로써 그 의미를 보다 다양하게 살펴보는 방법을 괘변법(卦變法)이라 하는데, 이에는 호괘, 도전괘, 배합괘, 착종괘 등이 있다.

2. 지괘(之卦)와 호괘(互卦)

(1) 지괘(之卦)

지괘(之卦)라는 것은 사실상 제6장에서 살펴보는 예측판단방법으로서의 설시(揲蓍 ; 占)를 하여야 그 개념을 정확히 이해할 수 있다. 즉 설시를 하여 어느 괘가 나오고 그 괘 가운데 어느 효가 변하였는가에 따라 지괘가 결정된다. 그러나 세상의 변화와 주역의 변화원리에 어느 정도 익숙해지면 설시를 하지 않더라도 직관적(直觀的)으로 그 상황에 부합하는 괘(卦)와 변한 효(爻)를 파악할 수가 있다. 무엇보다도 『주역』의 이치와 원리를 올바로 이해하고 아울러 경문 64괘 384효사의 내용을 제대로 이해하는 것이 중요하다.

다시 말하면, 본괘(本卦)에서 효가 동하여 변하면 괘체 자체가 다른 괘로 전화(轉化)하는데, 이렇게 본괘(本卦)에서 전화되어 간 괘를 지괘(之卦)라 한다. 지괘 분석은 본괘에서 변한 효(爻)를 체(體)로 놓고 변하여 간 괘의 효를 용(用)으로 보아 그 체용(體用)관계를 분석함으로써 구체적인 상황의 추이(推移)를 판단하는 방법이라 할 수 있다.

예컨대 중천건(重天乾)괘 구오효가 변하면 지괘가 화천대유(火天大有)괘가 되는데, 이 경우 중천건괘 구오효를 체(體)로 놓고 변하여 간 화천대유괘의 육오효를 용(用)으로 보아 상황의 변화를 살펴보게 된다.[79)]

중천건(본괘) 오효 변 → 화천대유(지괘)

(2) 호괘(互卦)

호괘(互卦)라는 것은 본괘(本卦)의 내부적인 정황을 보다 자세히 고찰하는 방법이라고 할 수 있는데, 특히 64괘의 효사(爻辭)를 해석함에 있어서 매우 중요한 판단원리로 작용하고 있다.

사실상 6효로 이루어진 대성괘에서 각 효는 중(中)·정(正)·응(應)·비(比)의 관계로 나타남과 아울러 그 효와 위 아래로 이웃하는 효가 아주 밀접한 관계를 이루게 된다. 그래서 여섯 효로 이루어진 모든 괘는 세 효씩 하나의 기본 틀을 구성하게 된다. 우리는 음양 3단 분화로 이루어진 팔괘가 변화의 기본 핵심이 됨을 이미 살펴보았다.

즉, 6효로 이루어진 대성괘에서는 겉으로는 초효·이효·삼효가 내괘를 이루고 사효·오효·상효가 외괘를 이루게 되지만, 한편 이효·삼효·사효가 또한 소성괘를 이루고 삼효·사효·오효도 또한 소성괘를

79) 본괘에서 변하여 간 지괘를 파악하고 변한 효 상호간의 체용관계를 살펴보는 방법에 대하여는 제6장 예측판단론 III. 설시를 통한 예측판단원리 참조.

이루게 된다. 다시 말하면 이효·삼효·사효의 소성괘와 삼효·사효·오효의 소성괘가 속에 숨어 있는 것과 같다. 이 속에 있는 소성괘의 양상을 파악하는 방법이 호괘(互卦) 분석이다.

호괘분석이란 초효와 상효를 제외한 이(二)·삼(三)·사(四)·오(五)효로 또 하나의 괘를 만들어 분석하는 방법으로 이효·삼효·사효를 내호괘(內互卦)로 하고 삼효·사효·오효를 외호괘(外互卦)로 하여 본괘 안에 내재되어 있는 괘를 파악하는 것이다.

예컨대, 산수몽(山水蒙)괘의 경우를 들면 외괘가 간산☶ 내괘가 감수☵로 이루어져 있어 산 아래에 샘물이 솟는 상이기에 교육을 의미하기도 하고, 감수☵는 어리석은 상태를 의미하기에 몽매(蒙昧)한 상이기도 하다. 그런데 몽매함을 깨우치기 위해 교육을 잘 시키면 근본을 회복하게 된다. 이러한 상을 호괘로 찾아보면 산수몽괘에서 초효를 가리고 이효·삼효·사효의 내호괘가 진뢰☳이고 상효를 가리고 삼효·사효·오효의 외호괘가 곤지☷가 되니 산수몽괘에는 호괘로 지뢰복(地雷復)괘가 들어 있다. 따라서 어리석음을 깨우치고 교육을 잘 시키면 근본이 회복됨을 호괘 기운의 양상으로 나타내고 있다는 것을 알 수 있다.

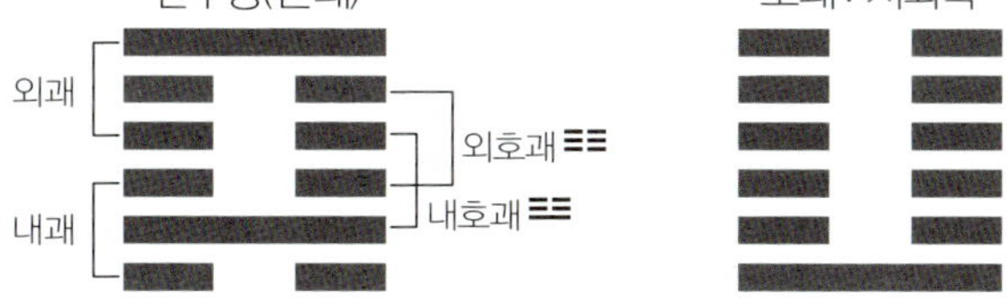

3. 도전괘와 배합괘·착종괘

(1) 도전괘(倒顚卦)

본괘를 정반대 위치에서 살펴본 괘를 도전괘라고 한다. 괘는 아래로부터 위로 올라가기 때문에 맨 아래가 초효가 되고 이효·삼효·사효·오효·상효로 되는 것인데, 도전한다는 것은 정반대 입장에서 보는 것이니 상효가 초효로 되고 오효가 이효로, 사효가 삼효로, 삼효가 사효로, 이효가 오효로, 초효가 상효로 되는 것이다. 도전괘는 본괘의 상황을 정반대 입장에서 살펴보는 것이라 할 수 있다. 예컨대 수뢰둔(水雷屯)괘를 도전하면 산수몽(山水蒙)괘가 된다.

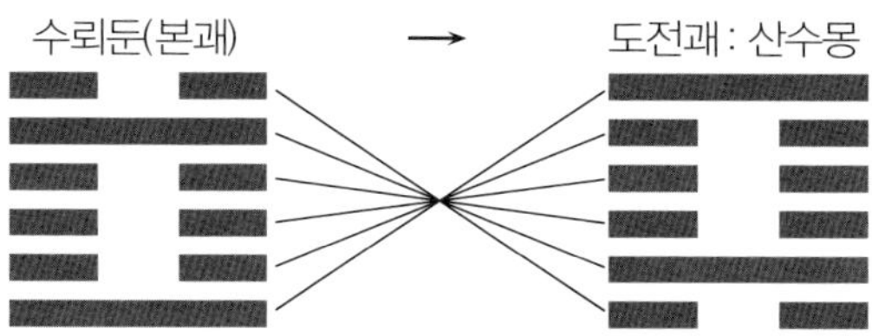

64괘 가운데 도전해 보아도 본괘와 같은 괘로 나오는 경우가 모두 8괘가 있다. 즉 상경에 중천건(重天乾)·중지곤(重地坤)·산뢰이(山雷頤)·택풍대과(澤風大過)·중수감(重水坎)·중화리(重火離)의 6괘가 있고 하경에 풍택중부(風澤中孚)·뇌산소과(雷山小過)의 2괘가 있어 모두 8괘가 된다. 이러한 괘는 모두 기하학적으로 대칭구조를 이루고 있다. 이러한 괘를 일반적으로 '부도전괘(不倒顚卦)'라고 한다.

[부도전괘]

重天乾 重地坤 山雷頤 澤風大過 重水坎 重火離 風澤中孚 雷山小過

(2) 배합괘(配合卦)

본괘의 모든 효를 변화시켜 여섯 효의 음양관계를 다 바꾼 괘를 배합괘라고 한다. 다시 말하면 본괘의 여섯 효 모두를 각각 반대되는 음양효로 바꾸어 만든 괘를 말하는 것이다.

대체적으로 본괘의 상황을 원인(原因)으로 본다면 배합괘는 본괘의 결과적(結果的) 상황을 나타내고 있다고 볼 수 있다. 즉 상황의 총체적 원인(原因)과 결과(結果)의 관계를 나타내는 것이라 할 수 있다.

예컨대 수뢰둔(水雷屯)괘는 초창기의 매우 어려운 상태를 나타내는 괘인데, 이 어려운 초창기의 정황(屯)을 잘 극복하면 성공을 하게 된다. 바로 원인에 해당하는 둔괘(屯卦)를 배합하면 화풍정(火風鼎)괘가 되는데, 정괘(鼎卦)는 그릇을 이루어 좋은 결실을 거두는 결과적 상황을 나타낸다.

또한 예를 든다면 하경 첫 번째인 택산함(澤山咸)괘는 소남과 소녀가 만나 교감을 나누는 괘인데, 남녀가 교합하면 자식을 낳게 되고 서로가 기운의 손실을 보게 된다. 이 택산함괘를 배합하면 산택손(山澤損)괘가 되는데, 손괘(損卦)는 기운을 덜어내고 또한 아이를 출산하는 뜻이 담겨 있다.

수뢰둔(본괘 : 원인) → 배합괘 : 화풍정(결과)

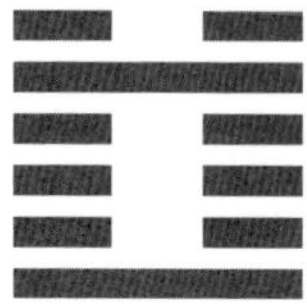

택산함(본괘 : 원인) → 배합괘 : 산택손(결과)

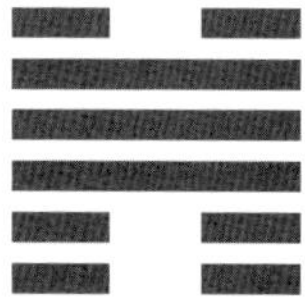

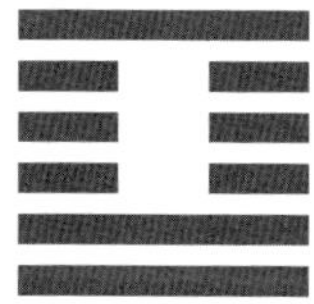

(3) 착종괘(錯綜卦)

대성괘는 외괘와 내괘로 이루어져 있는데, 본괘에서 위에 있는 외괘를 아래로 놓고 아래에 있는 내괘를 위로 올려놓은 괘를 착종괘라고 한다. 즉 외괘(상괘)와 내괘(하괘)의 위치를 서로 바꾸어 본 괘를 착종괘라고 하는데, 이 착종괘는 본괘의 정황에서 진행되는 상황이나 일 및 관계의 순서를 상하(上下) 전후(前後)로 바꾸어 보아 상황을 파악하고 문제를 해결하는 방법이라 할 수 있다.

예컨대 수뢰둔(水雷屯)괘에서 외괘의 감수☵를 내괘로 놓고 내괘의 진뢰☳를 위로 놓으면 뇌수해(雷水解)괘가 되는데, 수뢰둔의 어려운 상황을 해결하는 방법을 착종한 뇌수해괘에서 찾아볼 수 있다. 또한 산수몽(山水蒙)괘에서 외괘의 간산☶과 내괘의 감수☵를 서로 바꾸어 놓으면 수산건(水山蹇)괘가 되는데, 산수몽의 몽매한 상황에서 일의 순서를 바꾸면, 즉 착종하면 수산건괘가 되어 더욱 어려운 상황이 된다는 것을 알 수 있다.

수뢰둔(본괘) → 착종괘 : 뇌수해

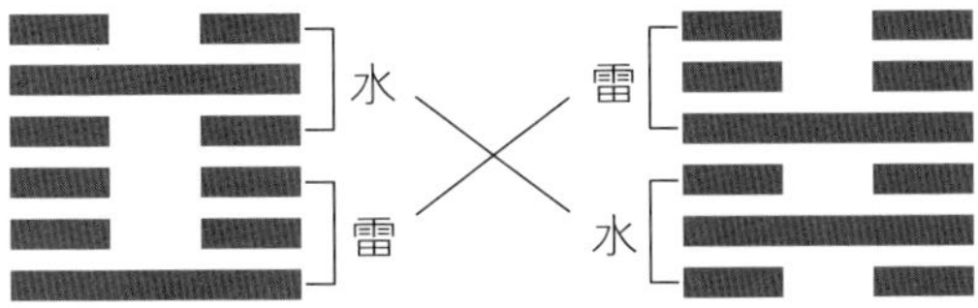

산수몽(본괘) → 착종괘 : 수산건

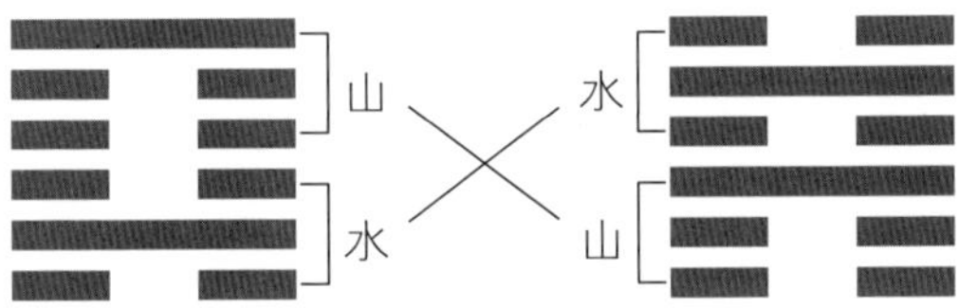

Modern introduction to the I Ching

제6장 예측판단론

Modern introduction to the I Ching

I. 의사결정과 예측판단방법으로서의 점

1. 현대사회의 의사결정은 과연 합리적인가?

(1) 톨스토이의 소설 『부활』에서의 재판과정

제1장 '역과 자연에 대한 인식론'에서 살펴 본 바와 같이, 중세봉건사회의 신(神) 중심적 세계관에서 인간중심적 세계관으로 바뀐 근대 이후 현대사회에 이르기까지 인간의 평등과 자유의 기초는 바로 모든 인간은 합리적이고 객관적으로 판단할 수 있는 이성(理性)을 갖추고 있다는 것이었다. 물론 이 때의 이성이란 도덕적이고 내면적 가치를 추구하는 명상이성(冥想理性)이 아니라, 감각기관의 수렴작용을 통하여 객관적 외부세계를 판단할 수 있는 도구이성(道具理性)이라고 할 수 있다.

사실 고대사회로부터 현대사회에 이르기까지 과연 인간의 의사결정이 진정 자유롭고 진실에 기초한 것인가에 대하여는 근본적인 의문을 제기하지 않을 수 없다.

우리는 여기에서 근대 이후 세계적인 작가로 알려진 톨스토이

(Tolstoi, Lev Nikolaevich, 1828-1910)의 소설 『부활』에서 묘사하고 있는 재판과정을 통하여 의사결정과정의 문제점을 살펴보고자 한다. 『부활』에서의 재판장면을 살펴보는 이유는 첫째로 사법판단(司法判斷)이라는 의사결정이 가장 합리적이고 이성적일 것이라는 전제가 항상 놓여있기 때문이고, 둘째는 비록 소설이지만 어느 시대에나 어느 장소에서나 나타날 수 있는 인간사회의 의사결정과정에서의 모순을 지적하고 있기 때문이다.

1) 『부활』에서의 재판장면

톨스토이는 그의 소설 『부활』에서 여주인공 카투샤가 살인범으로 기소되어 벌어지는 재판과정을 기술하면서 재판장과 배석판사 2인, 검사보, 배심원들이 각각의 개인적 사정으로 인하여 오판(誤判)을 내리는 과정을 상세하게 묘사하고 있다. 기본적으로 살인사건이라는 중대한 사건을 다루면서 재판에 관련된 당사자들의 정황을 간추리면 다음과 같다.[80)]

가. 검사보(檢事補)는 보수적이고 입신출세욕이 강하여 피의자인 카투샤를 유죄로 몰고 가기 위해 전념한다.

나. 재판장(裁判長)은 부인을 두고 있으면서도 방탕한 생활을 하고 있는데, 재판 당일 애인과의 약속시간을 지켜야 한다는 생각에 재판을 일찍 마무리하는데 신경을 쓰게 된다.

다. 배석판사(陪席判事) 중 한 사람은 매우 꼼꼼한 성격을 지니

80) 톨스토이의 소설 『부활』에 있는 재판과정과 관련한 이 내용은 장경학, 『법과 문학 - 소포클레스에서 카뮈까지 -』(교육과학사, 1995), 23-95에서 상세히 설명하고 있다.

고 있는데, 재판 당일 아침에 있었던 아내와의 불쾌한 언쟁 때문에 매우 침울한 심정으로 재판에 임한다.

라. 배석판사(陪席判事) 중 또 한 사람은 상습적인 지각생인데 자기 스스로 판단하기 어려운 문제에 직면하면 온갖 방법으로 점치는 버릇이 있다. 재판 당일 지병(持病)인 위장병에 대한 새로운 치료법을 시작하면서 판사실 문을 들어서면서부터 법정 재판석까지의 걸음 수가 3으로 나누어지면 위장병을 고칠 수 있고 나누어지지 않으면 고칠 수 없다고 점친다. 그런데 사실 정상적인 걸음 수는 26이 될 것이었지만 마지막에 일부로 걸음의 폭을 좁혀 걸어서 꼭 27걸음으로 재판석에 도달하면서 자신의 병은 나을 것이라는 확신을 한다.

마. 배심원(陪審員)의 구성에 있어서는 기본적으로 검사보의 입신출세욕이 작용하였다. 검사보는 재판장과 합의를 보아 이 사건을 시골 군청소재지의 하급 재판소로 회송하도록 하였는데, 그 이유는 도시지역에서 구성되는 배심원들보다는 시골지역의 배심원들이 대부분 법률지식과 소양이 낮은 농민층으로 구성되어 검사보의 주장대로 유죄 평결이 내려질 가능성이 커지기 때문이었다.

2) 『부활』에서의 재판장면을 통해 본 의사결정의 문제점

『부활』에서의 재판장면을 통하여 나타나는 몇 가지 문제점을 살펴보면 다음과 같다.

첫째, 사람은 일반적으로 자신에게 관련되어 있는 이해관계의 정도에 따라 의사결정과정에서의 집중도가 달라진다. 특히 중요한 사실은 재판장이나 배석판사, 검사보, 배심원 모두가 피의자 카투샤가 아닌 제3자적 입장에 있으며, 따라서 살인사건의 유죄 여부라는 중대한 재판임에도 불구하고 사건의 진실을 밝히기 위한 노력의 강도는 떨어질 수밖에 없다. 이러한 상황에서 동일한 주제를 놓고 판단을 하는 경우에도 자신의 주된 관심사가 다르면 적절한 의사결정을 할 수 없게 된다. 바로 재판장의 경우가 그러하다. 재판장의 경우 피의자의 살인죄 여부보다는 애인과의 만남이 보다 더 중요하였기 때문이다.

둘째, 일반적으로 어느 한 시공간에서의 상황이 다른 시공간에 영향을 미치는 경우가 매우 많은데, 이를 상황(狀況)의 전이(轉移)현상이라고 할 수 있다. 예컨대 재판 당일 아침에 아내와 다투었던 배석판사의 경우가 그러하다. 살인죄로 기소된 사건을 재판하는 시공간이지만, 그 재판에 임한 배석판사의 심적 상황에는 당일 오전에 있었던 아내와의 다툼으로 인한 불쾌한 정황이 그대로 전이(轉移)되어 합리적인 의사결정을 할 수 없었던 것이다.

셋째, 사람은 선입관과 편견에 의한 결정을 아주 자연스럽게 내리기도 한다. 수많은 사건을 접하다 보면 이른바 경험칙에 의하여 어느 특정 사건에 대한 결론을 미리 마음 속에 정하는 경우가 있다. 모든 사건은 새로운 사건임에도 불구하고 수많은 사건을 접하면서 형성된 나름대로의 규칙이 적용되고 있다. 이러할 경우에 사건에 대한 진지한 사실규명보다는 나름대로의 규칙에 의해 결정을 하게 된다. 새로운 약을 처방받고 점을 치면서 사실은 26걸음으로 3의 배수가 되지 않음에도 불구하고 의도적으로 걸음을 좁혀 27걸음으로 만든 배석판사의 경우가 그러하다.

넷째, 상대적으로 직접적인 이해관계가 제일 약하고 권력과는 관계가 없는 배심원의 경우는 어떠한가. 우리는 재판에 임하고 있는 배심원들에게 합리적이고 객관적인 판단을 할 것이라는 기대를 가지고 있다. 그러나 배심원의 경우는 판사나 변호사 또는 검사의 입장과는 다르다. 왜냐하면 심리를 함에 있어 주도적인 입장에 있는 것이 아니라 수동적이고 피동적인 입장에 있기 때문이다. 이런 경우에는 특히 검사나 변호사의 논변에 일방적으로 편향될 가능성이 높아진다. 우리는 여러 사람이 모여 어떠한 의사결정을 할 때에 처음에는 자기 나름대로 소신을 가졌던 소수가 이른바 사회적으로 원만한 관계를 유지하기 위하여 협의과정에서 다수의 의견에 동조하게 되는 경우가 많다는 것을 오랜 사회적 경험으로 알고 있다.

다섯째, 권력에 의하여 재판이 부당하게 이루어지는 경우가 있을 수 있다. 출세지향적이고 권력의 길을 가고 있는 검사보의 입장에서는 기소된 사건이 의도대로 되지 않을 경우에는 본인의 앞날에 영향을 받을 것이라는 사실을 너무나 잘 알고 있기 때문에, 자기 뜻대로 될 수 있는 가능성을 보다 더 확보하기 위하여 재판 자체를 도시 지역이 아닌 시골에서 열게 한다.

(2) 현대 민주사회에서의 의사결정의 합리성

근대 이후의 민주주의원리는 이성적이고 합리적인 존재인 모든 인간이 스스로의 이성을 통한 합리적인 판단으로 의사결정을 하고 그에 따른 책임을 스스로 진다는 원칙에 입각하고 있다. 그러나 인간의 모든 언행이 진정 스스로의 자유의사로 이루어지고 있는가에 대하여는 근본적인 의문이 제기된다. 근대 이후의 역사적 사실과 오랜 사회적 경험을 통해 볼 때, 인간의 의사결정이 결코 합리적이고 이성적이지만은 않은 것으로 보인다.

어떠한 의사결정을 할 때, 인간 개개인이 지니고 있는 자유의지에 의한 이성적 판단에 영향을 미치는 요인들로는 다음의 몇 가지를 제시할 수 있다.

첫째, 인간이 의사결정을 해야 하는 내용에는 그 자신만의 영역을 벗어난 대단히 복잡한 상황의 인과관계가 내재되어 있다. 따라서 대부분의 의사결정에서 각 사람은 자기 자신의 소신에 의하여 자기 스스로 책임을 지기 보다는 실질이 없을 수도 있는 다수의 의견을 만들고 그 의견에 동조하게 되는 경우가 많다.

둘째, 의식(意識)과 무의식(無意識)의 구조와 관련하여 볼 때, 인간의 의사결정이 의식에 기초를 둔 순수한 이성적 판단(자유의지)으로 이루어지기 보다는 잠재의식 또는 무의식세계로부터 영향을 크게 받고 있다. 어느 나라나 보편적으로 다수의 의견을 만드는 가장 큰 힘은 지역 연고(緣故)나 학벌(學閥)에 호소하는 것인데, 이러한 지역연고주의나 학벌주의는 개개인의 순수한 자유의지에 의존하기보다는 잠재의식이나 무의식에 근원을 두고 있다.

셋째, 의사결정을 해야 하는 대부분의 주제에는 각 개인과 집단이 지향하는 이해관계에 따른 힘의 요소가 크게 작용하고 있다. 인간은 합리적인 이성에 호소하기 보다는 자신에게 유리한 방향을 선택하는 경향이 많다. 이러한 이해관계가 개인의 차원을 넘어 집단의 차원에서 벌어질 경우에는 집단과 집단의 갈등으로 이어져 심각한 사회문제로 되기도 한다. 일반적으로 발생하는 사회적 갈등은 개인적 이기주의의 충돌과 집단적 이기주의의 충돌에서 비롯된다.

결론적으로 사회생활에서 수없이 이루어지고 있는 의사결정과정을 예컨대, 하루 24시간에 이루어진 스스로의 언행을 돌이켜 보고, 현재 벌어지고 있는 국가의 정책결정과정이나, 기업의 의사결정 및 각 조직과 모임의 의사결정과정 그리고 그 결과를 살펴보면 과연 인간이 내리고 있는 의사결정에 이른바 정의(正義)가 얼마나 살아 숨쉬고 있는지 돌이켜 보지 않을 수 없을 것이다.

2. 『서경』「홍범」편에서의 의사결정방법과 점(占)

(1) 『서경』「홍범(洪範)」편의 의의

『대학』『중용』『논어』『맹자』『시경』『서경』『역경』의 사서삼경(四書三經) 가운데 가장 정치적 원리를 다루고 있는 경전이 『서경』이다. 이 『서경(書經)』「주서(周書)」가운데 「홍범(洪範)」편이 있는데, 일반적으로 '홍범구주(洪範九疇)'라고 일컫고 있다.

「홍범」은 『주역』이 형성된 시대적 배경이기도 한 은나라 말기 주나라 초기의 시대상과 연결되어 있다. 은(殷)나라 말기 마지막 왕인 폭군 주(紂)왕이 당시 은나라 제후국으로서 서쪽에 있었던 주(周)나라 문왕(文王)의 아들인 무왕(武王)에 의해 죽임을 당하면서 은나라는 멸망하고 주나라가 중국 천하를 다스리게 되었다. 당시 일개 제후국으로 있다가 천하를 다스리게 된 주나라 무왕으로서는 천하를 다스리기 위한 통치술이 필요했는데, 은나라 마지막 왕 주(紂)왕의 숙부(叔父)인 기자(箕子)를 찾아가 정치의 대법(大法)을 묻게 된다. 이에 기자(箕子)는 무왕(武王)에게 정치(政治)의 대법을 9가지 범주로 전해 주었는데 이것이 '홍범구주'이다.

정치의 대법인 9가지 범주를 보면, 첫 번째는 오행(五行)이고, 두 번째는 공경함을 오사(五事)로써 함이요, 세 번째는 농사에 팔정(八政)을 씀이요, 네 번째는 합함을 오기(五紀)로써 함이요, 다섯 번째는 세움을 황극(皇極)으로써 함이요, 여섯 번째는 다스림을 삼덕(三德)으로써 함이요, 일곱 번째는 밝힘을 계의(稽疑)로써 함이요, 여덟 번째는 상고함을 서징(庶徵)으로써 함이요, 아홉 번째는 향함을 오복(五福)으로써 하고 위엄(威嚴)을 육극(六極)으로써 하는 것이다.[81)]

이 가운데 일곱 번째인 '계의'(稽疑)에 복서(卜筮)[82)]에 관한 내용이 있는데, 현대식으로 말하면 정책결정방법을 언급하고 있는 부분이다.

(2) 의사결정방법으로서의 복서(卜筮)의 의의

홍범구주 가운데 일곱 번째인 계의(稽疑)의 내용 가운데 일부를 인용하면 다음과 같다.

> "일곱 번째 계의(稽疑)는 복서(卜筮)하는 사람을 가려 세우고 이에 복서(卜筮)를 명하니라. … 이 사람을 세워 복서를 하되 세 사람이 점을 치면 곧 두 사람의 말을 따를지니라. 네가 곧 큰 의문이 있거든 꾀함을 네 마음에 미치며, 꾀함을 경사(卿士)

81) 初一은 曰五行이오 次二는 曰敬用五事ㅣ오 次三은 曰農用八政이오 次四는 曰協用五紀ㅣ오 次五는 曰建用皇極이오 次六은 曰乂用三德이오 次七은 曰明用稽疑ㅣ오 次八은 曰念用庶徵이오 次九는 曰嚮用五福이오 威用六極이니라. 「홍범구주」에 관한 내용 풀이는 성백효, 『현토완역 서경집전 하』(전통문화연구회 편, 2003), 51-82쪽 참조.

82) 복(卜)은 거북점을 말하고 서(筮)는 시초(蓍草)풀이나 대나무(竹) 50가지로 치는 점을 말한다.

> 에 미치며, 꾀함을 서민에 미치며, 꾀함을 복서(卜筮)에 미쳐라. 네가 곧 따르며, 거북이 따르며, 서(筮)가 따르며, 경사(卿士)가 따르며, 서민도 따르면, 이를 일러 대동(大同)이니, 몸이 건강하며 자손이 길함을 만나리라.…"[83]

이 내용에 나타난 정책결정방법과 복서(卜筮; 占)의 의의에 대하여 설명하면 다음과 같다.

첫째, 복서(卜筮)는 정책결정(의사결정)에 있어서 중요한 수단이었으나 절대적인 것은 아니었다.

둘째, 국가정책을 결정할 때 왕 자신이 심사숙고하고, 경사(卿士) 즉 대신들에게 묻고, 일반 백성들에게 물어 의견을 구하고, 복서(卜筮)를 통한 결과를 참고하였다. 즉 인간사회의 합리적인 의사결정을 위하여 각계각층의 의견을 수렴하는 절차가 선행되었고, 이어 복서(卜筮)의 결과를 참고하였다.

셋째, 복서(卜筮)를 함에 있어서도 여러 복관(卜官) 가운데 반드시 세 사람을 세워 복서(卜筮)를 명하고 그 가운데 같거나 유사한 결과를 보여 준 두 사람의 말을 따르게 함으로써 신탁행위(神託行爲)에 있어서도 이른바 현대 민주사회의 의사결정원리인 다수결주의(多數決主義)가 적용되었다는 점이다.

우리는 이러한 내용을 통하여 고대사회의 의사결정 내지는 정책결

83) "七稽疑는 擇建立卜筮人하고사 乃命卜筮니라. … 立時人하야 作卜筮호대 三人이 占이어든 則從二人之言이니라. 汝則有大疑어든 謀及乃心하며 謀及卿士하며 謀及庶人하며 謀及卜筮하라. 汝則從하며 龜從하며 筮從하며 卿士從하며 庶民從이면 是之謂大同이니 身其康彊하며 子孫이 其逢吉하리라.…"

정에 얼마나 합리적인 방법이 적용되었는가를 짐작할 수 있다. 사실 고대 중세 근대 현대의 시대적 구분을 떠나 어느 시대에서나 어느 장소에서나 인간사회에서 내려지고 있는 의사결정원리는 대동소이(大同小異)하다고 할 수 있다.

현대사회가 민주적(民主的)인 사회이기 때문에 항상 민주적이고 합리적으로 모든 정책과 의사가 결정될 것이라고 생각한다는 것 자체가 모순이며, 고대나 중세사회가 전제적(專制的)이거나 봉건적(封建的)인 사회였기 때문에 항상 비합리적인 방법으로 정책결정을 했다고 단언하는 것 또한 모순이다.

중요한 것은 얼마나 진실과 사실에 부합하여 상황을 판단하고 미래를 위한 올바른 결정을 내리느냐 하는 상황판단과 미래예측의 실질적인 내용에 있는 것이다.

3. 판단예측과 점(占)

(1) 판단(判斷)과 예측(豫測)

판단(判斷)이란 어떠한 주제 및 내용에 관한 있는 그대로의 상황을 결정하는 것이고, 예측(豫測)이란 현재의 상황에서 펼쳐져 나갈 앞날의 추이(推移)를 살펴보는 것이다. 인간이 어떠한 문제를 해결할 때, 또 정책이나 의사를 결정할 때, 상황을 판단하고 미래를 예측하는 것이 중요한 요소가 된다.

다시 말하면, 인간이 살아가면서 국가나 사회 그리고 내가 처해 있는 상황을 판단하고 미래를 예측하여 올바른 길로 가는 방법을 알아내는 것은 대단히 중요한 일이다.

사실 인간은 항상 판단과 예측을 하고 있다. '옳다·그르다'라는 단순판단에서부터 전체적 상황의 추이(推移)를 예측하는 종합판단에 이르기까지 인간이나 국가와 같은 조직이 하는 모든 행위가 곧 판단과 예측이라고 할 수 있다.

사람이 정상적인 의식을 지니고 살아간다는 것은 항상 판단과 예측을 하고 있다는 것을 의미한다. 하루 24시간을 돌이켜 보자. 얼마나 많은 문제와 상황을 판단하고 예측하고 있는가. 잠을 자는 도중 꿈을 꾸면서도 무의식의 작용으로 판단이 이루어지며, 아침에 잠에 깨면서부터 판단과 예측의 사유작용이 시작된다.

나날이 행해지는 인간의 사유와 판단 가운데 거의 대부분은 무의식적으로 반복되는 동일한 행위가 지속되면서 형성된 습관적 행위로 인하여 사실상 구체적인 행위와 상황에 대한 판단이 생략되어지는 경우가 많다. 예컨대, 직장에 처음 출근할 때에는 교통수단의 선택문제로 고민을 하고 판단을 하고 예측을 하다가도 어느 정도 시일이 지나면 일상화된 습관으로 인하여 별다른 고민이 없이 결정이 이루어진다. 즉 일상생활의 대부분이 반복행위의 습관으로 이루어지고 이미 주어진 계획에 의하여 이루어지고 있는 것이다.

인간이 어느 시공간(時空間)에서 할 수 있는 행위와 사유의 가능성은 실로 무궁무진하다. 그런 무궁무진한 가능성 가운데 사람은 판단과 예측을 통하여 어느 시공간에서의 행위를 선택하고 있다. 예컨대 내가 지금 이 순간 어디에서 무엇을 하고 있을까라는 것을 생각하면, 수많은 가능성 가운데 하나를 선택하여 그 순간과 공간에 임하고 있는 것이다.

수많은 사건과 상황이 복합적으로 작용하고 있음에도 불구하고 사실 인간이 의식적으로 생각하고 판단할 수 있는 범주는 지극히 제한되어 있다. 인간은 지금 수많은 가능성 가운데 어느 하나를 선택하여 행위하고 사유하고 있다.

(2) 점(占)이란 무엇인가

사실 인간이 무엇인가를 생각하고 어떠한 행위를 하면서 내리는 그 순간순간의 판단과 예측이 바로 점(占)이다. 왜냐하면 그 수많은 가능성 가운데 하나를 선택하여 행위하고 사유하고 있기 때문이다.

인간은 매 상황에 처하여 예측과 판단을 스스로 하지 않고 남에게 의탁하는 경우가 있다. 현대 학문은 이러한 의탁판단을 소위 상담(相談)이라는 형식으로 이론화하고 있다. 상담에 있어서는 개개인의 심리와 객관적인 현황을 자료화하고, 그 자료를 통하여 상담자가 의뢰인에게 판단예측을 대행해 주거나 의뢰인이 판단하는데 도움을 주게 된다. 그런데 이러한 상담을 통해 제공되는 객관적 자료라는 것은 사실 그 사람에게 내재되어 있고 관련되어 있는 총체적인 요인에 비해 극히 제한적이다.

그렇다면 과연 어떠한 상황에 처해 있을 때 그 상황을 해결할 수 있는 총체적인 판단을 어떻게 해야 할 것인가? 이것이 바로 무의식(無意識)에 의탁하는 행위이다. 이 무의식(無意識)에 의탁하여 상황을 투영하는 예측판단을 점(占)이라고 한다.

점(占)에는 일정한 도구를 사용하는 점(占)과 도구를 사용하지 않는 점(占)으로 크게 나누어 볼 수 있다. 도구를 사용하는 점(占)이란 예컨대 시초(蓍草)나 서죽(筮竹) 혹은 동전이나 카드 등의 도구를 사용하여 그 안에 내재되어 있는 원리를 분석하여 예측판단하는 것을 말한다. 또한 일반적으로 사주명리를 통한 예측판단도 연월일시의 사주(四柱)를 도구로 사용하는 점(占)이라고 할 수 있다. 사실 현대인이 과학적이고 합리적이라고 생각하고 있는 통계자료도 '도구를 사용하는 점(占)'이라고 할 수 있다.

도구를 사용하지 않는 점(占)에는 두 가지로 나누어 볼 수 있다. 하나는 명상이나 참선 또는 마인드 컨트롤 등을 통하여 이른바 직관(直觀)으로 판단하는 것이다. 두 번째는 그야말로 신(神)에게 의탁하는 행위로 이른바 하느님이나 부처님 또는 천지신명에 대한 기도가 여기에 해당한다.

(3) 미신(迷信)이란 무엇인가

일반적으로 점(占)을 미신이고 부정적인 행위로만 보고 있는데, 이는 점(占)에 대한 편견과 그릇된 인식에서 비롯된 것이다. 앞서 말하였듯이 점(占)이란 본질적 자아인 무의식(無意識)에 투영하는 예측판단이라고 할 수 있다.

미신(迷信)이란 허황된 잡신에 의존하거나, 정당한 이치가 아닌 그릇된 공식에 의존하는 등 예측판단하는 수단과 방법에 문제가 있거나, 그 행위의 목적이 인간의 생명과 인격을 위하고 참다운 이치의 구현에 있는 것이 아니라 사리사욕(私利私慾)을 위하거나 혹세무민(惑世誣民)하는 결과를 가져오는 잘못된 믿음을 말한다.

현대사회의 일반원리인 민주주의(民主主義) 방법에 의하여 의사결정을 내린다고 하더라도 특정 집단이나 특정 개인만의 이익을 위한 결정과 그러한 결정에 맹종해야 하는 현실적 믿음도 미신일 수가 있으며, 종교적 신앙행위에 있어서도 이기적(利己的)이고 배타적(排他的)인 교리(教理)로 특정 종교집단이나 특정 교주만의 이익을 위하는 행위 자체도 미신이다.

Ⅱ. 설시의 원리

1. 점(占)으로서의 복서(卜筮)와 설시법(揲蓍法)의 의의

(1) 복서(卜筮)의 의의

앞서 살펴 본 『서경(書經)』「주서(周書)」'홍범(洪範)' 가운데 일곱 번째에 있는 '계의(稽疑)'는 복서(卜筮)할 사람을 가려 세우고 이에 복서를 명한다[84]고 하였는데, 이에 대하여 주석(註釋)에 다음과 같이 설명하고 있다.

> 계(稽)는 상고(詳考)함이니, 의심스러운 일이 있으면 복서(卜筮)하여 상고하는 것이다. 거북점을 복(卜)이라 하고, 시초(蓍草)점을 서(筮)라고 한다. 시초와 거북(蓍龜)은 지극히 공정하고 사사로움이 없으므로 하늘의 밝음을 이을 수 있으니, 복서(卜筮)하는 자 또한 지극히 공정하고 사사로움이 없게 한 뒤에야 시초와 거북의 뜻을 전할 수 있으니, 반드시 이러한 사람을 가려

84) 七稽疑는 擇建立卜筮人하고서 乃命卜筮니라.

서 세운 뒤에야 복서(卜筮)하게 한다.[85]

즉 의심나는 일을 상고할 때 지공무사한 사람을 선발하여 복서(卜筮)를 하게 하였는데, 복(卜)은 거북점을 말하고 서(筮)는 시초점을 말한다.

원래 은나라 초기에는 일반적으로 거북점을 친 것으로 알려지고 있다. 거북(龜)은 수명이 긴 동물로 오래 살면서 많은 경륜을 쌓고 또한 영험(靈驗)하여 신명(神命)을 대행할 수 있는 동물로 여겨졌기 때문이다. 그런데 거북을 얻기가 쉽지 않게 되자 거북을 대신하여 소 견갑골(肩胛骨)을 사용하게 되었다.

그런데 주(周)나라가 들어서면서부터 국가로서 해야 할 일이 복잡다양해지고 신속하게 결정해야 할 일들이 많이 생기게 되자 보다 용이하게 점(占)을 할 수 있는 도구가 필요하게 되었고 또한 복관(卜官)이라는 특정 계층에 한정하여 이루어졌던 점(占)행위가 일반인들에게까지 확산되면서 보다 합리적이고 쉽게 점(占)을 할 수 있는 방법론이 연구되다가 시초(蓍草)점으로 발전된 것으로 생각된다.[86]

시초(蓍草)라는 풀에 대해서는 점(占)행위의 신성함을 상징하는 풀로 여기기도 하지만, 아마도 그 당시에 쉽게 구할 수 있었던 풀이 아

85) 稽는 考也니 有所疑則卜筮以考之라 龜曰卜이요 蓍曰筮라 蓍龜者는 至公無私라 故로 能紹天之明이니 卜筮者도 亦必至公無私而後에 能傳蓍龜之意니 必擇是人而建立之然後에 使之卜筮也라.

86) 거북점과 시초점의 연원과 그 차이에 대하여 명확히 고증하기는 어렵다. 복서(卜筮)에 관한 일반적 내용으로는 사라 알란 지음·오만종 옮김, 『거북의 비밀 - 중국인의 우주와 신화』(예문서원, 2002), 181-195쪽; 高懷民 著·숭실대동양철학연구실 譯, 『中國古代易學史』(숭실대학교 출판부, 1990), 108-126쪽; 김경일, 『갑골문 이야기』(바다출판사, 2002), 147-255쪽 참조.

닌가 생각된다.[87] 주나라 당시에 시초(蓍草)는 어디에서나 쉽게 구할 수 있었던 풀이었기 때문에 보편적으로 사용되었지만, 오늘날에는 시초(蓍草)를 구할 수 없기 때문에 대나무를 쪼개 길고 가늘게 만든 서죽(筮竹)을 일반적으로 사용하고 있다.

(2) 설시(揲蓍)의 의의

시초(蓍草)를 사용하여 점치는 서(筮)가 거북을 사용하여 점쳤던 복(卜)을 대신하게 된 배경에는 주(周)나라가 들어서면서 긴밀해진 정치적 상황과 점행위의 대중화라는 면이 작용하였지만, 보다 의미있는 측면은 은나라와 주나라 초기에 이르기까지 행해졌던 점사(占辭)의 편린(片鱗)들이 결집되어 오늘날의 『주역』과 같은 책으로 체계화된 데에 있다. 이렇게 유형화되고 체계화된 『주역』으로 보다 용이하게 점칠 수 있는 방법이 고안되었고 이에 당시 어디에서나 쉽게 구할 수 있었던 시초(蓍草) 50가지로 점치는 방법이 보편화된 것으로 생각된다.

2. 설시법(揲蓍法)의 원리

『주역』「계사전」에는 시초(蓍草)를 통한 설시(揲蓍, 占)의 원리와 그 신비로움을 강조하는 내용이 포함되어 있다. 그 가운데 설시에 관

87) 高懷民은 시초(蓍草)의 특징을 첫째 시초의 묵은 가지가 겨울에 말라 죽지 않는다는 점, 둘째 시초는 겨울에도 죽지 않는 다년생 식물이라는 점, 셋째 시초의 줄기가 길고 단단하다는 특징이 있다는 점, 넷째 시초는 무리지어 나고 한 뿌리에 수십 줄기가 생긴다는 점, 다섯째 시초는 구하기 쉽다는 점 등으로 요약하고 있다. 高懷民, 『中國古代易學史』, 143-146쪽 참조.

한 원리를 집중적으로 설명한 부분이 「계사상전」 제 9장이다.

> 하늘 하나, 땅 둘, 하늘 셋, 땅 넷, 하늘 다섯, 땅 여섯, 하늘 일곱, 땅 여덟, 하늘 아홉, 땅 열이니, 천수(양수)가 다섯이요 지수(음수)가 다섯이니, 다섯 자리가 서로 얻으며 각각 합함이 있으니, 천수가 25요 지수가 30이다. 무릇 천지의 수가 55니, 이것이 변화를 이루며 귀신을 행하는 바이다.[88)]
>
> 크게 넓힌 수가 50이니 쓰는 수는 49이다. 나누어 둘로 해서 양의(음양)를 형상하고, 하나를 걸어서 삼재(三才)를 형상하고, 넷으로 셈으로써 사시(四時)를 형상하고, 나머지를 손가락 사이에 끼워 윤달을 형상하니, 5년에 두 번 윤달이다. 그러므로 다시 끼운 후에 건다.[89)]

(1) 천지지수(天地之數) 55

앞서 하도(河圖)의 원리에서 살펴본 바와 같이, 우주의 운동변화를 철학적인 수리로 보면 1부터 10까지의 수로 나타낼 수 있다. 1부터 10까지의 수는 천수(天數, 양수) 1 3 5 7 9의 다섯과 지수(地數, 음

88) 「繫辭上傳 제 9 장」 : 天一 地二 天三 地四 天五 地六 天七 地八 天九 地十이니 天數ㅣ 五오 地數ㅣ 五ㅣ니 五位相得하며 而各有合하니 天數ㅣ 二十有五ㅣ오 地數ㅣ 三十이라. 凡天地之數ㅣ 五十有五ㅣ니 此ㅣ 所以成變化하며 而行鬼神也ㅣ라.

89) 「계사상전」제 9 장 : 大衍之數ㅣ 五十이니 其用은 四十有九ㅣ라. 分而爲二하야 以象兩하고 掛一하야 以象三하고 揲之以四하야 以象四時하고 歸奇於扐하야 以象閏하나니 五歲에 再閏이라 故로 再扐而後에 掛하나니라.

수) 2 4 6 8 10의 다섯으로 구분된다. 천수(양수)의 합은 25이고 지수(음수)의 합이 30이니, 천수와 지수를 합한 천지수는 55가 된다. 이 55를 천지수(天地數)라고 한다.

하도(河圖)는 지구가 공전하고 자전하면서 펼쳐지는 음양 기운의 변화양상을 1부터 10까지의 수리에 입각하여 표상(表象)한 것이기에 자연의 원리를 나타낸 원상(原象)으로 볼 수 있다. 때문에 위에 인용한 문장 즉, 「계사상전」제9장의 첫 머리에 나오는 문장(天一 地二 天三 地四 天五 地六 天七 地八 天九 地十이니 天數ㅣ 五오 地數ㅣ 五ㅣ니 五位相得하며 而各有合하니 天數ㅣ 二十有五ㅣ오 地數ㅣ 三十이라. 凡天地之數ㅣ 五十有五ㅣ니 此ㅣ 所以成變化하며 而行鬼神也ㅣ라)에 관한 진위 여부 및 문장위치에 관한 논쟁에도 불구하고[90] 이 문장에는 다음과 같은 의미가 있다고 생각한다.

중요한 어떠한 의문이 있어서 설시(揲蓍)를 할 때에는 자기 자신의 인식수준을 깊은 내면으로 향하게 하여 원래 참된 성품(靈性)이 간직된 근원, 즉 무의식 상태를 유지해야 하는데, 이 상태에서는 평상시에 지니고 있는 인식의 한계를 넘어 세상의 모든 것이 마음에 투영된다. 하도(河圖)는 대자연의 신비로운 원리를 표상한 하나의 상징이자 전체성과 근원성을 의미하고 있기 때문에, 설시(揲蓍)를 하기 전에 하도(河圖)의 원리를 떠올리거나 「계사상전」제9장을 암송하는 것은 설시(揲蓍)하는 자의 마음을 근원으로 향하고 아울러 세상의 모든 것을 투영한다는 자기 암시이기도 하다.

90) 천지지수(天地之數)와 대연지수(大衍之數)의 관계는 많은 학자들에 의해 논란의 대상이 되어 왔다. 이에 대하여는 文載坤, 「河圖·洛書의 形成과 改托」『주역의 현대적 조명』(한국주역학회 편: 범양사 출판부, 1992), 266-269쪽 참조.

(2) 대연지수(大衍之數) 50

하도(河圖)의 1부터 10까지의 수리를 다시 논하자면, 1부터 5까지의 수는 생수(生數)라고 하고 6부터 10까지의 수는 성수(成數)라고 하는데, 생수의 끝수인 5는 6부터 10까지의 성수를 이루는 작용을 한다. 즉 5 + 1 = 6, 5 + 2 = 7, 5 + 3 = 8, 5 + 4 = 9, 5 + 5 = 10으로 5의 작용으로 6, 7, 8, 9, 10이라는 수가 이루어진다. 한편 10이라는 수의 작용으로 100, 1000, 1000, … 등의 무한수가 나오게 된다. 그래서 5와 10이 수를 넓혀나가는 수라고 해서 연수(衍數)라고 한다. 그런데 불려나가는 수인 5와 10을 곱하면 50이 되니, 결국 50은 수를 무한하게 넓혀나가는 기본수가 되어 대연수(大衍數)라고 한다.

이 대연수(大衍數)의 근거에 대하여는 앞서 언급한 천지수(天地數)와 더불어 역대 많은 학자들의 논란 대상이 되어 왔다.[91] 최근에는 『주역』 「계사상전」 제9장의"大衍之數　五十이니"에서 '五十' 다음에 '有五'가 탈문(脫文)되었기 때문에(大衍之數 五十有五) '대연지수'는 '천지지수'와 같은 55로 보아야 한다는 주장도 있다.[92] 그러나 엄연히 '천지지수'와 '대연지수'라는 용어가 다름에도 불구하고 같은 수로 보는 것은 다소 무리가 있는 듯하다.

91) 예컨대 경방(京房)은 10干과 12支에 28宿를 합한 수가 50이라고 하였고, 순상(荀爽)은 6爻에 8卦를 곱한 48에 乾坤의 작용을 더하여 50이라고 보았으며, 마융(馬融)은 北辰(1) 陽儀(2) 日月(2) 四時(4) 五行(5) 12月 24節氣를 모두 합한 수가 50이라고 하였고, 정현(鄭玄)은 천지의 수 55에서 5行의 기운을 뺀 수가 50이라고 보았다. 廖名春·康學偉·梁韋弦 지음, 심경호 옮김, 『주역철학사』, 291-295쪽 ; 高懷民, 『中國古代易學史』, 157-159쪽 참조.

92) 金景芳·呂紹綱 著, 『周易全解 修訂本』(上海古籍出版社, 2005), 539-544 ; 廖名春 · 康學偉·梁韋弦 지음, 심경호 옮김, 『주역철학사』, 295쪽 참조.

(3) 대연수(大衍數) 50과 천지절도수(天地節度數) 49

대연수 50은 수를 무한하게 넓혀나가는 기본수가 되는데, 이 50이라는 수에서 철학적 근본이 되는 태극수(太極數) 1을 제외한 49수가 천지변화의 절도수가 된다. 태극을 상징하는 1을 제외하는 이유는 태극수는 본체수로서 현상적으로 쓰지 않는 불용수(不用數)이기 때문이다. 결국 태극 1을 제외한 49수가 천지변화의 묘용(妙用)을 나타낸다.

실질적으로 쓰이는 수가 49이기 때문에 태극수 1이 불필요한 것은 아니다. 태극(太極)은 모든 만물의 근원이자 모든 존재의 자성(自性)을 의미한다. 49로 변화하는 설시(揲蓍)의 묘용(妙用)은 사실 태극(太極)이 있기 때문에 가능하다. 설시할 때 부동(不動)의 태극으로 내거는 '하나'는 49수의 묘용이 나타나는 근원이 되고 또한 설시하는 자의 부동심(不動心) 즉 태극심(太極心)을 상징한다.

우리는 앞서 대성괘가 6효로 이루어진 이유 중 하나로, 1부터 10까지의 수 가운데 '7'이라는 수가 변화의 절도수가 된다는 것을 살펴본 바 있다. 이 7이란 수가 7번 작용한 '49'는 천지변화의 절도수(節度數)가 된다.[93] 이른바 신명계(神明界)와 현상계(現象界)를 연결하는 절도수이고, 정신계(精神界)와 물질계(物質界)를 연결하는 절도수이다. 이러한 이치에서 예로부터 사람이 이승에서 저승으로 가는 기간을 49일로 보고 49제(祭)를 지내 왔다.[94] 그래서 49라는 수는 천지절도수이자 인간이 신명과 접하는 절도수이기도 하다.

93) 이러한 이치에서 중천건(重天乾) 중지곤(重地坤)으로 시작하는 『주역』64괘에서 49번째에 천지변화와 사회변화(革命)를 상징하는 택화혁(澤火革)괘를 둔 것으로 생각된다.

94) 특히 불교에서는 현세를 떠난 순간부터 다음 세상에 다시 태어나기까지의 기간을 49일로 보고 있는데, 이 49일의 기간을 중유(中有) 또는 중음(中陰)의 세계라고도 한다. 永田 久, 沈雨晟 譯, 『曆과 占의 과학』, 72-76쪽 참조.

(4) 삼변성효(三變成爻)

앞서 언급하였듯이 시초(蓍草) 풀 50가지를 사용하여 점을 했기 때문에 '시초 수를 셈한다'라고 하여 설시(揲蓍)라고 하였다. 그러나 오늘날에는 일반적으로 대나무를 잘게 잘라 50 가지로 만들어 사용하고 있는데, 이를 서죽(筮竹)이라고 한다.

중국 남송(南宋)의 대유학자였던 주희(朱熹, 1130-1200)는 설시(揲蓍)에 대한 기존의 방법을 연구하고 자신의 입장을 곁들여 「서의(筮儀)」를 지었는데, 지금도 가장 합당한 설명으로 인용되고 있다.[95)]

여기에서는 설시(揲蓍)를 하는 방법에 대하여 순서대로 설명하고자 한다. 우선 하나의 효(爻)가 결정되기에는 세 번 변하는 과정을 거치게 되는데 이를 삼변성효(三變成爻)라고 한다.

1) 제 1변

가. 크게 넓힌 수가 50이니 쓰는 수는 49이다(大衍之數ㅣ 五十이니 其用은 四十有九ㅣ라)

대연수(大衍數) 50을 상징하여 대나무 50 가지를 설시(揲蓍)의 기본 도구로 사용한다. 50 가지 가운데 만물의 근원인 태극(太極)을 상징하여 하나를 뽑아 책상 바닥에 가로로 내려놓고 효(爻)를 이루는 터로 삼는다. 태극은 만물과 나 자신의 근원을 상징하고 나와 대자연이 교감하는 마당이기도 하다.

95) 高懷民, 『中國古代易學史』, 148-152쪽 참조.

나. 나누어 둘로 해서 양의(음양)를 형상하고(分而爲二하야 以象兩하고)

태극 1을 제외한 49 가지를 모아 쥐고 이마 양미간(兩眉間)으로 들어 올리면서 임의로 자연스럽게 나누어 양 손에 각각 쥐는데, 이는 태극(太極)이 양의(兩儀)를 생하는 이치이다. 왼쪽은 양이요(左天) 오른쪽은 음이니(右地), 왼 손에 쥔 것은 하늘을 의미하고 오른손에 쥔 것은 땅을 의미한다.

다. 하나를 걸어서 삼재(三才)를 형상하고(掛一하야 以象三하고)

하늘이 먼저이고 땅이 다음이며, 하늘은 위에 있고 땅은 아래에 있다. 그리고 인간을 포함한 만물은 땅에서 살고 있기 때문에, 오른 손에 쥔 가지들을 책상에 가로로 놓인 태극 오른쪽에 내려놓으면서 만물을 상징하여 1 가지를 뽑아 왼손 5지와 4지 손가락 사이에 끼운다. 이는 천지인(天地人) 삼재(三才)가 이루어짐을 의미한다.

라. 넷으로 세어 사시(四時)를 형상하고(揲之以四하야 以象四時하고)

다음에 왼손에 쥔 가지들(天策)을 춘하추동 사시변화로 1년이 이루어지는 것을 상징하여 4개씩 오른손으로 세어 나누어 합하다가 4개 이하의 나머지만 남겨 놓고 4개씩 합한 무더기는 태극 왼쪽에 내려놓는다.

마. 나머지를 손가락 사이에 끼워 윤달을 형상하니(歸奇於扐하야 以象閏하나니)

그리고 손에 남겨진 4개 이하의 나머지(1 또는 2 또는 3 또는 4)를 왼손 3지와 4지 사이에 끼운다. 이 나머지는 윤달을 형상한다.

바. 5년에 두 번 윤달이다. 그러므로 다시 끼운 후에 건다(五歲에 再閏이라 故로 再扐而後에 掛하나니라)

다음에 먼저 태극 오른쪽에 내려놓았던 무더기(地策)를 오른손에 쥐어 들고 왼손으로 역시 4개씩 세어 나누다가 역시 4 이하의 나머지를 남겨 놓고 4개씩 헤아린 무더기는 합하여 태극 오른쪽에 내려놓는다. 그리고 오른손에 남겨진 4 이하의 나머지를 왼손 2지와 3지 사이에 끼운다. 그러면 왼손에 끼어 있는 나머지 수를 모두 합하여 책상에 가로로 내려놓은 태극 위의 왼쪽에 살며시 걸쳐 놓는다.

여기까지가 제 1변이 된다. 제 1변에서 태극 위에 놓이는 나머지 수는 5 아니면 9가 나오게 된다.

2) 제 2변

제 2변에 들어가기 위해서는 태극 위에 놓인 가지는 그대로 두고 좌측과 우측 바닥에 놓인 두 무더기(천책과 지책)를 들어 모두 합한다(태극). 그리고는 제 1변에서 행한 것과 동일한 방식으로 설시를 한다.

즉, 양미간(兩眉間)으로 들어 올리면서 양 손으로 나누어 하늘과 땅을 형상하고(양의), 오른 손의 무더기를 내려놓으면서 사람을 의미하는 1개를 뽑아 왼손 5지와 4지 사이에 끼우고(천지인), 왼손에 쥐고 있는 무더기를 먼저 4개씩 세어 4 이하의 나머지를 남겨놓고 센 무더기는 태극 왼쪽에 내려놓으면서 왼손에 있는 나머지는 3지와 4지 사이에 끼우고, 다음에 먼저 내려놓았던 태극 왼쪽의 무더기를 오른 손으로 들어 왼손으로 역시 4개씩 세어 4 이하의 나머지를 남겨놓고 센 무더기는 태극 오른쪽에 내려놓으면서 오른손에 쥐고 있는 나머지를 왼손 2지와 3지 사이에 끼우고는 왼손에 끼어 있는 가지 수를 모두 합하여 책상 위의 태극 가운데에 살며시 놓는다.

여기까지가 제 2변이 된다. 제 2변에서는 태극 위에 놓이는 가지 수가 4 아니면 8이 나오게 된다.

3) 제 3변

제 3변에 들어가기 위해서는 역시 태극 위에 놓인 가지 수는 그대로 두고 좌우에 있는 두 무더기(천책 지책)를 들어 모두 합하고는 다시 동일한 방법으로 진행하여 손가락 사이에 끼워 놓은 나머지를 합하여 태극 위의 좌측에 내려놓으면 된다.

이 제 3변에서는 제 2변과 마찬가지로 태극 위에 놓인 가지 수가 4 아니면 8이 나오게 된다. 이렇게 3변 과정을 통하여 하나의 효가 결정된다.

(5) 십팔변성괘(十八變成卦)

3변 과정을 통하여 첫 번째 효(爻)가 결정되면 두 번째 효에 들어가게 된다. 두 번째 효를 설시하기 위해서는 불용수(不用數)로 태극을 상징하여 책상 위에 가로로 놓은 가지는 그대로 두고 그 태극 위에 놓여 있는 나머지 가지 수들을 합하여 거두고 아울러 좌우에 있는 두 무더기를 들어 모두 합하여 다시 49 가지를 이룬 다음에 전과 동일한 방법으로 설시를 하게 된다.

즉 매 번 효(爻) 하나를 뽑기 위해서는 49 가지의 서죽으로 시작하여 앞서 말한 3변 과정을 동일하게 거듭한다. 결국 3변을 통하여 하나의 효가 이루어지니, 여섯 효가 이루어지려면 모두 18변을 하여야 한다. 그래서 18번 변해서 괘가 이루어진다(十八變成卦)고 한다.

Ⅲ. 설시를 통한 예측판단원리

1. 설시(揲蓍)원리와 역(易)의 원리

앞에서 설명한 바와 같이 대연수(大衍數) 50에서 태극(太極)을 상징하는 하나를 뺀 시초(서죽) 49 가지로 설시(揲蓍)를 하면 3변(變) 작용을 통하여 하나의 효(爻)가 이루어지는데, 그 과정에서 태극 위에 놓여지는 나머지 가지 수가 제 1변에서는 다섯(5) 아니면 아홉(9)이 나오고, 2변과 3변에서는 넷(4) 아니면 팔(8)이 나오게 된다.

이는 결국 5·9·4·8의 네 가지 수가 셋씩 조합을 이루는 경우의 수가 된다는 것을 알 수 있다. 여기에서 수를 음양으로 바꾸는데, 5·9·4·8의 네 가지 수 가운데 4와 5는 작은 수에 해당하고 8과 9는 큰 수에 해당한다. 그래서 작은 수에 해당하는 4와 5는 양(⚊)으로 바꾸고, 큰 수에 해당하는 8과 9는 음(⚋)으로 바꾼다.[96] 이렇게 하여 3

96) 주자(朱子)는 「서의(筮儀)」에서 5와 4가 양(陽)이 되고 8과 9가 음(陰)이 되는 이유를 설명하기를, 설시과정에서 나누는 수는 4이므로 역시 5·4·8·9의 네 수를 각각 4로 나누게 되면, 5와 4는 4가 1번 들어가므로 기(奇, 양)가 되고 8과 9에는 4가 두 번 들어가므로 우(耦, 음)가 된다고 하였다. 「서의(筮儀)」

변 과정을 도식화하면 우리가 앞서 살펴본 태극·양의·사상·팔괘로 나아가는 원리에 그대로 부합한다는 것을 알 수 있다.

즉, 제 1변에서는 5(—) 아니면 9(--)가 나오는데, 제 1변에서 5(—)가 나왔을 경우에 제 2변에서는 4(—) 아니면 8(--)이 나오게 되고, 또한 마찬가지로 제 1변에서 9(--)가 나온 경우에도 제 2변에서는 4(—) 아니면 8(--)이 나오게 된다. 마찬가지로 제 3변에서도 동일한 결과가 나오게 되는데, 이러한 과정을 도식화하면 다음과 같다.

팔괘	4 ☰	8 ☱	4 ☲	8 ☳	4 ☴	8 ☵	4 ☶	8 ☷	3변
사상	4 ⚌		8 ⚍		4 ⚎		8 ⚏		2변
양의	5 —				9 --				1변
태극	태극책 ☯								

태극을 상징한 시초 위에 놓이게 되는 나머지 수의 조합은 544(☰), 548(☱), 584(☲), 588(☳), 944(☴), 948(☵), 984(☶), 988(☷)로 모두 8가지가 된다. 여기에서 역(易)의 원리에서 살펴본 바와 같이 기본팔괘는 삼양(三陽)으로 이루어진 건☰괘와 삼음(三陰)으로 이루어진 곤☷괘, 그리고 일양이음(一陽二陰)괘인 진☳ 감☵ 간☶과 일음이양(一陰二陽)괘인 손☴ 이☲ 태☱로 구분이 되듯이, 삼양의 상태인 544(☰)와 삼음의 상태인 988(☷), 그리고 일양이음의 상태인 588(☳)·948(☵)·984(☶)와 일음이양의 상태인 548(☱)·584(☲)·

"… 通掛一之策 不五則九 五以一其四而爲奇 九以兩其四而爲耦 … 通掛一之策 不四則八 四以一其四而爲奇 八以兩其四而爲耦 … ." 김석진, 『주역전의대전역해』(대유학당, 1993), 149-158쪽 참조.

944(☴)의 경우로 나누어진다.

음양기운의 변화에 있어 음기운이 극하면 양으로 바뀌고, 양기운이 극하면 음으로 변하듯이, 효(爻)에 있어서도 음(陰)이 극한 상태인 988(☷)이 바로 양으로 변한 것이 되며, 양이 극한 상태인 544(☰)가 또한 음으로 변한 상황이 된다. 그래서 태극을 상징한 가지 위에 놓인 수가 988이면 현재의 음(陰)이 극하여 양(陽)으로 변한다는 것을 의미하고 이를 × 로 표시하며, 544면 현재의 양(陽)이 극하여 음(陰)으로 변한다는 것을 의미하고 이를 □ 로 표시한다. 즉 988 × 와 544 □ 가 변한 것이 된다.

그리고 일양이음의 상태인 588(☳)·948(☵)·984(☶)의 경우는 소양(⚊)이 되고, 일음이양의 상태인 548(☱)·584(☲)·944(☴)의 경우는 소음(⚋)이 되어 변하지 않는 상태를 나타낸다.

2. 설시원리와 사상(四象)의 관계

(1) 사상수(四象數)와 사상책수(四象策數)

앞서 설명한 바와 같이 태양(太陽)·소양(少陽)·태음(太陰)·소음(少陰)의 사상(四象)에 철학적 상수를 적용할 때에는 6·7·8·9의 수로 사용하고 이를 사상수(四象數)라고 하였다. 6·7·8·9 가운데 6과 8은 음인데 음의 기운은 강할수록 응축시키기 때문에 가장 응축된 수인 6이 태음수가 되고 8은 소음수가 되며, 7과 9는 양인데 양의 기운은 강할수록 확장하기 때문에 가장 확장된 수인 9가 태양수이고 7은 소양수가 된다.

소양과 소음은 젊은 양과 젊은 음이기 때문에 각각 양과 음의 현재의 상태를 계속 유지하며, 태양과 태음은 늙은 양과 늙은 음이기 때문에 변하여 태양은 음으로 바뀌고 태음은 양으로 바뀐다는 것을 의미한다.

태양수 9·소음수 8·소양수 7·태음수 6에 각각 4를 곱한 수를 사상책수(四象策數)라고 하는데, 태양책수는 36(9×4)이 되고 소음책수는 32(8×4)가 되며 소양책수는 28(7×4)이 되고 태음책수는 24(6×4)가 된다.

(2) 설시결과와 사상수

대연수 50에서 태극을 상징하는 1가지를 뺀 49가지로 설시를 하여 그 나머지 수의 조합이 544(☰), 548(☱), 584(☲), 588(☳), 944(☴), 948(☵), 984(☶), 988(☷)로 모두 8가지가 되는데, 이는 결국 삼양(三陽)인 544와 삼음(三陰)인 988 그리고 일양이음인 588·948·984와 일음이양인 548·584·944의 네 가지로 구분이 된다. 여기에서 이 세 가지 수의 조합을 각각 더하면 다음과 같이 된다.

삼양(태양)	5+4+4	13
일음이양(소음)	5+4+8 5+8+4 9+4+4	17
일양이음(소양)	5+8+8 9+4+8 9+8+4	21
삼음(태음)	9+8+8	25

설시는 결국 49가지로 하는 것이기 때문에 3변을 통해 나온 나머지 수의 총합인 13 · 17 · 21 · 25를 각각 49에서 빼면, 각각 36(49 - 13) · 32(49 - 17) · 28(49 - 21) · 24(49 - 25)가 된다. 앞서 살펴본 바와 같이 36은 태양책수가 되고, 32은 소음책수가 되며, 28는 소양책수가 되고, 24는 태음책수가 된다. 또한 일반 수리로 볼 때 36 32 28 24는 모두 4의 배수이기 때문에 각각 4로 나누면 9(36 ÷ 4) · 8(32 ÷ 4) · 7(28 ÷ 4) · 6(24 ÷ 4)이 되어 각각 태양수(9) 소음수(8) 소양수(7) 태음수(6)가 됨을 알 수 있다.

삼양(태양)	5 + 4 + 4	13	49 - 13 = 36(태양책수)
일음이양(소음)	5 + 4 + 8 5 + 8 + 4 9 + 4 + 4	17	49 - 17 = 32(소음책수)
일양이음(소양)	5 + 8 + 8 9 + 4 + 8 9 + 8 + 4	21	49 - 21 = 28(소양책수)
삼음(태음)	9 + 8 + 8	25	49 - 25 = 24(태음책수)

3. 설시원리와 확률(確率)의 문제

현대사회의 과학적 사고방식에서 볼 때, 확률(確率)의 문제는 객관성을 입증하는 주요 근거가 된다고 할 수 있다. 그런데 이러한 관점에서 보면, 설시(揲蓍)의 과정과 그 결과로 보면 확률상의 불균형이 있음을 알 수 있다.

첫째, 설시(揲蓍)과정에서 제일 먼저 제기되는 문제는 제 1변에서는 5 아니면 9가 나오고 제 2변과 제 3변에서는 4 아니면 8이 나오게 되어 있는데, 제 1변에서 5가 나올 경우와 9가 나올 경우의 확률에 큰 차이가 있다는 점이다. 즉, 제 1변에서 5가 나올 확률은 3/4이지만 9가 나올 확률은 1/4이 되어 불균형하고, 제 2변과 제 3변에서 4와 8이 나올 확률은 각각 2/4로 같게 나오게 되어 있다. 이에 대해 高懷民은 다음과 같이 정확하게 설명하고 있다.

> 제 1변에서는 49개의 산가지를 쓰지만, 제 2단계에서는 하나를 손가락에 걸기 때문에 나머지는 48개이고 마침 4의 배수가 된다. 그러므로 4단계가 끝난 다음에 덜어낸 나머지의 수는 왼쪽이 하나면 오른쪽은 반드시 셋이 되고 왼쪽이 셋이면 오른쪽은 하나, 왼쪽이 둘이면 오른쪽도 둘, 왼쪽이 넷이면 오른쪽도 넷이며, 또 그 합은 4나 8이 된다. 이에 앞서 제 2단계에서 손가락에 걸었던 하나를 더하면 5나 9가 된다. 그러므로 1변 후에 덜어내고 남은 산가지는 5개나 9개인데 5가 될 확률은 3/4이고, 9가 될 확률은 1/4이므로 1변 후에 남은 산가지는 대부분 5인 것이다.
>
> 제 2변에 쓰이는 산가지의 수는 총 49개 가운데 제 1변에서 덜어낸 5개나 9개를 뺀 숫자이므로 44개나 40이다. 제 2단계에서 하나를 손가락에 건 후의 나머지는 43개나 39개이므로 4의 배수에서 한 개를 뺀 셈이다. 그러므로 4단계가 끝나면 덜어낸 나머지의 산가지 수는 왼쪽이 하나면 오른쪽은 둘, 왼쪽이 둘이면 오른쪽은 하나, 왼쪽이 셋이면 오른쪽은 넷, 왼쪽이 넷이면 오른쪽은 셋이므로 합하면 3이나 7이 된다. 여기에 2단계

에서 건 1개를 더하면 4나 8이 되니, 2변에서 덜어내고 남은 산가지는 4나 8이며 그 확률은 반반이다.

제 3변에서 쓰이는 산가지의 수는 2변 후에 덜어낸 나머지를 또 뺀 것이다. 그것이 만일 44개였으면 4개나 8개를 빼므로 40개나 36개가 되고, 40개였으면 36개나 32개가 되므로 3변에서 쓰이는 산가지의 수는 40, 36, 32 중의 하나로서 모두 4의 배수가 된다. 2단계에서 한 개를 건 후에는 모두 4의 배수에서 1개를 뺀 숫자가 된다. 그러므로 4단계 이후에는 2변과 같아져 덜어내고 남은 산가지 수는 4개나 8개이며 확률은 반반이다.[97)]

둘째, 제 1변에서 5가 나올 확률이 3/4이고 9가 나올 확률은 1/4이 되어 불균형하고, 제 2변과 제 3변에서 4와 8이 나올 확률은 각각 2/4로 같게 나오게 되므로 결국 3변 과정을 통해 나오게 되는 전체 확률에 차이가 나게 된다. 이를 도식화하면 다음과 같다.

제1변	제2변	제3변	나머지	확률	약분
5	4	4	544	3/4 × 2/4 × 2/4 = 12/64	3/16
		8	548	3/4 × 2/4 × 2/4 = 12/64	3/16
	8	4	584	3/4 × 2/4 × 2/4 = 12/64	3/16
		8	588	3/4 × 2/4 × 2/4 = 12/64	3/16
9	4	4	944	1/4 × 2/4 × 2/4 = 4/64	1/16
		8	948	1/4 × 2/4 × 2/4 = 4/64	1/16
	8	4	984	1/4 × 2/4 × 2/4 = 4/64	1/16
		8	988	1/4 × 2/4 × 2/4 = 4/64	1/16

97) 高懷民 著·숭실대동양철학연구소 역, 『中國古代易學史』, 152-153쪽.

이것을 다시 사상(四象)으로 구분하여 태양·소음·태음·소양이 나오는 경우의 확률을 살펴보면 다음과 같다.

사상	나머지	확률	백분율
삼양(태양)	544	12/64 (3/16)	18.75%
일음이양(소음)	548 584 944	12/64 + 12/64 + 4/64 = 28/64 (7/16)	43.75%
일양이음(소양)	588 948 984	12/64 + 4/64 + 4/64 = 20/64 (5/16)	31.25%
삼음(태음)	988	4/64 (1/16)	6.25%

이 결과 변하지 않는 효(소음, 소양)가 나올 확률은 75%이고, 변하는 효(태양, 태음)가 나올 확률은 25%가 되어 변효가 나올 확률은 1/4이 된다. 그런데 변효(變爻)가 나오는 경우에도 태양(544)이 나올 확률(18.75%)과 태음(988)이 나올 확률(6.25%)을 비교해 보면 태양이 나올 확률이 3배가 됨을 알 수 있다.

셋째, 설시(揲蓍)의 결과로 6효(爻)로 괘(卦)를 이루었을 때, 어느 괘가 나오든지 그 괘는 다시 64괘로 변할 수 있다. 즉, 하나의 효가 변하여 6괘가 나오고, 두개의 효가 변하여 15괘가 나오며, 세 개의 효가 변하여 20괘가 나오고, 네 개의 효가 변하여 15괘가 나오며, 다섯 개의 효가 변하여 6괘가 나오고, 여섯 효 모두 변하여 1괘가 나오는데 여기에다 여섯 효 모두 변하지 않은 본괘를 합하면 모두 64괘가 된다.

그런데 하나의 괘에서 여섯 효 모두 변하지 않을 수 있는 확률은 17.799%이고, 한 개의 효가 변할 수 있는 확률은 35.595%이며, 두 개의 효가 변할 수 있는 확률은 29.663%이고, 세 개의 효가 변할 수 있는 확률은 13.184%이며, 네 개의 효가 변할 수 있는 확률은 3.296%이고, 다섯 개의 효가 변할 수 있는 확률은 0.439%이며, 여섯 개의 효가 전부 변할 수 있는 확률은 0.024%가 된다.[98)]

4. 예측판단원리(체용추견법 體用推見法)

설시(揲蓍) 18변의 과정을 통해 여섯 효가 형성되면 대성괘(본괘)가 이루어지고 각 효의 ━(소양) ╍(소음) ✕(노음) ▭(노양)으로 효의 변(變 : ▭, ✕)과 불변(不變 : ━, ╍)이 판단되며 따라서 변효(變爻 : 544 또는 988이 나올 경우)가 있으면 본괘에서 변하여 간 지괘(之卦)가 나오게 된다.

앞서 언급하였듯이 설시를 하면서 나타나는 변화의 정황은 실로 무궁무진하다. 예컨대 산천대축(山天大畜)괘가 본괘로 나왔을 경우에 여섯 효가 모두 변하지 않은 상태로 나올 수도 있고, 어느 한 효가 변할 수 있으며, 어느 두 효가 변할 수 있고, 어느 세 효가 변할 수 있으며, 어느 네 효가 변할 수 있고, 어느 다섯 효가 변할 수 있으며, 여섯 효 모두가 변할 수 있기 때문에, 결국 산천대축괘를 본체로 하여 64괘가 나오게 된다. 세 효가 변한 경우를 가정하여 수지비(水地比)괘의 예를 들면 다음과 같다.

98) 金景芳 · 呂紹綱 著, 『周易全解 修訂本』, 547쪽 참조.

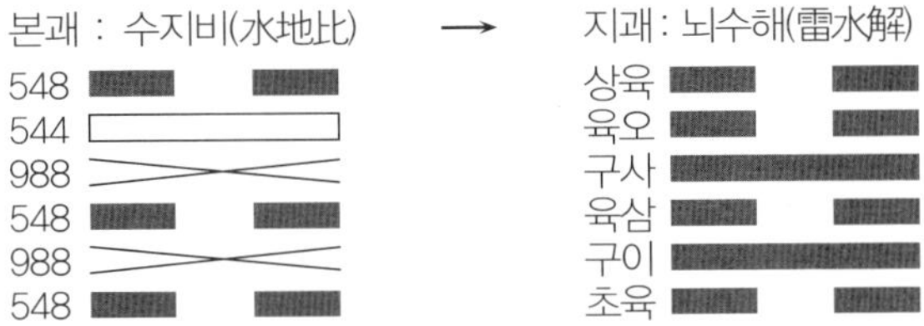

이와 같이 설시를 해서 나온 본괘에서 효가 변하는 경우가 다양하기 때문에 어떠한 기준에 의해 상황을 판단하고 예측할 것인가 하는 방법론이 나오게 된다. 이 방법론을 '체용추견법'(體用推見法)이라고 하는데, 그 일반적인 기준을 예시하면 다음과 같다.

한 효가 변했을 경우에는 본괘의 상황과 변한 효를 체(體)로 보고, 지괘(之卦)의 상황과 변하여 온 효를 용(用)으로 보아 판단한다.

두 효가 변했을 경우에는 본괘에서 변한 효 중 위에 있는 효를 체로 보고, 아래 효를 용으로 보아 판단한다.

세 효가 변했을 경우에는 본괘의 전체 상황에서 절반이 변한 상태이기 때문에 본괘의 괘사(단사)와 괘상전을 체로 보고, 지괘의 괘사와 괘상전을 용으로 보아 판단한다.

네 효가 변했을 경우에는 이미 본괘의 전체 상황에서 2/3가 변한 상태이기 때문에, 지괘에서 변하지 않은 효 중 아래 효를 체로 놓고 위 효를 용으로 보아 판단한다.

다섯 효가 변했을 경우에는 본괘의 상황 대부분이 지괘로 옮겨진 상태를 의미하기 때문에, 지괘의 불변효(不變爻)를 체로 보고 본괘의 불변효를 용으로 보아 판단한다.

여섯 효가 모두 변했을 경우에는 본괘의 전체 상황이 변한 것이기 때문에, 특정 효를 보고 판단하지 않고 지괘의 괘사(단사) 및 대상전을 체로 놓고 본괘의 괘사(단사) 및 대상전을 용으로 보아 판단한다.

	한효 변	두효 변	세효 변	네효 변	다섯효 변	여섯효 변
체(體)	본괘 변효	본괘 변효중 상효	본괘 괘사 괘상전	지괘 불변효중 하효	지괘중 불변효	지괘의 괘사 대상전
용(用)	지괘 변효	본괘 변효중 하효	지괘 괘사 괘상전	지괘 불변효중 상효	본괘중 불변효	본괘의 괘사 대상전

그런데 이러한 기준이 반드시 옳은 것만은 아니다. 설시를 통해 나온 괘상은 설시한 자가 알고자 하는 구체적이고 현실적인 상황을 음양기운의 조짐으로 드러낸 것이기 때문에, 알고자 하는 구체적인 상황에 따라서는 예측판단기준이 달라질 수도 있다. 그리고 어느 경우이든 앞에서 설명한 중(中)·정(正)·응(應)·비(比)의 관계적 상황과 대성괘 변화원리인 지괘·호괘·도전괘·배합괘·착종괘 등의 내용을 부수적으로 참고하여 종합적으로 관찰하여야 정확한 판단예측을 할 수 있다.

5. 설시(揲蓍)를 통한 예측판단의 의의

지금까지 설시원리와 역(易)의 원리와의 관계, 설시원리와 사상(四象)과의 관계, 설시원리에 내재된 확률의 문제 그리고 예측판단원리에 대하여 살펴보았다.

서죽(筮竹) 또는 시초(蓍草) 50 가지로 펼쳐지는 설시원리는 앞에서 살펴본 바와 같이 자연법의 원상으로 태극·양의·사상·팔괘로 분화되어 나아가는 역(易)의 원리와 부합하고 있다는 점을 알아보았다. 그리고 49가지로 실질적으로 펼쳐지는 수리에 있어 사상수 및 사상책수와 밀접한 관련이 있다는 점도 살펴보았다. 애초에 이 설시법을 누가 창안했는지에 대하여는 고증할 길이 없다. 오랜 세월을 통해 복관(卜官)[99]들에 의해 이루어진 다양한 방법들이 여러 사람들의 손을 거쳐 정제되면서 어느 순간 복서(卜筮)에 밝은 누군가에 의해 설시법이 완성된 것으로 볼 수밖에 없다.

그런데 설시법을 오늘날의 통계방법에 의한 확률로 볼 때, 그리고 실질적으로 오랜 동안 설시예측을 해 본 경험으로 볼 때, 확률상의 불균형이 있다는 점도 사실이다. 그러나 중요한 것은 세상이 실질적으로 변화하고 발전되어 가는 양상이 확률에 의해 이루어지고 있는 것은 결코 아니라는 사실이다. 확률이란 세상이 실질적으로 변화해 나가고 있는 모든 현상을 추출하여 평균화시킨 가상적인 수치이다. 때문에 오히려 과학적이고 합리적이라고 생각되고 있는 확률 자체가 현상의 실질(實質)에서 벗어난 가설(假說)에 불과할 수도 있다.

『주역』에서의 점, 즉 설시(揲蓍)를 이해하기 위해서는 인간이 지니고 있는 사유체계의 종합적 접근이 필요하다. 즉, 의식(意識)과 무의식(無意識), 도구이성(道具理性)과 명상이성(冥想理性), 정신세계와 물

99) 복관(卜官)은 고대에 전적으로 점(占)을 할 수 있는 권한을 가지고 그 일에 종사한 사람들을 지칭하는데, 복사(卜史) 또는 무사(巫史)로 지칭하기도 했다. 『주역』64괘 가운데 57번째에 있는 중풍손(重風巽)괘 구이(九二) 효사(爻辭)에는"巽在牀下니 用史巫紛若하면 吉코 无咎리라"고 하여 '사무'(史巫)로 언급되어 있다.

질세계의 양자를 아우르는 종합체계로 파악해야만 설시를 비롯한 『역경(易經)』의 원리를 제대로 이해할 수 있다. 분석심리학의 창시자로 널리 알려진 융(C. G. Jung)은 바로 『주역』과 점(占)의 원리에 기초하여 그의 심리학이론을 제창하게 되었다.

대연수 50과 천지절도수 49로 이루어지는 설시(揲蓍)는 인간계(人間界)와 신명계(神命界)를 연결하는 통로이며, 본체계와 현상계를 연결하는 끈이다. 또한 어떤 사건과 상황을 종합적으로 묘사하는 지도(地圖)가 되고 방향을 설정하는 지침(指針)이 되며, 나와 우리를 연결하고 상대적인 관점을 이해할 수 있는 도구이기도 하다.

설시를 통하여 나타난 결과가 굳이 설시를 하지 않고 객관적 이성으로 판단한 것과 동일하거나 유사하게 나오는 경우도 많다. 이것은 그만큼 설시가 매우 정확하다는 반증이 되기도 한다.

이러한 신비로움이 있기 때문에 「계사상전」 제9장에서는 설시(揲蓍)의 묘용(妙用)을 "… 도를 나타내고 덕행을 신비스럽게 하는 까닭으로 가히 (신과) 더불어 수작할 수 있으며, 더불어 신을 도울 수 있으니, 공자 이르길 변화의 도를 아는 자는 그 신의 하는 바를 알 것이다"[100]라고 하였다.

또한 「계사상전」 제 10장에서는 "…이로써 군자가 장차 하고자 함이 있으며 장차 행하고자 함이 있음에, 물어서 (신이) 말을 하거든, 그 명을 받음이 울리는 것 같아서, 먼 데나 가까운 데나 그윽한 데나 깊은 데나 할 것 없이 드디어 오는 물건(일·상황)을 알게 되니, 천하

100) 「계사상전」 제9장 : "… 顯道하고 神德行이라 是故로 可與酬酢이며 可與祐神矣니 子ㅣ曰 知變化之道者ㅣ 其知神之所爲乎ㄴ뎌."

의 지극한 정미로움이 아니면 그 누가 이에 참여하겠는가!"[101]라고 하였고, "역(易)은 생각도 없으며 함도 없어서, 고요히 움직이지 않다가 느껴서 드디어 천하의 연고에 통하니, 천하의 지극한 신이 아니면 그 누가 능히 이에 참여하겠는가!"[102]라고 하였으며, "무릇 역(易)은 성인이 이로써 깊은 것을 지극히 하고 기미를 연구함이니, 오직 깊은 까닭으로 능히 천하의 뜻을 통하며, 오직 기밀한 까닭으로 능히 천하의 일을 이루며, 오직 신비스러운 까닭으로 빨리 아니해도 빠르며 행하지 아니해도 이른다"[103]라고 표현하였다.

101) 「계사상전」 제10장 : "…是以君子ㅣ 將有爲也하며 將有行也애 問焉而以言하거든 其受命也ㅣ 如嚮하야 无有遠近幽深히 遂知來物하나니 非天下之至精이면 其孰能與於此ㅣ리오."

102) 「계사상전」 제10장 : "易은 无思也하며 无爲也하야 寂然不動이라가 感而遂通天下之故하나니 非天下之至神이면 其孰能與於此ㅣ리오."

103) 「계사상전」 제10장 : "夫易은 聖人之所以極深而硏幾也ㅣ니 唯深也 故로 能通天下之志하며 唯幾也 故로 能成天下之務하며 唯神也 故로 不疾而速하며 不行而至하나니"

Modern introduction to the I Ching

제7장 주역체계론

Modern introduction to the I Ching

Ⅰ. 『주역』의 체계

1. 『주역』경전의 체계와 작자에 대한 전통적 견해

(1) 『주역』 경전의 체계

앞서 살펴본 바와 같이 『주역』 또는 『역경』은 '역'(易)에 관한 경전이다. 일반적으로 역에 관한 경전이 중국 상고시대에 하(夏)나라에는 연산역(連山易)이 있었고, 은(殷 : 商)나라에는 귀장역(歸藏易)이 있었다고 전해지고 있으나, 연산역과 귀장역은 고문헌 가운데 일부 언급이 있을 뿐, 경전의 전체가 기술된 문서는 전해지지 않고 있다. 현재 전해지고 있는 『역경』은 주(周)나라 때 지어진 역이라 하여 『주역(周易)』이란 명칭으로 전해지고 있다.

(2) 경(經)과 전(傳)

일반적으로 경전(經典)은 경(經)과 전(傳)으로 구분이 된다. 성인(聖人)이 지은 글을 경(經)이라 하고 현인(賢人)이 경(經)을 풀이하여 주석한 글을 전(傳)이라 한다. 『주역』 역시 성인의 경문(經文)과 현인의 전문(傳文)으로 구성되어 있다.

『주역』의 전체 구성은 본문에 해당하는 경문(經文)과 해설부분인 십익(十翼)으로 되어 있다. 상경(上經)·하경(下經) 본문을 역경(易經 : 經文)이라고 하고, 해설부분인 십익(十翼)을 역전(易傳)이라고 한다. 역경(易經)을 이루고 있는 상·하경 경문(經文)은 괘상(卦象)과 괘사(卦辭) 및 효사(爻辭)로 이루어져 있다. 『주역』은 64괘 384효로 이루어져 있고, 상경은 30괘 하경은 34괘로 구성되어 있다.

전통적인 견해에 따른다면, 『주역』의 근원이 되는 복희씨의 팔괘, 문왕(文王)의 64괘 연역에 따른 괘사(卦辭), 문왕의 아들인 주공(周公)의 384효사(爻辭)로 구성된 체계를 경문(經文)이라고 한다. 그리고 이러한 경문(經文)의 내용을 풀이한 문언전(文言傳)·단전(彖傳)·상전(象傳)·계사전(繫辭傳)·설괘전(說卦傳)·서괘전(序卦傳)·잡괘전(雜卦傳) 등을 전(傳)이라고 하여 십익전(十翼傳)으로 일컫고 있다.

(3) 『주역』의 작자(作者)에 대한 전통적 견해

앞서 제2장에서 살펴보았듯이, 역경의 궁극적 근원은 문자가 아닌 괘상(卦象)이다. 물론 상고시대(上古時代)에는 문자가 없었기 때문에 괘상(卦象)이라는 부호 형태로 우주의 이치를 표현하였을 것이라고 추론할 수 있다.

우주자연의 근본원리를 표상한 기본팔괘를 전통적으로 복희팔괘로 일컬어왔는데, 이는 지금으로부터 약 5,000여년전 상고시대(上古時代)에 복희씨가 우주자연의 이치를 깨달아 팔괘(八卦)를 지었다고 전해지기 때문이다. 이에 대해서는 제3장 II. 팔괘론에서 살펴본 바 있다.

중고시대(中古時代)에 해당하는 은(殷)나라 말기 주(周)나라 초기에 주나라의 제후(諸侯)로 있었던 문왕(文王, 西伯)이 천자국인 은나라 마지막 왕 주왕(紂王 : 受辛)의 폭정(暴政)으로 유리(羑里) 지방에 있는 옥(獄)에 갇혀 있을 때에 이른바 문왕후천팔괘를 짓고 64괘로 연역하였으며 또한 각 괘에 괘사(卦辭)를 지었다고 전해지고 있다. 또한 문왕의 아들인 주공(周公)이 384효에 효사(爻辭)를 지었다고 전해진다. 이렇게 해서 상고시대 복희씨의 팔괘와 중고시대 문왕의 64괘 연역과 괘사 그리고 주공의 384효사를 합쳐 경(經)이라고 한다.

한편 하고시대(下古時代)에 해당하는 주나라 말기 춘추시대(春秋時代)에 유학(儒學)의 조종인 공자(孔子)께서 복희씨의 팔괘와 문왕의 64괘 괘사, 주공의 384효사로 이루어진 경(經)에 이른바 십익(十翼)이라는 해설전을 붙임으로써 오늘날의 『주역』으로 전해지게 된 것으로 알려지고 있다.

이러한 전통적 견해에 따라 결국 세월은 상고 · 중고 · 하고의 삼고(三古)시대를 지나고, 상고의 복희씨와 중고의 문왕 · 주공 그리고 하고의 공자의 네 성인을 거쳐 『주역』이 완성되었기에 이를 표현하여 시력삼고(時歷三古) 인경사성(人經四聖)이라고 한다.[104)]

2. 『주역』의 작자에 대한 논란

앞서 언급한 바와 같이 『주역』은 복희씨(伏羲氏)의 시획팔괘(始劃八卦), 문왕(文王)의 괘사(卦辭)와 64괘 연역(演繹), 주공(周公)의 효사(爻辭), 공자(孔子)의 십익(十翼)으로 사대성인(四大聖人)에 의해 완

104) 김석진, 『대산 주역강의 1』, 34-37쪽 참조.

성된 경전이라고 알려져 왔다. 그런데 주역 경문(經文) 자체의 작자가 구체적으로 누구인가에 관하여는 많은 논란이 있어 왔다. 사실 동양고전의 특징 가운데 하나는 작자미상(作者未詳)이라는 데에 있다. 흔히 거론되고 있는 『노자(老子)』·『장자(莊子)』·『한비자(韓非子)』·『황제내경(黃帝內經)』 등 대부분의 경전은 작자미상인 채로 수 천년을 내려오고 있다.

64괘의 작자에 대하여는 이설(異說)이 많은 바, 복희씨가 팔괘(八卦)를 그리고 문왕이 64괘를 지었다는 설, 복희씨 때에 이미 64괘가 있었다는 설, 복희씨가 8괘를 지었고 신농씨(神農氏)가 64괘를 지었다는 설 등이 있으나 어느 것도 명확한 근거는 희박하다. 주역의 경문(經文)에 해당하는 괘사(卦辭)인 단사(彖辭)는 문왕이 지었고, 효사(爻辭)는 주공이 지었다는 것이 전통적으로 내려온 견해이나, 문왕이 단사·효사를 지었고 주공이 관여하지 않았다는 설도 있다.[105)]

또한 주역의 사상체계를 나타내고 있는 「계사전(繫辭傳)」을 비롯한 십익(十翼)을 공자가 지었다고 하나, 이에 대해서도 송대(宋代)의 구양수(歐陽脩)가 『역동자문(易童子問)』에서 문제를 제기한 이후 십익의 작자에 대한 논란이 있어왔다.

대체로 「역전」(易傳 : 십익전)의 작자에 대한 논쟁을 간추리면 네가지 관점으로 정리할 수 있다. 첫째, 금본 「역전」10편이 모두 공자가 지은 것이라는 견해이다. 둘째, 「역전」 가운데 「단전」과 「상전」만 공자가 지었고 나머지는 제자나 후학들이 지었다는 견해이다. 셋째,

105) 王瓊珊, 『易學通論』(中華民國 : 廣文書局, 中華民國 68年), 13-27쪽 ; 金珍根, 「새로운 周易觀 定立을 위한 硏究 - 전통 주역관에 대한 비판적 고찰과 易經·易傳의 분석을 통하여 -」『周易의 現代的 照明』(韓國周易學會 ; 범양사 출판부, 1992), 30-55쪽 참조.

「역전」이 결코 공자의 작이 아니며 전국 중기나 말기 혹은 서한의 소제·선제 때나 심지어 그 뒤에 나왔다고 보는 견해이다. 넷째, 금본 「역전」은 기본적으로 공자의 작이지만 그 가운데 앞사람의 유문(遺聞)을 기술한 부분도 있고 문인 제자들이 평소 공자의 강술을 기록한 부분도 있어서 『논어』의 상황과 비슷하며, 그 사상은 응당 공자에 귀속하지만 뒷사람이 함부로 끼워 넣은 부분도 있는데다가 탈문(脫文) 착간(錯簡)도 있다고 보는 견해이다.[106)]

오늘날 역전(易傳) 즉 십익전은 어느 한 시대의 어느 한 사람에 의해 지어진 작품이 아니라 전국말(戰國末)에서 진한대(秦漢代)에 이르는 다수의 학자들에 의해 완성된 작품으로 보는 것이 일반적이다. 결국 팔괘(八卦)의 괘상(卦象)으로부터 시작하여 64괘의 괘사(卦辭) 384효의 효사(爻辭)의 경문(經文)과 「십익」(十翼)에 이르는 주역의 전 체계는 오랜 세월을 거쳐 여러 사람에 의해 증보된 것으로 보아야 한다.

그러나 우리는 『주역』에 대한 작자(作者)의 논란이 『주역』이란 경전(經典)에 대한 위상을 흔드는 것이 아님을 알아야 한다. 불경(佛經)은 부처님과 제자들의 말씀이고, 성경(聖經)은 예수님과 제자들의 말씀이며, 주역(周易)은 복희, 문왕, 주공, 공자의 성인과 그 제자들의 말씀이다. 불경(佛經)과 성경(聖經)의 작자에 관한 논란 역시 오랜 세월동안 있어왔고 현대 학자들에 의해서도 끊임없이 이어지는 연구과제이기도 하지만, 그러한 연구와 논란이 곧 성경(聖經)과 불경(佛經) 자체에 대한 존엄(尊嚴)에 해(害)가 되는 것은 아니다.

106) 廖名春·康學偉·梁韋弦 지음, 심경호 옮김, 『주역철학사』, 103쪽. 같은 책 103-131쪽 참조. 또한 金珍根, 「새로운 周易觀 定立을 위한 硏究 - 전통 주역관에 대한 비판적 고찰과 易經·易傳의 분석을 통하여 -」, 55-69쪽 ; 高懷民 著·숭실대동양철학연구실 譯, 『中國古代易學史』, 252-254쪽 참조.

『주역』의 작자문제에 대한 학자들의 주장에는 각각 어느 정도의 근거도 있지만, 논자에 따라 다양한 견해가 제기되고 있어 아직 공인된 이론이 정립된 상태는 아니다. 또한 1971년 말 중국 호남성(湖南省) 장사(長沙)의 마왕퇴(馬王堆) 고분에서 발굴 출토된 『백서(帛書) 주역』으로 인해 오늘날 『주역』의 문헌적 연구는 실로 그 향방을 가늠하기 힘들 정도의 상황이다.

『주역』의 작자에 대한 전통적 견해가 잘못되었고, 더 나아가 『주역』이 완성된 시기가 다르며, 또한 『백서 주역』 등에서는 현재의 64괘 배열순서와 다르다는 등의 모든 상황을 고려하더라도, 우주자연의 원리를 표상하고 있는 『주역』자체의 의미를 훼손하지는 못한다.

『주역』은 은말주초(殷末周初)의 시대적 배경을 띠고 자연법적(自然法的)인 역(易)의 원리에 바탕하여 천문(天文)과 지리(地理)·인사(人事)의 법칙을 서술한 경전(經典)이고, 그 내용에는 복희씨·문왕·주공·공자의 사상(思想)과 경륜(經綸)이 주로 담겨있다고 할 수 있다.

Ⅱ. 「십익전」의 성격과 개요

1. 「십익전」의 성격

(1) 「십익전」의 의의

『주역』 64괘 384효의 경문(經文) 이외에 그 뜻을 해석하고 주역의 이치를 발현한 해설전을 십익(十翼)이라고 하는데, '십익(十翼)'이란 명칭은 후한(後漢)에서 시작되었다.[107] '십익'은 『주역』을 새의 날개처럼 돕고 있는 열 가지의 문헌이라는 의미이다.

현재 전해지고 있는 『주역』에서 경(經)은 괘상과 64괘 괘사, 384효 효사로 이루어지며, 문언전(乾卦文言傳 · 坤卦文言傳) · 단전(彖傳) · 상전(卦象傳 · 爻象傳) · 계사전(繫辭上傳 · 繫辭下傳) · 설괘전(說卦傳) · 서괘전(序卦傳) · 잡괘전(雜卦傳) 등은 전(傳)에 해당하는데, 이를 공자께서 집대성하였다고 하여 공자의 십익(十翼)이라고 일컫고 있다.

그런데 엄격히 말하면 전(傳)은 문언전 · 단전 · 상전 · 계사전 · 설괘

107) 廖名春·康學偉·梁韋弦 지음, 심경호 옮김, 『주역철학사』, 99-103쪽; 高懷民 著·숭실대동양철학연구실 譯, 『中國古代易學史』, 252-254쪽 참조.

전 · 서괘전 · 잡괘전 등 7전으로 되어 있다. 그래서 7가지의 전을 10가지로 하기 위해 논자에 따라 「문언전」을 건문언전(乾文言傳)과 곤문언전(坤文言傳)으로 나누고, 「상전」을 대상전(卦象)과 소상전(爻象)으로 나누거나, 「계사전」을 상전과 하전으로 나누고, 「서괘전」을 상전과 하전으로 나누는 등 여러 가지 방식으로 구분하여 각각 10가지로 만들어 주장하고 있다.

공자께서 열 가지 날개를 달았다고 하여 '십익'(十翼)이라 하지만 꼭 전(傳)을 10가지로 구분해야 할 필요는 없다고 본다. 현재 전해지는 전은 분명히 7전이다. 이를 인위적으로 구분하여 굳이 10가지로 만들 필요는 없다고 보며, '십익(十翼)'의 의미를 10이라는 수가 가지고 있는 철학적 의미를 살려 주역 경문에 대한 해설을 더없이 완벽하게 했다는 뜻으로 보는 것이 더 타당하다고 본다.

(2) 「십익전」의 사상체계

전통적으로 『주역』은 유가의 최고경전이자 철학의 근원으로 여겨져 왔다. 그러나 현대에 들어 많은 학자들이 실증적이고 철학적인 연구를 통하여 『주역』에 내재된 원리와 사상이 반드시 유가(儒家)에 한정하지 않는다는 주장을 하고 있다. 특히 「십익전」의 문장과 사상체계를 분석한 결과 「십익전」에는 도가(道家)의 사유체계가 깊이 배어 있다는 것이다. 더 나아가 논자에 따라서는 『주역』의 원리와 사상체계를 개괄적으로 볼 때, 유가(儒家)보다는 오히려 도가(道家)에 가깝다는 주장을 하기도 한다.[108)]

108) 이에 대한 자세한 내용은 陣鼓應 지음·최진석 외 2인 옮김, 『주역 : 유가의 사상인가 도가의 사상인가』(예문서원, 1996) 참조.

역전(易傳), 즉 십익전이 춘추전국시대의 오랜 기간을 걸쳐 형성되었기에, 당시의 제자백가사상 가운데 유력한 사상체계가 혼합되어 표현되었고, 특히 유가와 도가 사상이 근본사상으로 되어 있다고 할 수 있다.

그러나 십익(十翼)의 모든 내용을 공자가 저술하지 않았다는 점과 십익에 내재된 사상이 유가사상만은 아니라는 사실을 인정한다 하더라도, 역전(易傳), 즉 십익에는 공자(孔子)의 사상(思想)과 경륜(經綸)을 통한 이치(理致)의 전달이란 점이 일관되어 있다는 것을 부인할 수 없다. 특히 계사전(繫辭傳)은 주역(周易)을 만학(萬學)의 제왕(帝王)으로 등극시킨 유가(儒家)의 최고 철학을 담고 있는 백미(白眉)라고 할 수 있다. 공자가 술이부작(述而不作)하였다고 하니 역경 자체를 지은 것이 아님은 분명하겠지만, 또한 십익 자체도 공자의 제자와 진한대의 여러 학자들의 손으로 이루어진 것이라 할지라도, 역경(易經)과 역전(易傳)에 드리워진 주된 사상(思想)과 철학(哲學)은 공자(孔子)의 사상과 철학으로 대변되고 있다고 할 수 있다.

2. 「십익전」의 개요

십익전 가운데 단전과 상전은 경문(經文) 괘사(卦辭) 효사(爻辭)에 이어서 수록되어 있고, 문언전은 중천건괘와 중지곤괘에 첨부되어 있다. 그리고 계사전·설괘전·서괘전·잡괘전은 경문에 대한 부록형식으로 첨부되어 있다.

「단전」(彖傳)은 64괘의 각 괘사를 풀이한 글로 괘사 다음에 편제되어 있다.

「상전」(象傳)은 괘상을 바탕으로 하여 군자가 본받아야 할 덕목을 서술한 괘상전(卦象傳)과 효상을 바탕으로 효사를 설명한 효상전(爻象傳)으로 구분된다. 괘상전은 대상전(大象傳)이라고도 하고 앞서 언급한 단전 다음에 편제되어 있으며, 효상전은 소상전(小象傳)이라고도 하며 각 효사 다음에 편제되어 있다.

「문언전」(文言傳)은 특히 중천건괘와 중지곤괘가 하늘과 땅으로 만물의 근본이 되고 역(易)의 문(門)이 되기에 그 철학적 이치를 자세히 설명한 글이다. 중천건괘의 괘사 · 단사 · 상사 · 효사 등을 더 자세히 설명한 건문언전(乾文言傳)과 중지곤괘의 괘사 · 단사 · 상사 · 효사 등을 더 상세하게 설명한 곤문언전(坤文言傳)으로 구분되며, 각각 중천건괘와 중지곤괘의 말미에 편제되어 있다.

「계사전」(繫辭傳)은 주역의 기본원리와 특히 중요한 괘 · 효사의 뜻을 부연설명하고, 천지자연의 이치 등을 서술한 철학적인 내용이 풍부한 전으로 『주역』 상경 30괘와 하경 34괘가 끝난 뒤에 부록으로 편제되어 있다. 「계사전」은 상전(上傳) 12장과 하전(下傳) 12장으로 구성되어 있다.

「설괘전」(說卦傳)은 기본팔괘의 이치와 원리, 선천팔괘와 후천팔괘의 원리를 서술한 내용으로 계사전 다음에 편제되어 있다. 모두 11장으로 되어 있다.

「서괘전」(序卦傳)은 중천건괘로부터 시작하여 화수미제괘에 이르는 64괘의 순서를 이해하기 쉽게 서술한 내용으로 설괘전 다음에 편제되어 있다. 『주역』이 상경 30괘와 하경 34괘로 구분되듯이, 「서괘전」도 이에 맞추어 상전과 하전으로 구분되어 있다.

「잡괘전」(雜卦傳)은 64괘를 섞어서 서로 상대적인 관계를 나타내는 괘를 두 괘씩 묶어 간단하게 그 특징을 대조적으로 표현한 글로 「서괘전」 다음에 편제되어 『주역』 전체의 마지막을 장식하고 있다.

Ⅲ. 『주역』경문해석방법론

1. 『주역』경문의 형성과정과 해석원리

(1) 『주역』경문의 형성과정

주역경문의 형성과정을 보면 대략 다음과 같이 정리할 수 있다.

첫째, 주(周)나라가 중국의 천자국(天子國)으로 등장하면서, 당시 『주역』의 작자인 누군가가 하(夏)나라·은(殷)나라 때의 복관(卜官: 제사장)들에 의해 이루어진 복사(卜辭: 占辭)들을 중심으로 점(占)을 하게 된 사실관계와 그 결과인 점사(占辭)들을 유형별로 정리하였는데 이것이 현재의 『주역』경전을 이루게 된 기초가 되었다. 그리고 이 과정에서 천문·지리·인사의 종합적인 인식구도로 길흉화복(吉凶禍福)에 관한 일종의 지침서로서의 주역경문 64괘 384효가 이루어지게 되었다.

둘째, 문왕과 주공이 괘사와 효사를 지었다는 전통적인 입장을 존중한다면, 주나라의 문왕과 주공에 의하여 64괘의 괘상(卦象)을 토대로 괘사(卦辭)와 효사(爻辭)의 글이 체계적으로 정리되었다.

셋째, 공자의 위편삼절(韋編三絶)을 통하여 주역 경문 괘·효사의 비의(秘義)가 형성되었고, 또한 괘사·효사의 의미와 내용에 관한 주석(註釋)이 이루어졌다.

넷째, 문왕·주공의 64괘 384효 괘사·효사와 공자의 주석 등을 토대로 춘추 말과 전국시대에 혹은 진(秦)나라 한(漢)나라에 이르는 기간에 공자의 가르침을 따르는 다수의 문도(門徒)들에 의해 체계적인 해설서가 형성되었고, 이 해설서를 이른바 십익전(十翼傳)이라 한다.

(2) 『주역』 경문해석의 핵심

『주역』경문을 해석하는 데는 다음과 같은 내용이 고려되어야 한다.

첫째, 『주역』의 형성배경을 기초로 하면, 『주역』 괘사·효사의 기본구조는 하(夏)·은(殷)·주(周) 삼대에 걸쳐 이루어진 점사(占辭)이다. 따라서 경문 괘·효사의 의미를 올바로 파악하기 위해서는 특히 은(殷)나라 말기 주(周)나라 초기의 역사와 문화에 대한 이해가 필요하고, 아울러 그러한 괘사와 효사가 나오게 된 원리로서 64괘의 괘상(卦象)을 파악할 필요가 있다.

둘째, 점(占)의 기본적 속성은 당시 인간의 통상적인 판단으로는 문제해결이 곤란한 경우에 일종의 신탁(神託)으로서 복서(卜筮)를 하여 이루어진 것이고, 또한 동서양을 막론하고 고대사회의 일반적 특성중 하나가 제정일치(祭政一致)사회였다는 것을 미루어볼 때, 일반적으로 복서(卜筮)는 정치관행상 보편적으로 이루어졌다는 것을 감안하여야 한다.

셋째, 여기에서 두 가지 문제를 지적할 수 있다. 하나는 점사(占辭)가 『주역』의 자연법적인 기본원리와는 무관하게 일종의 관행 또는 우연으로 이루어진 경우도 있을 수 있다는 점이다. 그 둘은 복관(卜官)들의 점(占)은 기본적으로 직관(直觀)의 세계와 맞물려 있다는 점이다. 따라서 주역경문의 의미를 파악함에 있어서는 논리적(論理的) 사유(思惟)와 더불어 직관적(直觀的) 판단으로 접근해야 할 필요성도 있다.

넷째, 『주역』 64괘 384효의 구조는 매우 긴밀하게 유기적(有機的)인 관련성(關聯性)을 이루고 있다. 따라서 각 괘를 원리적으로 연결하는 지괘 · 도전괘 · 착종괘 · 배합괘 · 호괘 등을 통한 변화의 원리를 파악해야 하며, 아울러 괘 자체의 중 · 정 · 응 · 비 관계를 파악해야 한다.

다섯째, 괘사 · 효사가 형성된 배경에서 복관들의 직관적 판단이 이루어지고 그 판단의 결과인 점사를 유형화함에 있어 각 괘마다 나타나는 특수성이 있기 때문에, 64괘 384효사의 문장체계가 항상 유기적인 관련성이 있는 것은 아니다. 그러나 직관적(直觀的) 구조(構造)를 이해하고 또한 괘상(卦象)의 원리를 유추한다면 그 안에 내재된 각 괘와 효 상호간의 유기성(有機性)을 찾아볼 수 있다.

2. 『주역』경문의 현대적 해석원리

인간사회는 수많은 가치관과 이해관계가 얽혀있는 곳이다. 인간은 전체를 인식하면 전체를 사유할 수 있고, 자기가 속해 있는 부분(직장, 가정, 단체 등)을 인식하면 그 범주에 머무르게 된다. 사회의 원리와 인간의 인식구조가 그러하기에 『주역』경문의 내용은 다양(多樣)하고 다원적(多元的)인 구조(構造) 속에서 각각의 인식과 영역에서 풀이될 수 있다. 즉, 자연과학 · 사회과학 · 인문과학의 각 학문의 영역에서, 철학 · 종교학 · 도학 등의 각 영역에서, 소규모 집단의 구조에서 우주적 구조에 이르기까지 모든 관점에서의 해석이 가능하다. 이는 우리가 살펴본 바와 같이 『주역』 자체가 인위적으로 배제할 수 없는 자연과학적(自然科學的) 원리(原理)에 기본을 두고 있기 때문이다. 인간의 행동과 판단에 지침을 설정한다는 기준에서 볼 때, 『주역』은 '상황심리학(狀況心理學)'이다. 객관적으로 드리워져 있는 상황에 처하여 어떻게 마음가짐을 하고 대처해야 하는가 하는 지표를 제시해 주는 것이 『주역』이다.

『주역』은 다양한 입장에서 다양한 해석이 가능하다. 그러나 중요한 것은 『주역』을 공부하는 사람의 인식차원, 다시 말하면 인식능력과 이해력의 차이에 따라 그 해석결과는 전혀 달라질 수 있다는 점이다. 괘사와 효사의 일반적인 내용은 객관적인 상황을 나타내는 것이지만, 그 괘사와 효사를 접하는 사람의 주관적인 상황은 천차만별이다. 그래서 『주역』을 공부함에 있어서는 부단한 정신수양이 필요하다.

『주역』경문은 의리적(義理的) 해석 · 도덕적(道德的) 해석 · 점서적(占筮的) 해석 · 비사적(秘辭的) 해석 · 신비적(神秘的) 해석 · 상황적(狀況的) 해석 · 수양론적(修養論的) 해석 등 다양한 측면에서 해석될 수 있다. 그러나 의리적 · 상황적 해석에 기본을 두고 다른 방법은 보충적으로 활용하는 것이 바람직하다. 너무 지나치게 비사적이고 신비적인 해석에 중점을 두게 되면 현실에서 동떨어진 허황된 관념세계에 빠지거나 술수적인 도수의 소용돌이에서 헤어나지 못할 가능성이 있다. 현실에 대한 냉철한 인식과 존재의 본원에 대한 경외심에서 나오는 수양이 겸해질 때, 『주역』은 제대로 보이게 될 것이다.

제 2 부

Modern introduction to the I Ching

주역소고
周易小考

Modern introduction to the I Ching

제1장 은말주초의 시대적 배경과 관련된 괘·효사

Modern introduction to the I Ching

Ⅰ. 『주역』해석과 역사적 사실의 관계

『주역』(周易)이 형성된 연원은 역사적 사실의 진위 여부를 떠나 지금으로부터 오천여년 전 이전의 신화시대로 소급되고 있다. 역(易)의 원리에서 기본이 되는 팔괘(八卦)를 복희씨(伏犧氏)가 획괘(劃卦)했다는 「계사하전」 제2장의 다음과 같은 내용은 역의 시원(始原)을 나타내는 중요한 문장으로 인용되고 있다.

> 옛날에 포희씨가 천하의 왕을 할 때에 우러러서는 하늘의 형상을 관찰하고, 구부려서는 땅의 법을 보며, 새와 짐승의 무늬와 땅의 마땅함을 보며, 가까이는 저 몸에서 취하고 멀리는 저 물건에서 취하여, 이에 비로소 팔괘를 지음으로써 신명의 덕에 통하며 만물의 실정을 같이하였다.[109)]

복희씨의 실존여부는 고대사의 쟁점 가운데 하나이지만, 유교에 있

109) 「繫辭下傳」 제2장 : "古者包犧氏之王天下也애 仰則觀象於天하고 俯則觀法於地하며 觀鳥獸之文과 與地之宜하며 近取諸身하고 遠取諸物하야 於是에 始作八卦하야 以通神命之德하며 以類萬物之情하니…"

어 최초의 성인으로 추앙되고 있는 조종(祖宗)임에는 틀림없다. 이러한 시원(始原)을 바탕으로 하여 주역 64괘 384효의 괘상(卦象)과 괘사(卦辭)·효사(爻辭)가 갖추어지게 되고 아울러 십익(十翼)이 갖추어짐으로써 현재『주역』의 체계가 이루어졌다. 전통적인 견해에 따르면『주역』체계의 형성에는 문왕(文王)과 주공(周公) 그리고 공자(孔子)가 주요 작자로 언급되고 있으며, 복희씨에 이어 문왕·주공·공자는 사대성인(四大聖人)으로 추앙받고 있다. 특히 역경 괘·효사의 형성에는 은나라 말기와 주나라 초기의 역사적 사실과 밀접한 관련이 있는데, 문왕(文王)과 주공(周公)이 바로 그 시대의 주요 인물이다.

「계사하전」제11장에"역의 흥함이 그 은(殷)의 말세와 주(周)의 성덕에 해당한다. 문왕(文王)과 주(紂)의 일에 해당한다"[110]라고 명백히 표현되어 있듯이『주역』64괘 384효의 괘사와 효사는 은말주초(殷末周初)의 시대적 상황과 밀접한 관련이 있으며, 특히 주(周)의 문왕(文王)과 은(殷)의 주왕(紂王)의 역사적 관계가 주요 배경으로 되고 있다. 역경의 내용에는 이러한 역사적 배경을 띠고 있는 괘·효사가 종종 나오는데, 그 가운데 가장 대표적인 괘가 지화명이괘(地火明夷卦)이다. 이 시대에 등장하는 주요 인물들로는, 문왕과 주왕을 비롯하여 무왕(武王)·주공(周公)·기자(箕子)·미자(微子)·비간(比干)·백이(伯夷)·숙제(叔齊)·제을(帝乙) 등이 있다.

은말주초의 역사적 사실을 고찰하여 이 시대를 배경으로 하고 있는 괘·효사의 의미를 살펴보는 것은 중요한 의미가 있다.『주역』을 해석하고 그 의미를 발현하는 데는 학자의 가치관과 관점 여부에 따라

110) 「繫辭下傳」 제11장 : "易之興也 | 其當殷之末世周之盛德耶 ᄂ뎌. 當文王與紂之事耶 ᄂ뎌."

달라질 수밖에 없으나, 그러한 차이에도 불구하고 시대적 배경을 띠고 있는 괘·효사를 해석함에 있어서는 당시의 역사적 사실을 살펴봄으로써 그 의미를 제대로 파악할 수 있는 기준이 된다.

Ⅱ. 은말주초(殷末周初)의 시대적 배경[111)]

1. 은나라 말기 주왕의 폭정

은나라의 주왕(紂王)은 하(夏)나라의 걸왕(桀王)과 함께 '은주하걸'(殷紂夏桀)로 불리며, 전형적인 폭군으로 알려지고 있다. 주왕(紂王)에 앞선 왕으로는 제을(帝乙)이 있는데, 제을에게는 미자계(微子啓), 중연(仲衍), 그리고 수신(受辛)의 세 아들이 있었다고 한다. 이 가운데 수신 혹은 신(辛)이라고 불리는 막내가 바로 주왕이다. 주왕은 덕을 닦지 않고 무력으로 백성을 상하게 했기 때문에 백성이 이것을 견디지 못했다고 사마천의 『사기』에 언급되어 있다. 특히 주왕이 유소씨를 토벌했을때 유소씨의 왕이 주(紂)에게 절세미녀라고 하는 달기

111) 본 항목의 내용은 진순신(陳舜臣) 저, 권순만 외 공역, 『대하역사평설 중국의 역사』(도서출판 한길사 : 1995)의 내용에 전적으로 의존하였음을 밝힌다. 대하역사평설 중국의 역사는 총 12권의 방대한 내용으로 구성되어 있으며, 본고에서 다루는 내용은 그 제1권 '신화에서 역사로'라는 부제를 달고 있는 내용이다. 이하의 주(註)에서는 '진순신'으로 표기하기로 한다.

(妲己)를 바쳤는데, 주왕의 폭정과 환락은 달기를 익애(溺愛)하면서 절정에 이르는 것으로 되어 있다. 당시 사구의 별궁 마당에 있는 연못을 술로 채우고 주위의 나무에 고기를 걸어 놓고, 남녀를 알몸으로 만들어서 술래잡기를 시켰다는 고사에서 '주지육림'(酒池肉林)이란 성어가 나온 것이다.[112)]

이러한 환락과 폭정에 현신(賢臣)을 물리치고 간신(姦臣)을 중용한 것은 역사의 정칙인 듯 하다. 주(紂)의 측근에는 비중(費中)이나 오래(惡來) 같은 사람이 있었는데, 비중은 아첨의 명인이고 오래는 참언(讒言), 중상모략의 명인이었다고 한다.

이 당시 주왕의 폭정을 간한 현신으로는 미자계, 비간, 기자 등이 대표적으로 언급되고 있다. 미자계(微子啓)는 주왕의 형으로서 자주 간했으나, 주왕이 들으려고 하지도 않으므로 단념하고 국도를 떠났다. '미자계'에서 미(微)라는 것은 국명이고, 자(子)라는 것은 작위의 명칭이다.[113)] 국도를 떠난 계(啓)는 아마도 자기의 영지인 미(微)로 돌아갔을 것이다. 한편 비간(比干)은 제을(帝乙)의 형제이므로 주왕에게는 숙부가 된다. 비간은 미자계와 달라서 1세 위이기 때문에 거리낌 없이 간해서인지 주왕이 화내서 죽여 버렸다고 한다. 『사기』에는 "성인의 심장에는 7개의 구멍이 있다고 들었다. 한 번 시험해볼까"하고 비간을 해부해서 그 심장을 보았다고 기록되고 있다. 기자(箕子)는 주왕의 폭정이 무서워서 미친 사람을 가장하여 노예가 되었지만 주

112) 진순신, 179~183쪽 참조.

113) 주나라의 작위에는 공(公), 후(侯), 백(伯), 자(子), 남(男)의 다섯 가지가 있었다. 한편, 은나라의 작위에는 부(婦), 자(子), 후(侯), 백(伯), 아(亞), 남(男), 전(田), 방(方)의 여덟 가지가 있었다고 한다. 진순신, 171~172쪽 참조.

(紂)가 찾아내서 기자를 유폐하고 말았다.[114)]

당시 은나라에는 서백창(西伯昌), 구후(九侯), 악후(鄂侯)라는 삼공(三公)이 있어, 국정을 보좌하고 있었다고 한다. 구후에게는 아름다운 딸이 있었으나 주(紂)의 말을 듣지 않았기 때문에 살해당하고 만다. 뿐만 아니라 아버지인 구후도 살해당하고 해(醢 : 고기로 담근 젓)로 만들어졌다고 한다.

악후는 그 일로 주를 간했기 때문에 살해되어서 포(脯)로 만들어지고 말았다. 한편 서백은 그 말을 듣고 한숨을 쉰 것이 밀고당해 유리(羑里)의 감옥에 갇혔다. 서백의 가신들은 놀라서 미녀와 진기한 재보, 동물 등을 주(紂)에게 헌상하여 겨우 서백을 석방시킬 수가 있었다. 서백은 석방되자 자기 영지의 일부였던 낙서(洛西: 낙수 서쪽)의 땅을 헌상하고 포격지형(炮格之刑)을 그만두도록 간했다. 뇌물을 많이 받은 주는 포격지형을 폐지할 것을 허락했다고 한다.[115)]

2. 주나라 문왕의 치세

은나라 말기 은나라의 서쪽에는 주(周)나라가 있었는데, 은나라의 위성국으로 자주 입조(入朝)하고 있었다. 당시 주나라의 수장은 '서백'(西伯)이란 작위를 얻고 있었는데, 그가 바로 후에 문왕으로 일컬어지는 인물이다. 은나라가 노예제(奴隷制)사회인 반면에 주나라는 이른

114) 진순신, 183쪽.

115) 진순신, 185쪽. 포격지형(炮格之刑)은 동주(銅柱)를 위에서부터 가로로 매달고, 기름을 발라서 밑에서 불을 때고, 수형자에게 그 위를 건너게 하는 처형법으로 달기(妲己)가 보고 싶다고 하여 행한 방법이라고 한다. 진순신, 184쪽.

바 공전제(公田制)를 실시하여 봉건제(封建制)사회가 되었다. 은나라가 무시할 수 없을 정도로 주나라가 강대해지자 은나라는 주나라의 수장을 중앙정부의 대신으로 임명하지 않을 수가 없었고, 은나라가 서백(西伯)으로 임명한 것은 태왕 고공단보의 손자인 창(昌)이었다.

태왕의 아내는 태강(太姜)이었다. 이 강족(姜族)은 은나라로부터 심한 취급을 당해 온 목인부족이다.[116] 태강은 태백(太伯), 우중(虞仲, 일명 中雍), 계력(季歷) 등 세 아이를 낳았는데, 태왕의 뒤를 이은 것은 막내인 계력이다. 여기에는 두 형 즉 장형인 태백과 차형인 우중이 아버지인 태왕이 계력을 세워서 창(昌)에게 왕위를 전하고 싶어 한다는 것을 알고 집을 나가 버렸다는 고사가 전해진다.

태백과 우중은 주나라에서 훨씬 남쪽에 해당되는 형만(荊蠻)의 땅으로 갔다. 발견되어서 도로 끌려가더라도 두 번 다시 주나라의 상속자가 되는 일이 없도록 두 사람은 문신(文身)을 하고 단발했다. 당시 문신이나 단발 같은 만족(蠻族)의 풍습에 물들어 버린 사람은 이미 주나라 수장의 지위에 오를 수가 없었다. 태백과 우중은 형만의 땅에서 수장으로 추대되고 그 곳이 오(吳)나라였다고 구전되고 있다. 600년 후에 월왕(越王)과 구천(句踐)에게 멸망당한 오왕(吳王) 부차(夫差)는 태백과 우중의 자손이다.[117]

계력의 뒤를 이은 창(昌)도 계력의 막내아들이다. 은나라로부터 서백이란 작위를 얻고 중앙정부의 대신으로 등장한 서백 창(昌)은 주나

116) 은허(殷墟)에서 발굴된 무덤과 복사(卜辭)를 보면, 은나라는 제사나 점을 칠 때에 동물뿐만 아니라 사람도 제물로 하였는데, 사람에는 주로 강(姜)이라든가 남(南)이라고 불렸던 사람이 많았다. 이에 관한 상세한 내용은 진순신, 143~150쪽 참조.

117) 진순신, 199~201쪽.

라를 중흥하는 데에 큰 역할을 하였다. 전쟁을 통하여 대융(大戎)을 치고 밀수(密須)를 치고 기국(耆國)도 정벌했다. 주나라의 정복전쟁은 은나라와는 달라서 자기 체제의 범위를 넓히는 것에 있었다. 포로를 붙잡아서 노예로 만드는 것이 아니라, 공전(公田)을 늘리고 그것을 경작시켰다.[118)]

문왕시대에 등장하는 현신(賢臣)이 바로 태공망(太公望)이다. 이 태공망의 이름은 여상(呂尙)으로서 『사기』에 의하면 여상이 낚시를 하면서 주나라의 서백에게 접근하려 했다는 일화가 전해지고 있다. 어느 날 서백이 사냥을 나가기 전에 점을 쳤다. 그날의 점복은 "잡는 것은 용이 아니고, 치(彲 : 교룡, 뿔이 없는 용)가 아니다. 호랑이가 아니고, 비(羆 : 큰 곰)가 아니다. 잡는 것은 패왕(覇王)의 보(輔)이니라"고 나왔다. 즉 오늘의 사냥감은 천하를 제패해서 왕이 되는 것을 보좌할 명재상(名宰相)이라는 의미였다. 문왕의 아버지인 선군(先君) 태공이 오랫동안 성인의 출현을 대망하고 있었기 때문에 태공(太公)이 바랐다고 해서 여상에게는 태공망(太公望)이라는 호가 주어졌다.[119)]

서백 창은 은나라의 멸망을 보지 못하고 재위 50년으로 죽었다. 나중에 '문왕'(文王)이란 시호로 불린 서백 창의 뒤를 이어 태자인 발(發)이 등장하는데 그가 바로 주나라의 무왕(武王)이다.

118) 진순신, 203쪽.
119) 진순신, 205~207쪽.

3. 무왕의 혁명 : 제1혁명

무왕은 즉위 9년 후에 문왕의 능묘가 있는 필(畢)로 가서 아버지인 문왕에게 제사지냈다. 그런 다음에 맹진(孟津)까지 가서 병사를 늘어놓고 시위를 하였다. 그때 문왕의 목주(木主)를 올려놓고, 무왕은 자기를 태자 발(發)이라고 일컬었다. 목주라는 것은 위패를 말하는데, 그것을 살아있는 것처럼 수레에 모신 것은 이 원정이 문왕의 뜻이라는 것을 보이기 위해서였다. 즉, 무왕은 태자로서 아버지의 친정(親征)을 수행하는 데 지나지 않는다는 형식을 취했다. 문왕은 선정을 폈기 때문에 제후나 각지의 백성들이 흠모하고 있었다. 군대를 직접 지휘한 것은 태공망이었다.[120)]

1세기의 사상가 왕충(王充)이 저술한 『논형』(論衡)이란 책의 「복서편」(卜筮篇)에 다음과 같은 이야기가 실려 있다. 주(周)나라의 무왕이 주(紂)를 치려고 했을 때 복서(卜筮)로 점쳐 보았더니, '대흉'(大凶)이라고 나왔다. 그러자 태공망은 시(蓍)를 밀어젖히고 구갑(龜甲)을 짓밟으면서, "고골(枯骨)이나 죽은 풀이 어떻게 흉(凶)이라고 알 수 있느냐!"하고 문제로 삼지 않았다고 한다. 태공망은 "그런 것은 제사지내면 흉인 것이다. 싸우면 이기는 것이다" 라고 말하고, 억지로 군사를 진격시켜 마침내 이겼다고 한다.

무왕은 일단 되돌아갔다가 2년 후에 다시 거병(擧兵)했다. 또 문왕의 목주를 받들고 대군을 동원해서 동쪽으로 향했다. 무왕은 "은(殷)에 중죄(重罪)가 있으므로 전부 치지 않으면 안된다"고 제후에게 알려 소집령을 내렸다. 이에 은나라의 주왕은 무왕에 대항해 70만의 병

120) 진순신, 214~215쪽.

사를 출발시켜 막으려고 했다. 승패를 판가름하는 전투는 은나라 수도의 남교(南郊)에 있는 목야(牧野)에서 펼쳐졌다.[121)]

목야의 싸움을 『사기』에는 다음과 같이 간결하게 적고 있다.

> 주(紂)의 사(師 : 군단)가 많다고 하더라도 모두 싸울 마음이 없었고, 마음속으로 무왕이 빨리 들어오기를 바랐다. 주의 사(師)는 모두 병(兵 : 무기)을 거꾸로 하고 싸움으로써 무왕을 터 주었다. 무왕은 그 속으로 달렸다. 주의 병은 모두 무너져서 주를 배반했다. 주는 달려서 돌아가 녹대(鹿臺) 위로 올라가, 그 주옥(珠玉)을 몸에 지닌 채 스스로 불에 타 죽었다.

은군(殷軍)의 주력은 노예병이었기 때문에 전의(戰意) 따위가 있을 리 없다.[122)] 따라서 그들은 주나라의 무왕이 쳐들어오면 자기들은 자유민이 될지도 모른다는 기대를 가지고 있었다. 그렇기 때문에 무기를 거꾸로 들고 싸워 무왕을 위해 길을 열었던 것이다. 이 싸움에서 희생자는 주왕과 그 총비뿐이었다. 주왕를 물리치고 난 후 입성식에서 윤일(尹佚)이라는 자가 축문을 낭독하였는데 그 가운데 "대명(大命)을 받음에 있어서 은을 고치고 하늘의 명명(明命)을 받으라"라는 글이 있다. 즉, 무왕은 천명을 받아서 이에 천자가 된 것이다. 그때까지 천명을 받았던 나라는 은나라였지만, 하늘의 명이 바뀌어 주나라 무왕에게 주어진 것이다. 여기에서 '혁명'(革命)이라는 말이 유래되었다.[123)]

121) 진순신, 218~219쪽.

122) 은나라는 기본적으로 노예제사회였다.

123) 진순신, 221~225쪽.

무왕은 주(紂)의 아들인 녹보(祿父)를 한 제후로 봉했으나, 감시역으로 무왕의 동생인 숙선(叔鮮)과 숙도(叔度)를 녹보에게 붙여 은나라의 구령(舊領)을 통치시키기로 했다.

녹대의 재보를 흩뜨리고 거교의 식량창고를 열어서 빈민을 구제하고, 7개의 구멍을 보기 위해 주가 해부했다는 비간(比干)의 무덤에 정중하게 봉분을 하고, 주 때문에 감금된 기자(箕子)를 석방했다.

논공행상(論功行賞)을 실시하면서 공신을 각지에 봉했는데, 훈공(勳功) 제1등은 태공망으로 이는 영구(營丘 : 산동성)에 봉해지고, 그 나라를 '제'(齊)라고 불렀다. 무왕의 동생인 주공 단은 곡부(曲阜 : 산동성)로 봉해지고, 이 나라는 '노'(魯)라고 일컬어졌다. 이 노나라는 나중에 공자가 태어난 곳으로 유명하다. 소공 석(召公奭)은 연(燕)으로 봉해지고, 은나라 녹보의 감시역이었던 숙선(叔鮮)은 관(管 : 하남성), 숙도(叔度)는 채(蔡 : 하남성)에 봉해졌다. 이 때, 고대 성왕의 자손들도 각지에 봉해졌다. 순(舜)의 자손은 하남성의 진(陳)에 봉해지고, 우(禹)의 자손, 즉 하나라의 후예는 기(杞)에 봉해졌다고 한다.[124)]

124) 진순신, 226~227쪽.

4. 백이(伯夷)·숙제(叔齊)

사마천의 『사기』 열전(列傳) 모두(冒頭)에 백이, 숙제의 전(傳)을 두고 있다. 백(伯)과 숙(叔)은 연령의 서열을 나타내고, 이(夷)나 제(齊)는 지방 혹은 부족명이다. 백이와 숙제는 당시 주나라의 서백(文王)을 흠모해서 멀리서 찾아왔다고 전해지고 있다. 이들은 고죽군(孤竹君)의 아들이었는데, 아버지는 동생에게 대를 잇게 하고 싶었다고 한다. 아버지가 죽자 동생은 연장이므로 형에게 대를 이으라고 말하고, 형은 '아버지의 뜻이므로 네가 이으라'고 서로 양보하여 결말이 나지 않기 때문에 두 사람 다 도망친 것이다.

백이와 숙제가 주나라에 와보니 문왕은 이미 죽고 무왕의 시대가 되어 동정(東征)이 시작되려고 했다. 두 형제는 무왕의 말을 붙잡고 "아버지가 죽어서 아직 매장도 하지 않고 있는데 전쟁을 하려고 합니까. 이래 가지고도 효(孝)라고 할 수 있겠습니까. 주나라는 은나라의 신하가 아닙니까. 신하가 군주를 시해(弑害)하는 것을 인(仁)이라고 할 수 있겠습니까?"라고 간언했다. 무왕의 측근자가 이 두 사람을 죽이려고 했지만 태공망(太公望)이 "이 자들은 의인(義人)이다"라고 말하고 데리고 가게 했다고 한다.

무왕이 은나라를 평정한 다음 천하가 주나라의 것이 되자, 백이와 숙제는 이것을 인정하지 않고, 의(義)로써 주나라의 속(粟)을 먹는 것이 떳떳하지 않다고 하고 수양산(首陽山)에 은서(隱棲)하며, 고사리를 캐서 먹고 겨우 목숨을 부지하다가 곧 굶어죽고 말았다고 한다.[125)]

125) 진순신, 232~234쪽.

5. 주공 단 : 제2혁명

무왕이 죽은 후 어린 성왕(成王)이 즉위하고, 무왕의 동생인 주공 단(周公 旦)이 성왕을 보좌했다고 한다. 그러나 이에 대해서는 주공 단이 직접 왕위에 오른 것이 아닌가 하는 반론도 제기되고 있다. 이 주공 단은 '꿈에 주공이 보이지 않는다'고 공자가 정신의 쇠퇴를 개탄했을 정도의 성인이었다. 공자는 지성(至聖)이라는 말을 들었는데, 그런 그가 흠모했던 주공은 절대적이었을 것이다.

무왕의 동생은 주공 단만이 아니었다. 주(紂)의 아들 녹보(祿父)를 감시하고 있는 관숙선(管叔鮮), 채숙도(蔡叔度), 의장병을 지휘한 숙진탁(叔振鐸), 즉위식에 자(茲 : 깔개)를 까는 역할을 맡고 나중에 위(衛)에 봉해진 강숙봉(康叔封) 등을 비롯하여 『춘추좌전』에 의하면 무왕이 천하를 잡은 후 여러 나라로 봉해진 형제가 15명이었다고 한다. 주(周)와 같은 성인 희성(姬姓), 즉 일족인 자로 영주가 된 사람은 40명에 이르렀다. 영지의 규모는 다르지만 각기 국익(國益)을 가지고 있었다. 때문에 주공은 주(周)나라의 패업(覇業)을 지키기 위해서는 강한 자세로 임하지 않으면 안 되었다.[126)]

무왕이 주(紂)를 멸한 후에 주의 아들인 녹보(綠父)를 세워서 은나라 백성을 통치하게 하고, 무왕의 세 동생에게 이 녹보를 감시하게 하였는데, 관숙선, 채숙도, 곽숙(霍叔)이 그들이고 이들을 삼감(三監)이라고 일컬었다. 무왕이 동정(東征) 2년 후에 죽고, 정국은 아직 안

126) 진순신, 241~242쪽.

정되지 않았다. 은군은 거의 원상태로 존재하였다.[127] 한편, 녹보를 감시하기 위하여 은에 파견된 삼감은 형이 되는 주공(周公)에게 적의(敵意)를 가지고 있었다. 그들은 주나라 정권의 중심에서 소외당하고 있다고 느꼈을 것이다.

주왕의 아들 녹보는 은밀히 설욕할 기회를 노리고 있었고, 결국 그를 감독할 임무를 지녔던 삼감과 오히려 연합해서 주공에게 맞서게 되었다. 주공은 단호하게 그들을 토벌하려고 하였다. 왕실내부에서는 반대의 소리도 많았지만, 주공은 그들을 설득하였다. 고립무원(孤立無援)이 되기 시작한 주공 쪽에 붙어서 정토(征討)에 협력한 것은 소공 석이었다. 소공은 연(燕)나라 시조가 된 사람이지만, 『사기』에는 주(周)와 동성인 희(姬)라고만 말하고 있을 뿐이다. 문왕의 서자라는 설도 있지만, 주실(周室)과의 관계가 그다지 강조되고 있지 않기 때문에, 유력한 동맹자이며 왕족과 같은 대우를 받았을 것으로 보아야 한다. 주나라의 일족이 아닌 소공은 왕위에 오를 자격이 없기 때문에 주공과 왕위를 다툴 일도 없었고, 따라서 주나라의 왕족인 삼감을 토벌하는 일에도 망설임이 없었다. 죽은 무왕의 비(妃)인 읍강(邑姜)까지 받들고 주공의 토벌은 시작되었다. 즉 강부족(姜部族)의 협력을 얻을 수 있었다. 『사기』 「제세가」(齊世家)에는 이 토벌에 참가할 것을 태공망에게 명하는데, 소공을 통해서 이루어졌다고 한다. 이렇게 해서 은나라의 녹보와 삼감의 난은 3년의 세월을 걸쳐 평정되었다. 제2혁명이 겨우 성공한 것이다. 녹보는 주살당했고, 삼감 중에서 관숙선만이 살해당하고, 나머지는 추방당했다.

127) 무왕이 은나라의 주왕을 멸할 당시 은나라의 군사는 주왕을 배반하고 오히려 무왕을 도왔기 때문에 사실상 은나라의 군사는 온전할 수가 있었다.

반란을 일으킨 은나라의 녹보는 살해당했지만, 은나라의 제사는 계속해야 하기 때문에, 주(紂)의 또 한 사람의 아들인 미자개(微子開)를 세워 이를 송(宋)에 봉했다. 이후 은나라의 유민은 모두 미자개와 함께 송으로 옮겨졌을 뿐만 아니라 제후의 땅으로 분산되고 일부는 위(衛)의 땅으로 옮겨졌다. 그리고 위(衛)에는 무왕의 막내동생이었던 강숙봉(康叔封)이 봉해졌다.

7년이 지나서 주공은 성장한 성왕에게 대정(大政)을 봉환한 것으로 되어 있다. 녹보의 난을 평정한 제2혁명이 끝나고 주나라는 겨우 안정기로 접어들어 황금시대를 맞게 된다.[128)]

128) 진순신, 244~247쪽.

Ⅲ. 은말주초의 시대적 상황과 관련된 괘·효사

은말주초의 시대적 배경을 나타내고 있는 『주역』의 괘·효사 가운데 가장 대표적인 괘로는 지화명이괘(地火明夷卦)와 택화혁괘(澤火革卦)를 들 수 있다. 이 외에도 풍천소축괘(風天小畜卦) 괘사(卦辭), 지천태괘(地天泰卦) 육오효사(六五爻辭), 택뢰수괘(澤雷隨卦) 상육효사(上六爻辭), 중화리괘(重火離卦) 구삼효사(九三爻辭), 뇌택귀매괘(雷澤歸妹卦) 육오효사(六五爻辭), 뇌화풍괘(雷火風卦), 뇌산소과괘(雷山小過卦) 육오효사(六五爻辭), 수화기제괘(水火旣濟卦) 구오효사(九五爻辭) 등을 들 수 있다. 은말주초 시대의 역사적 사실을 근간으로 하여 관련되는 괘·효사의 의미를 간략하게 살펴보면 다음과 같다.

1. 지화명이괘(地火明夷卦)

명이괘는 은말주초의 시대상을 그대로 표현하고 있는 가장 대표적인 괘이다. 명이(明夷)는 은나라 주왕(紂王)의 폭정으로 인해 천하가 암울하여 매우 어려운 상황임과 아울러 바른 도의 간언이 통하지 않는 극도의 어두운 형국을 나타내는 것으로 볼 수 있다. 때문에 괘사에 "명이는 어렵게 하고 바르게 함이 이롭다"[129]고 표현하고 있다.

단사(彖辭)에서는 "밝은 것이 땅 가운데 들어감이 명이니, 안으로 문명하고 밖으로는 유순해서 크게 어려움을 무릅쓰니, 문왕이 그러하였다. '어렵게 하고 바르게 함이 이로움'은 그 밝음을 그믐으로 하는 것이다. 안으로 어려우면서 능히 그 뜻을 바르게 하니 기자가 그러하였다"[130]고 하여 문왕(文王)과 기자(箕子)를 직접 표현하고 있다.

주왕(紂王)의 폭정이 행해지고 있는 명이(明夷)의 때에 유순함으로 대하여 큰 어려움을 무릅쓰니 이는 도의 실전(失傳)을 피하고 때에 즉응하여 도를 이어 가고자 하는 현인의 덕을 말하는 것이다. 문왕은 주의 폭정에 굴하지 않고 갖은 고난을 극복함으로써 그 아들인 무왕의 대에 은나라의 폭군 주왕(紂王)을 멸하고 주(周)나라를 세우는 기틀을 마련하였으며, 기자는 주(紂)의 숙부로서 주왕에 대한 간언이 통하지 않자 거짓 미친 체하여 명(命)을 보존하고 후에 그 도를 전하였다. 은을 멸한 무왕이 주왕에 의해 갇혀있었던 기자를 석방하고 기자로부터 '홍범'(洪範)의 도를 전수받게 되는 것이다.[131]

상사(象辭)에서는 "밝은 것이 땅 가운데 들어감이 명이니, 군자가 이를 본받아 무리에 다다름에 그믐을 써서 밝힌다"[132]고 하여, 이러한 어려운 형국에 군자는 자신의 도를 곧이곧대로 펼치는 것이 아니라

129) 明夷는 利艱貞하니라.

130) 彖曰明入地中이 明夷니 內文明而外柔順하야 以蒙大難이니 文王이 以之하니라. 利艱貞은 晦其明也ㅣ라. 內難而能正其志니 箕子ㅣ 以之하니라.

131) 신성수, 『주역통해』, 421-429쪽 참조.

132) 象曰明入地中이 明夷니 君子ㅣ 以하야 莅衆애 用晦而明하나니라.

밝은 도를 안으로 감추고 밖으로는 평범하게 행하여 백성과의 화합에 힘써 나가야 함을 말하고 있다.

초구효[133]는 은말(殷末) 현인인 백이와 숙제에 관한 내용을 표현한 것이며, 육이효[134]는 서백(文王)이 유리옥에 갇혔을 때 서백의 가신들이 보옥과 미녀를 주왕과 달기 및 그 총신에게 헌납함으로써 서백을 풀려나게 한 고사에 해당하는 것이다. 구삼효[135]는 혁명의 때에 이르러 문왕의 아들 무왕이 주왕(紂王)을 멸하는 내용을 표현하고 있으며, 육사효[136]는 미자(微子)가 은나라 종묘의 신주를 빼내어 숨는 내용을 나타내는 것이다. 육오효[137]는 효사 그대로 기자의 일을 상징하는 것이며, 상육효[138]는 주왕(紂王)의 성패(成敗)를 표현하고 있는 것이다.[139]

2. 무왕의 혁명과 택화혁괘(澤火革卦)

택화혁괘는 단사(彖辭)에 "천지가 고쳐서 사시가 이루어지며, 탕과 무가 혁명해서 하늘에 순종하고 백성에게 응하니, 혁의 때가 크도

133) 初九는 明夷于飛에 垂其翼이니 君子于行애 三日不食하야 有攸往애 主人이 有言이로다.

134) 六二는 明夷애 夷于左股ㅣ니 用拯馬ㅣ 壯하면 吉하리라.

135) 九三은 明夷于南狩하야 得其大首ㅣ니 不可疾貞이니라.

136) 六四는 入于左腹하야 獲明夷之心하야 于出門庭이로다.

137) 六五는 箕子之明夷니 利貞하니라.

138) 上六은 不明하야 晦니 初登于天하고 後入于地로다.

139) 地火明夷卦의 자세한 내용풀이는 신성수, 『주역통해』, 421-429쪽 참조.

다"[140]라고 하여 무왕의 일을 직접 언급하고 있다. 앞에서 살펴본 바와 같이 은나라의 마지막 왕인 주왕의 폭정을 바꾸는 것이 문왕으로부터 시작하여 무왕에 이르러 실현되는 어렵고 조심스러운 과정이었다. 혁명의 때와 그 의의를 택화혁괘에서 찾아볼 수 있다.[141]

3. 문왕 및 기자와 관련된 괘·효사

문왕은 신화시대의 복희씨에 이어 역사시대에 처음으로 거명되는 성인(聖人)으로 『주역』경문의 곳곳에서 문왕과 관련된 문장을 찾아볼 수가 있다.

풍천소축괘(風天小畜卦)는 문왕에 관한 대표적인 괘라고 할 수 있다. 주(紂)의 폭정에 갖은 어려움을 겪으면서도 주나라 백성에게 인덕을 베푸는 한편, 용회이명(用晦而明)의 도로써 주왕에 맞서 거역하지 않았기 때문에 은나라 백성들이 혁명의 때를 기다리는 마음이 담겨 있는 내용이다. 이러한 상황이 괘사(卦辭)에는 "소축은 형통하니 빽빽한 구름에 비가 오지 않는 것은 내가 서교로부터 함이다"[142]고 표현되고 있다. 또한 상사(象辭)에는 "바람이 하늘 위에 행하는 것이 소축이니 군자가 이를 본받아 문덕을 아름답게 한다"[143]고 하여 문왕의 덕을 표현하고 있다. 아울러 풍천소축괘의 괘사와 유사한 문장이

140) 彖曰 … 天地ㅣ 革而四時ㅣ 成하며 湯武ㅣ 革命하야 順乎天而應乎人하니 革之時ㅣ 大矣哉라.

141) 신성수, 『주역통해』, 528-534쪽 참조.

142) 小畜은 亨하니 密雲不雨는 自我西郊ㅣ새니라.

143) 象曰風行天上이 小畜이니 君子ㅣ 以하야 懿文德하나니라.

뇌산소과괘(雷山小過卦) 육오효(六五爻)에 나오는데, 소과괘 육오효에는 "빽빽한 구름에 비가 내리지 않음은 내가 서교로부터 함이니, 공이 저 구멍에 있는 것을 쏘아 취하도다"[144)]라고 표현되고 있다.

지천태괘(地天泰卦) 육오효(六五爻)에는 "제을이 누이동생을 시집보내는 것이니, 이로써 복이 되며 크게 길할 것이다"[145)]라는 문장이 나오고, 뇌택귀매괘(雷澤歸妹卦) 육오효(六五爻)에는 "제을이 누이동생을 시집보내는 것이니, 그 인군의 소매가 그 누이의 소매가 좋은 것만 같지 못하니, 달이 거의 보름이면 길할 것이다"[146)]고 하는 문장이 있는데, 제을(帝乙)은 앞서 살펴본 바와 같이 은나라 주왕(紂王)의 아버지이다. 당시 은나라가 천자의 나라였고 그 서쪽에 주나라가 융성하고 있음에 주(周)나라의 서백을 제후로 맞이하여 은나라의 정사(政事)에 참여시켰다. 은나라나 주나라 시대에 부족과 부족의 연합 및 천자(天子)와 제후(諸侯)관계의 징표 가운데 하나는 혼인관계였는데, 이러한 관점에서 볼 때 은나라의 제을이 주나라를 제후국(諸侯國)으로 두면서 그 누이동생을 제후관계의 징표로서 서백(西伯 : 文王)에게 시집보낸 것으로 해석할 수도 있다.[147)]

중화리괘(重火離卦) 구삼효(九三爻)에는 "해가 기울어져 걸림이니, 장구를 두드리고 노래하지 않으면 곧 큰 노인이 슬퍼한다. 흉하다"[148)] 라는 문장이 있는데, 여기에서 대질(大耋)은 문왕을 말하는 것으로 해석되고 있다.[149)]

144) 六五는 密雲不雨는 自我西郊ㅣ니 公이 弋取彼在穴이로다.

145) 六五는 帝乙歸妹니 以祉며 元吉이리라.

146) 六五는 帝乙歸妹니 其君之袂ㅣ 不如其娣之袂ㅣ 良하니 月幾望이면 吉하리라.

147) 신성수, 『주역통해』, 224쪽 참조.

148) 九三은 日昃之離니 不鼓缶而歌ㅣ면 則大耋之嗟ㅣ라 凶하니라.

수화기제괘(水火旣濟卦) 구오효(九五爻)에는 "동쪽 이웃의 소를 잡음이 서쪽 이웃의 간략한 제사로 실제로 복을 받음만 같지 못하다"[150]라는 문장이 있는데, 여기에서 동린(東鄰)은 은나라의 주왕을 의미하고 서린(西鄰)은 주나라의 서백(西伯)을 의미하는 것으로 해석되고 있다. 주왕이 다스리던 은말의 상황은 사치와 향락, 제사의 큰 희생 등이 유행하고 있었으나, 주나라는 이와는 대조적으로 검소하고 간략한 제사를 올리고 있었다.[151]

뇌화풍괘(雷火豊卦)의 구사효(九四爻)에는 "그 포장이 풍성하다. 한낮에 두수를 보니, 그 평등한 주인을 만나면 길할 것이다"[152]는 문장이 있는데, 여기에서 이주(夷主)는 명이괘(明夷卦)의 주인인 기자(箕子)와 같은 성인을 의미하는 것으로 해석되고 있다.[153]

149) 김석진, 『大山周易講解 上經』, 337~338쪽 참조.
150) 九五는 東鄰殺牛ㅣ 不如西鄰之禴祭ㅣ 實受其福이니라.
151) 신성수, 『주역통해』, 649쪽 참조.
152) 九四는 豊其蔀라. 日中見斗ㅣ니 遇其夷主하면 吉하리라.
153) 신성수, 『주역통해』, 584쪽 ; 김석진, 『大山周易講解 下經』, 220쪽 참조.

Ⅳ. 『주역』해석의 역사적 의미

『주역』은 은말주초(殷末周初)의 시대적 배경을 근간으로 하여 성립된 것이기에 당시의 역사적 사실을 살펴보는 것은 학문에 있어 중요한 작업이다. 혹자는 우리나라에서 우리의 『주역』을 우리의 관점으로 해석하는데 중국의 고대사(古代史)를 굳이 알 필요가 있는가 하는 반론(反論)을 제기할 수도 있다. 그러나 글이라는 것은 항상 그 글이 성립된 시기의 사상과 문화 그리고 사건을 표현하는 것이기 때문에 문장의 의미를 보다 정확히 이해하기 위해서는 당시의 역사를 알아야 한다.

더 나아가 중국문명의 중심지인 중원의 입장에서 동쪽에 있는 오랑캐라고 하여 동이(東夷)라고 부른 민족이 바로 우리 한민족이라고 보는 입장이 강하며, 『주역』의 성립에 있어 성인으로 추앙되고 있는 문왕(文王)과 기자(箕子) 그리고 공자(孔子)의 민족적 연원을 보면 우리 한민족과 깊은 관련이 있으니, 중국 고대사는 필시 우리 한민족과 밀접한 관련이 있음을 추론할 수 있다.

오늘날 중국이 중국 국가중심의 역사관으로 동북아 역사를 바꾸고 있는 현실에서 우리나라 고대사 연구가들의 보다 적극적이고 심층적인 연구가 필요하다고 본다. 이러한 작업은 『주역』경문의 내용을 올바로 이해하고 해석하는데 있어서도 필수적인 과제라고 할 수 있다.

Modern introduction to the I Ching

제2장 『주역』을 통한 예측판단의 원리

I Ching

I. 『주역』과 예측판단의 의의

현상계의 모든 존재는 의식적이건 무의식적이건 존재의 본질에 관한 근본문제를 짊어지고 살아가고 있다. 존재 그 자체와 현상계의 변화는 상호간에 이질적인 양상을 보이기도 한다. 존재에 관한 근본물음은 인간을 정지상태로 이끌게 한다.[154] 그러나, 현상계는 인간의 정지상태를 묵인하지 않는다.[155] 끊임없이 변화하는 현상계의 소용돌이 속에서 인간은 본질에 관한 의문을 접어두고 변화에 관한 법칙성에 보다 관심을 가지게 된다. 이것은 생존을 위한 불가피한 요구일지도 모른다.

인간의 의식(意識)과 무의식(無意識)의 상호관계는 인간의 인식체

154) 계사상전 제10장 : "역은 생각함도 없으며 함도 없어서, 고요히 움직이지 않다가 느껴서 드디어 천하의 연고에 통하나니, 천하의 지극한 신이 아니면 그 누가 능히 이에 참여하리오(易 無思也 無爲也 寂然不動 感而遂通天下之故 非天下之至神 其孰能與於此)."

155) 계사하전 제8장 : "역의 글됨이 멀리하지 못할 것이요, 도됨이 여러번 옮김이라. 변동해서 거하지 아니하여, 육허에 두루해서 오르고 내림에 항상함이 없으며, 강과 유가 서로 바뀌어 전요를 삼지 못함이요, 오직 변해서 가는 바니(易之爲書也 不可遠 爲道也 屢遷 變動不居 周流六虛 上下無常 剛柔相易 不可爲典要 唯變所適) …."

계에 하나의 커다란 질곡(桎梏)을 제공하고 있다고 할 수 있다. 심리학계의 두 거봉인 프로이트와 융은 의식과 무의식의 상호관계를 달리 파악하고 있다. 즉, 프로이트(S. Freud, 1856~1939)는 의식과 무의식이 상극관계에 있다고 본 반면에 융(C. G. Jung, 1975~1961)은 상보적 관계에 있다고 봄으로써 의식과 무의식의 조화를 강조하였다.[156)] 이러한 관점에서 융은 주역을 '무의식을 의식화시키는 도구로 수 천년 동안 사용되어진 유일무이한 지혜의 서'라고 표현하고 있다.[157)]

『주역』은 우주만물의 객관적(客觀的) 이법(理法)의 원리가 표현된 글이자, 인간의 주관적(主觀的) 심법(心法)의 원리가 표현된 '지혜(智慧)의 서(書)'라고 본다. 『주역』에는 우주 및 인간사의 원리와 원형(原型)이 내재되어 있기 때문에, 『주역』의 경문에는 각각의 상황과 원리가 생동감 있게 표현되고 있다.

일각후의 상황을 전혀 예측할 수 없는 인간의 삶이란 한 순간 한 순간 위태로운 행보를 하고 있는 것이나 다름없다. 더군다나 한 순간에 있어서 펼쳐지는 공간적 상황을 정확히 판단한다는 것 자체도 어쩌면 인간에게는 불가능한 것일지도 모른다. 이러한 상황은 현상과 미래에 대한 예측에 더욱 더 관심을 가지게 되고 궁극적으로는 신탁(神託)에 이르는 판단(判斷)의 위임(委任)으로 이끌게 된다. 이러한 인간의 실상에서 과연 『주역』이 지니는 의미는 무엇인가 하는 근본적인 의문을 다시 되물어보게 된다. 여기에서는 『주역』과 점(占)의 관계를 살펴보고, 그 판단원리를 특히 실천성과 관련하여 살펴보기로 한다.

156) 意識과 無意識을 相補的 關係로 보는 융의 입장은 유가에서의 太極思想이나 陰陽五行說의 세계관과 유사한 것을 보여주고 있다. 李恩奉, 「周易의 同時性原理와 理想」『周易의 現代的 照明』, 321쪽.

157) 李恩奉, 「周易의 同時性原理와 理想,」, 315쪽.

Ⅱ. 『주역』의 복서적 성격과 점의 요체

1. 『주역』의 복서적 성격(卜筮的 性格)

『주역』은 기본적으로 점서(占筮)에서 비롯되었다. 특히 『주역』의 체계를 경(經)과 전(傳)으로 나누어 볼 때,[158] 64괘 384효의 역경(易經)은 바로 점(占)과 밀접한 관련이 있음은 명백한 사실이다. 십익(十翼)을 위시한 역전(易傳)은 유가철학의 근본사상을 이루고 있는데, 경의 해석에 있어 특히 「계사전」에서는 설시법(揲蓍法)에 관한 상세한 설명이 서술되어 있다. 점(占)은 기본적으로 예측과 판단 그리고 실천의 지행합일(知行合一)을 전제로 하고 있다. 그리고 그 심연에는 신탁(神託)이라는 종교적 근원이 펼쳐지고 있다. 주역의 점서적 성격을 역경과 역전으로 나누어 살펴보기로 한다.

158) 주역의 체계는 크게 역경(易經)과 역전(易傳)으로 나누어볼 수 있다. 역경은 64괘 384효의 괘사와 효사로 이루어진 본문을 의미하며, 역전은 이른바 계사전을 비롯한 십익(十翼)의 체계를 말한다.

(1) 역경(易經)의 점서적(占書的) 성격[159)]

『주역』이 점서라는 근거는 역경 자체에서 찾아볼 수 있다. 우선 무엇보다도 역경 64괘 384효의 괘사와 효사에 '吉', '凶', '悔', '吝', '咎', '無咎', '利', '不利' 등의 점사(占辭)가 거의 예외 없이 들어 있다는 것만 보더라도 역경의 기본구조는 점서라는 사실을 확인할 수 있다.

다음으로 괘사의 문장에서 점(占)의 수칙(守則)을 언급하고 있는 내용을 들 수 있다. 그 대표적인 예를 들면 산수몽괘(山水蒙卦)와 수지비괘(水地比卦)의 괘사를 들 수 있다. 몽괘(蒙卦)의 괘사에는 "몽은 형통하니 내가 동몽을 구함이 아니라 동몽이 나를 구함이니, 처음 점치거든 알려주고 두 번 세 번 하면 더럽히는 것이다. 더럽히면 알려주지 말지니 바르게 함이 이롭다"[160)]라고 하여 점서(占筮)의 기본 수칙을 표현하고 있다. 이와 유사한 내용을 비괘(比卦)의 괘사에서도 찾아볼 수 있다. 비괘(比卦)의 괘사에는 "비는 길하니, 처음 점을 하되 원하고 영하고 정하면 허물이 없을 것이다. 편하지 못하여 바야흐로 오니, 뒤에 하면 대장부라도 흉할 것이다"[161)]라고 하여 역시 점서의 기본수칙을 언급하고 있으며, 아울러 때에 응하는 실천적 행동을 강조하고 있다.

159) 역경의 점서적 성격에 관한 구체적인 논거에 관하여는 金珍根, 「새로운 周易觀 定立을 위한 硏究 - 전통 주역관에 대한 비판적 고찰과 「易經」·「易傳」의 분석을 통하여 -」『周易의 現代的 照明』(한국주역학회 편 ; 범양사 출판부, 1992), 39-42쪽 참조.

160) 蒙은 亨하니 非我求童蒙이라 童蒙이 求我니 初筮어든 告하고 再三이면 瀆이라 瀆則不告이니 利貞하니라

161) 比는 吉하니 原筮호대 元永貞이면 無咎리라 不寧이어야 方來니 後면 夫라도 凶이리라

(2) 역전(易傳)에서의 점(占)에 관한 내용

『주역』이 복서(卜筮)에 근원하고 있다는 내용은 역전의 곳곳에서 찾아볼 수 있다. 특히 「설괘전」과 「계사전」을 중심으로 하여 살펴보면 다음과 같다. 우선 「설괘전」 제1장 첫머리에 "옛적 성인이 역을 지음에 그윽이 신명을 도와 시초를 만들었다"[162]고 하여, 『주역』의 발생은 성인이 신명을 도와 점을 치는 시초를 만듦으로써 비롯되었다고 하고 있다.

「계사전」은 우주변화의 원리와 복서계의(卜筮稽疑)의 두 측면에서 역(易)을 설명하고 있다고 할 수 있다. 따라서 복서(卜筮)와 관련된 내용을 곳곳에서 찾아볼 수 있는데, 이 가운데 대표적인 문장을 들면 다음과 같다.

> 수를 극진히 하여 다가오는 일을 예측하는 것을 점이라 일컫는다.[163]

> 역에 성인의 도가 넷 있으니, 역으로써 말하는 자는 그 말을 숭상하고, 역으로써 움직이는 자는 그 변화를 숭상하고, 역으로써 그릇을 짓는 자는 그 형상을 숭상하고, 역으로써 점을 치려고 하는 자는 그 점을 숭상하니, 이로써 군자가 함이 있으며 장차 행함이 있음에 물어서 말을 하거든, 그 명을 받음이 울림과 같아서, 먼데나 가까운 데나 그윽한 데나 깊은 데나 할 것 없이 드디어 오는 일을 아나니, 천하의 지극히 정미로움이 아니면 그

162) 「설괘전」 제1장 : 昔者聖人之作易也에 幽贊於神明而生蓍하고

163) 「계사상전」 제5장 : 極數知來謂之占

누가 이에 참여하겠는가.[164)]

공자께서 말씀하셨다. “무릇 역은 어찌해서 만든 것인가. 무릇 역은 사물을 열고 업을 이루어서 천하의 도를 덮나니 이와 같을 따름이다. 이런 까닭으로 성인이 천하의 뜻을 통하며, 천하의 업을 정하며, 천하의 의심을 판단한다. 이런 까닭에 시초의 덕은 둥글고 신비스럽고, 괘의 덕은 모나며 앎이요, 육효의 뜻은 고함이니, 성인이 이로써 마음을 닦아서 물러가 주밀한데 감추며, 길흉에 백성과 더불어 한가지로 근심해서, 신으로써 오는 것을 알고 지혜로써 지나간 일을 간직하니, 그 누가 능히 이에 참여하겠는가. 옛적에 총명하고 착하고 지혜롭고 신비스런 무력을 가지고서도 죽이지 않는 자이다.” [165)]

잡란한 것을 더듬어 내고 숨어 있는 것을 찾으며 깊은 것을 긁어내고 먼 것을 이룸으로써, 천하의 길흉을 정하며 천하의 힘쓰고 힘씀을 이루는 것이 시초점 거북점 보다 큰 것이 없다.[166)]

164) 「계사상전」 제10장 : 易有聖人之道 四焉하니 以言者는 尙其辭하고 以動者는 尙其變하고 以制器者는 尙其象하고 以卜筮者는 尙其占하나니 是以君子ㅣ 將有爲也하며 將有行也에 問焉而以言하거든 其受命也ㅣ 如嚮하야 无有遠近幽深히 遂知來物하나니 非天下之至精이면 其孰能與於此리오

165) 「계사상전」 제11장 : 子曰夫易은 何爲者也오 夫易은 開物成務하야 冒天下之道하나니 如斯而已者也라 是故로 聖人이 以通天下之志하며 以定天下之業하며 以斷天下之疑하나니라 是故로 蓍之德은 圓而神이오 卦之德은 方以知오 六爻之義는 易以貢이니 聖人이 以此로 洗心하야 退藏於密하며 吉凶에 與民同患하야 神以知來코 知以藏往하나니 其孰能與於此哉리오 古之聰明叡知神武而不殺者夫인뎌

166) 「계사상전」 제11장 : 探賾索隱하며 鉤深致遠하야 以定天下之吉凶하며 成天下之亹亹者ㅣ 莫大乎蓍龜하니라

2. 점(占)의 요체

점을 치는 것은 복(卜)이고, 점친 것을 입으로 발표하는 것은 점(占)이다. 앞서 살펴보았듯이 주역은 기본적으로 점서(占書)이다. 즉 역(易)은 복서(卜筮)에서 연원한 것이다. 그런데 『주역』이 성립되었던 당시에 복서행위는 미신이 아니라 성스러운 종교의식이었다.

점에 대해서는 소강절의 『매화역수(梅花易數)』와 왕유덕(王維德)의 『복서정종(卜筮正宗)』 등 여러 가지 책이 있지만, 그 근원은 주역에 있다. 「계사상전」 제9장에는 설시(揲蓍)방법을 자세히 설명하고 있으며, "사람이 점괘를 통하여 신(神)과 수작한다. 그러나 괘효의 변화를 아는 자만이 신이 하는 것을 안다"고 하고 있다.[167] 또 「계사상전」 제10장에는 "사람이 알고 싶은 일을 신에게 물으면 신은 분명히 일러준다. 이 또한 괘를 얻고 효를 풀이하는데 지극히 정미로운 자만이 안다"고 하고 있다. 이러한 내용을 볼 때 신(神)을 대하는 성실한 마음으로 괘를 얻고 그 변화작용을 정확히 파악하는 데에 점(占)의 요체(要諦)가 있다고 할 것이다.[168]

167) 顯道 神德行 是故 可與酬酌 可與祐神矣 子曰 知變化之道者 其知神之所爲乎

168) 金碩鎭, 『大山周易占解』 (대유학당, 1994), 序文.

Ⅲ. 예측판단의 중도적 실천원리

1. 예측행위(설시揲蓍)와 중도(中道)

점(占)이란 인간으로서의 도리를 다하고 천명을 기다리는 마음으로 행하는 궁극적 종교행위의 상징이다.[169] 『주역』에서 설시(揲蓍)는 매우 중요한 위치를 점하고 있다. 주역의 64괘 384효의 원리가 세상만사의 원리를 객관적으로 표현해 놓은 것이라면, 그러한 객관적 원리가 설시를 통하여 신인합발(神人合發)의 중도행(中道行)을 이루는 것이다.

인간의 주관적 심정과 객관적 상황이 지극한 정성이 수반되는 설시를 통하여 상호 조응함으로써, 주관과 객관이 일치되어 객관적 상황에 투영되어 있는 변화원리를 인간이 자각하게 된다. 그러나 설시에서 기본적인 수칙은 철저한 중도(中道)라고 할 수 있다. 설시에 관한 설명이 드리워진 「계사상전」에 "역은 생각함도 없으며 함도 없어서

169) 신성수, 「周易의 卜筮的 性格과 判斷原理에 관한 考察」『同人』 (홍역학회, 1998. 1), 28-38쪽 참조.

고요히 움직이지 않다가 느껴서 드디어 천하의 연고에 통하나니, 천하의 지극한 신이 아니면 그 누가 능히 이에 참여하겠는가"[170]라고 하여 '희노애락지미발(喜怒哀樂之未發)'의 중(中)의 상태와 '지성여신(至誠如神)'의 상태를 표현하고 있다.

이는 복서의 전 과정 동안 일체의 인위적인 사고와 작위(作爲)를 제거해야만 천하 만물의 이치에 관통할 수 있다는 뜻이다.

2. 괘효 판단에 있어서의 중정지도(中正之道)

대성괘 64괘 384효는 각 괘의 특정 상황과 그 괘를 구성하는 각 효의 부분적 상황을 나타내고 있다. 괘에서 육효의 자리(位)에 따른 판단법으로 중(中)·정(正)·응(應)·비(比)가 있는데, 이는 결국 관계적(關係的) 의미에서의 중도(中道)를 표현하고 있다고 할 수 있다. 이 가운데 중과 정을 예로 들어 보면 다음과 같다. '정'이란 음위에 음효가 오고 양위에 양효가 온 것을 말한다. 초(初)·삼(三)·오효(五爻)는 양위가 되고 이(二)·사(四)·상효(上爻)는 음위가 되므로 양위에 양효가 오고 음위에 음효가 옴을 '득위' 또는 '득정'이라 하고 양위에 음효가 오거나 음위에 양효가 옴을 '실위' 또는 '부정'이라 한다. 이는 어떠한 상황에서 분수에 맞는 자기 자리를 지키고 있음을 의미한다.

'중'은 한 괘에서 내괘의 중효와 외괘의 중효를 말하는데, 여섯 위에서 볼 때 이위(二位)와 오위(五位)를 중이라 하고 이 중을 얻음을

170) 「繫辭上傳」 제10장 : "易 无思也 无爲也 寂然不動 感而遂通天下之故 非天下之至神 其孰能與於此"

'득중'이라 한다. 이 중은 음양의 상대적 관념을 초월한 개념으로서 단지 분수에 맞게 자기 자리를 지키는 것이 아니라 어떤 상황을 주도적으로 이끌어 갈 수 있는 중도(中道)를 행하는 자리라고 할 수 있다.

『주역』의 이러한 '중정'에 의한 판단법은 중도사상(中道思想)을 원리적으로 표현한 것이라 할 수 있다. 주역 64괘 384효의 효사 가운데 다른 효에 비해서 상대적으로 이효(二爻)나 오효(五爻)에 길하다는 효사가 많이 나타남을 알 수 있는데, 「계사전」에는 이를 "이효는 명예가 많고 사효는 두려움이 많다"[171]고 하고 또한 "삼효는 흉이 많고 오효는 공이 많다"[172]라고 표현하고 있다. 이는 이효와 오효가 한 괘에서 내외의 중심이 되어 그 상황을 능동적으로 이끌어 가는 효이기 때문이다.

한 괘에서 이효와 오효는 전체 상황에서 중도적 위상을 갖는 특수한 자리(位)이다. 그러나 각 효의 의의에도 중도가 있는데 384효 각 효마다 그 상황에 따른 자기 한계 내에서의 적절한 중도행이 드러나고 있다. 한 괘에서의 각 효는 전체 상황 속에서 각 효의 위(位)와 능력에 부합되는 시중(時中)의 도리가 표현되고 있다. 따라서 각각의 효는 그 주어진 위치에 즉응하여 주어진 조건과 상황 속에서 적의(適宜)하게 대처해 나가야 할 도리가 표현되고 있는 것이다.

171) 「繫辭下傳」 제9장 : "二與四 同功而異位 其善 不同 二多譽 四多懼 近也 柔之爲道 不利遠者 其要无咎 其用柔中也"

172) 「繫辭下傳」 제9장 : "三與五 同功而異位 三多凶 五多功 貴賤之等也 其柔 危 其剛 勝耶"

3. 길흉회린(吉凶悔吝)과 중도적 실천원리

64괘의 괘상사(卦象辭)는 모두 두 부분으로 구성되어 있는데, 앞부분은 내괘와 외괘의 상(象)에 드리워진 자연사물의 모습과 상태를 말하고 있고,[173)] 뒷부분은 대부분 인간이 이를 본받아서 행해야 할 도리를 제시하고 있다.[174)] 이는 『주역』이 단지 우주변화의 법칙만을 제시하는 것이 아니라 인간이 마땅히 실천해야 할 보편적 원리를 제시하고 있는 것이다. 각각의 존재자로서의 인간이 각각의 상황에 처하여 행해야 할 마땅함이란 곧 그 상황에 맞는 중도행(中道行)이라 할 수 있다.

『주역』 64괘 384효에는 항상 판단개념이 붙어 있는데, 이는 주역의 근본적인 의의가 인간의 행위에 중점을 두고 있다는 것을 의미한다. 384효에 가치판단의 기준과 근거를 제공해 주는 개념들에는 길(吉), 흉(凶), 회(悔), 린(吝), 무구(无咎) 등이 있다. 「계사전」에 의하면 '길흉'이란 잃고 얻는 형상이고 '회린'이란 근심하고 걱정하는 형상을 말한다.[175)] 또한 '길'과 '흉'은 그 얻고 잃음을 말하는 것이고, '회'와 '린'은 그 조그만 병폐를 말하는 것이며, '무구'는 허물을 잘 고친다는 것을 의미한다.[176)]

173) 예컨대 중천건괘(重天乾卦)부터 천수송괘(天水訟卦)까지의 괘상사를 보면 "天行 健", "地勢 坤", "雲雷 屯", "山下出泉 蒙", "雲上於天 需", "天與水違行 訟"이라 표현되고 있다.

174) 중천건괘부터 천수송괘까지의 예를 들면 "君子 以 自彊不息", "君子 以 厚德載物", "君子 以 經綸", "君子 以 果行育德", "君子 以 飮食宴樂", "君子 以 作事謀始"라 표현되고 있다. 주역 64괘 전반에 있어서는 "君子 以" 외에도 "大人 以", "后 以", "上 以", "先王 以" 등으로 표현되고 있다.

175) 「繫辭上傳」 제2장 : "是故 吉凶者 失得之象也 悔吝者 憂虞之象也"

176) 「繫辭上傳」 제3장 : "吉凶者 言乎其失得也 悔吝者 言乎其小疵也 无咎者 善補過也"

즉 길(吉)하다는 것은 현재의 상황적 위치를 지키고 더 나은 것을 얻는 것을 말하며, 흉(凶)하다는 것은 현재의 상황적 위치를 잃게 되고 나쁜 상황으로 나아가게 되는 것을 말한다. 그리고 '회(悔)'라는 것은 잘못을 저지른 후에 마음으로부터 그 잘못을 고쳐 선(善)으로 나아가는 것이고, '린(吝)'이라는 것은 잘못을 저지른 후에도 그것을 고치지 못하는 것을 말한다. 따라서 '회'의 상황은 '길'로 향하는 것이고 '린'의 상황은 '흉'으로 나아가는 것이다.

『주역』 384효는 이러한 '길흉회린'의 상황에서 마땅히 해야 할 행위지침을 드리우고 있다. 길하다는 것은 그 상황이 순조로우며 중도의 덕을 지키면 계속 순조롭다는 것을 의미하며, 흉하다는 것은 그 상황이 순조롭지 못하니 지금까지의 행위나 심정을 바꾸어 길한 방향으로 나아갈 것을 권하는 것이며, '회'라는 것은 잘못을 뉘우치고 순리에 맞는 행위를 하면 순조로운 상황으로 나아갈 수 있다는 의미이며, '린'이라는 것은 자신의 잘못을 미처 알지 못하고 있어 그대로 나아가면 흉하게 되니 빨리 잘못을 뉘우쳐 순리에 맞는 행위를 할 것을 촉구하는 의미이다.

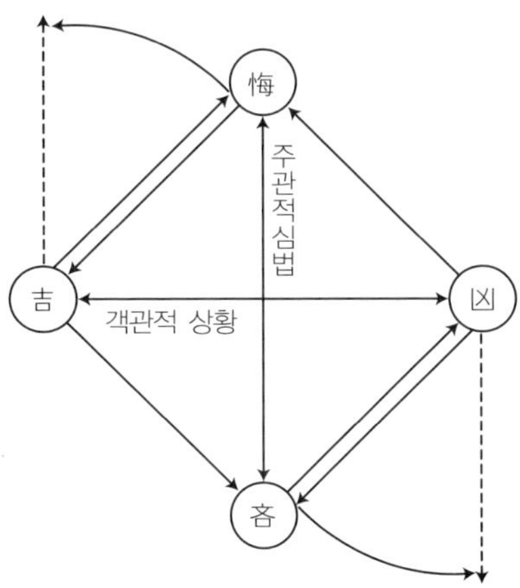

〈길흉회린의 상호작용〉

'길흉회린'의 개념은 '움직임'에서 생기는 것이다.[177] 이는 어떤 상황이나 대상 자체가 원천적으로 길흉을 가지고 있는 것이 아니라, 인간의 행위에 따라서 발생하는 가치판단이라고 할 수 있다. 따라서 『주역』의 길흉개념은 인간의 속박된 운명을 드러내는 것이 아니라, 모든 상황에 처하여 인간이 어떻게 주체적으로 행동해야 하는가 하는 원리를 나타내는 것이다.

길흉개념은 인간의 자유의지를 속박하는 것이 아니라, 인간의 자유의지를 어떠한 상황에 즉응하여 올바로 처신하는 지침을 제공해 주는 것이라 할 수 있다. 이러한 인간의 자유의지는 다름 아닌 지극한 정성을 통한 중도행(中道行)을 의미한다. '길흉회린'의 모든 상황에 조응하여 자아의 한계와 현상의 부조화를 극복하는 모든 방법은 결국 지극한 정성으로 귀결된다. 「계사전」에는 "천하의 잡란한 것을 극도로 한 것은 괘(卦)에 있고, 천하의 동하는 것을 고무시키는 것은 사(辭)에 있고, 화해서 마름하는 것은 변(變)에 있고, 미루어 행하는 것은 통(通)에 있고, 신묘불측한 이치를 명료하게 통달하는 것은 인간에게 있고, 묵묵해서 이루며 말을 안 해도 믿음은 덕행(德行)에 있다"[178]고 하여 인간의 자각과 덕행, 즉 중도(中道)를 강조하고 있다.

177) 「繫辭下傳」 제1장 : "吉凶悔吝者 生乎動者也"

178) 「繫辭上傳」 제12장 : "極天下之賾者 存乎卦 鼓天下之動者 存乎辭 化而裁之 存乎變 推而行之 存乎通 神而明之 存乎其人 黙而成之 不言而信 存乎德行"

Ⅳ. 예측판단의 현대적 의의

『주역』은 인생사와 세상사의 원리를 64괘 384효에 담고 있는 원리서이다. 『주역』의 성격에 관한 많은 논쟁에도 불구하고, 또한 시대적 변천에 따른 전통사상의 쇠퇴에도 불구하고, 『주역』의 종교적·철학적·윤리적 원리는 생생히 살아 숨쉬고 있다. 『주역』과 점(占 : 卜筮)의 관계에 관한 문제는 새로운 각도에서 접근할 필요가 있다. 『주역』에 대한 가장 큰 편견은 '주역(周易)은 점서(占書)이고 점(占)은 미신(迷信)'이라는 공식에 있다. 그러나 이러한 견해는 『주역』의 철학적·종교적·윤리적 특징을 제대로 이해하지 못한 상황에서 내려진 잘못된 생각이다. 이러한 상황에서 주역과 복서와의 관계는 상호간에 이질적인 것으로 여겨지게 되는 오해를 낳고 있다.

발생연원에 있어 『역경』은 복서(卜筮)에 밀접한 관련이 있다는 것은 이미 살펴본 바와 같다. 그리고 고대시대에 복서(占)가 동서양을 막론하고 신성한 종교행위였다는 것은 역사가 고증하고 있다. 여기에서 점에 대한 기존의 인식이 근본적으로 전환되어야 할 것으로 생각된다. 원래 점은 신탁(神託)이었으며, 신탁은 곧 종교적 행위의 상징이었다. 종교적 행위는 인간으로서의 가장 숭고한 행위이다. 이러한 행위는 "사람으로서의 일을 극진히 하고 천명을 기다린다(盡人事待天命)"는 궁극적 행위라고 할 수 있다. 즉 어떠한 상황에 처해 있을 때 인간으로서 해결해야 할 최선책을 강구하고 이를 이행해 가는 실천적 원리인 것이다.

그런데 개체적 인간으로서의 앞날에 대한 불안감과 더불어 이 시대가 전체적으로 안고 있는 불확실한 미래상이 전개되면서, 현대인은 정작 자기가 해야 할 일이 무엇이고 어떻게 해야 하는가를 스스로의 노력으로 판단하여 실천해 나가는 것이 아니라, 뭔지 모를 우연한 판단에 맡기고자 하는 경향이 늘고 있다. 특히 우리나라의 경우 1997년의 경제위기(IMF구제금융) 이후 국가가 나아가야 할 이정표(里程標)가 제대로 보이지 않는 상황에서 더욱 심해지는 결과를 낳고 있다. 전체와 개체(부분)의 관계에 있어서 전체적 상황이 안정된 경우, 개체나 부분은 일시 동요하더라도 곧 나아가야 할 이정표를 찾아 중심을 잡을 수 있지만, 전체적 상황이 혼란스러우면 그 구성원인 각 개체들은 중심을 잡지 못하고 더욱 불안하게 된다. 지금은 나라의 중심이 흔들리는 상황이 아닌가 하는 우려가 깊은 것이다.

그러나 어떠한 상황이든지간에 그 상황에 즉응하여 인간으로서의 도리를 실천하지 않으면서 우연한 판단(占)에 의존하는 것은 미신(迷信)임에 틀림없다. 인간으로서의 삶에 최선을 다하는 진실한 노력이 필요하다. 『역경』의 괘사·효사에는 그 상황에 즉응하여 이행해야 할 실천적 원리가 표현되고 있다. 『주역』은 세상사에 대한 판단방법과 실천과제를 원리적으로 제시하는 실천적 경전이다.

『주역』중지곤(重地坤)괘 「문언전」(文言傳)에 다음과 같은 글이 있다.

> 선(善)을 쌓은 집안에는 반드시 남은 경사가 있고, 선하지 못함을 쌓은 집안에는 반드시 남은 재앙이 있으니, 신하가 그 인군을 죽이고 자식이 그 아버지를 죽임이 하루아침 하루저녁의 연고가 아니다. 그 유래한 바가 점차 함이니, 분별할 것을 일찍 분별하지 못함으로 말미암은 것이니, 역에 이르길 '서리를 밟으면 굳은 얼음이 이른다'라 하니 대개 순함을 말한다.[179)]

이 내용은 그때그때 이루어지는 상황판단의 중요성을 강조하고 있는 것이다. 또한 『중용』제20장에는 다음과 같은 글이 있다.

> 모든 일이 미리 하면 성립되고, 미리 하지 아니하면 무너지니, 말을 미리 정하면 넘어지지 않고, 일을 미리 정하면 곤하지 않고, 행동을 미리 정하면 병들지 않고, 도를 미리 정하면 궁하지 않는다.[180)]

위의 내용은, 인간이 나가야 할 바를 주체적으로 미리 설계하여 인생사를 펼쳐 나가야 하며, 정작 스스로가 해야 할 일을 하지 않다가 어떠한 상황이 오면 우연한 판단에 맡기는 것을 경계하고 있다. 인간으로서의 주체와 인간이 존재하는 공간적 상황은 항상 변하고 있다. 정자(程子)가 지은 「역전서(易傳序)」에 "역은 변하여 바뀌는 것이니,

179) 積善之家는 必有餘慶하고 積不善之家는 必有餘殃하나니 臣弑其君하며 子弑其父ㅣ 非一朝一夕之故ㅣ라. 其所由來者ㅣ 漸矣니 由辨之不早辨也ㅣ니 易曰 履霜堅冰至라하니 蓋言順也ㅣ라.

180) 凡事ㅣ 豫則立하고 不豫則廢하나니 言前定則不跲하고 事前定則不困하고 行前定則不疚하고 道前定則不窮이니라.

때에 따라 변하여 바꾸어서 가야할 길을 따른다"[181]고 하였다. 따라서 주체적인 인간으로서 전체적인 공간적 상황에서 펼쳐지는 변화의 원리를 터득하고, 객관적 상황을 올바르게 판단할 수 있는 방법을 체득하는 것은 오늘날을 살아가는 현대인에게 매우 중요한 과제이다. 또한 무엇보다도 모든 일에 지극한 정성을 다하여 "이치를 궁구하고 성품을 다하여 천명에 이른다"[182]는 중도적 자세를 갖추는 것이 현대인에게 필요하다고 본다.

181) 易은 變易也니 隨時變易하여 以從道也라

182) 「설괘전」 제1장 : "… 窮理盡性하야 以至於命하나니라"

Modern introduction to the I Ching

제3장 『주역』의 후천관과 여성역할의 변화전망

Modern introduction to the I Ching

I. 『주역』의 음양주기의 다양성

『주역』은 음양학(陰陽學)[183]으로 인류사회와 우주변화의 원리를 음양의 주기(週期)와 상대성 및 상보성(相補性)의 원리로 표현하고 있다.[184] 『주역』은 또한 천지인(天地人) 삼재(三才)의 종합적인 유기적 변화의 원리를 표현하고 있는 것이며,[185] 여기에서 우리는 인간사회의 변화원리가 주역의 원리에 함축되어 있다는 단서를 발견하게 된다.

인간이 인식할 수 있는 음양의 자연현상의 주기성은 작게는 하루

183) 역학사(易學史)에 있어 음양설과 오행설은 시대에 따라 수많은 학자에 의해 다양한 학설이 전개되어 왔다. 이에 대한 자세한 내용은 양계초·풍우란 외 지음, 김홍경 편역, 『음양오행설의 연구』 (서울 : 신지서원, 1993) 참조.

184) 원리적으로 볼 때, 음양 관계는 상대성(相對性)과 상보성(相補性)의 관계로 볼 수 있다. 즉 우주만물의 원리상 두 가지 요소 및 기운의 상대적 양상을 음양이라 하고, 이러한 음양은 상호간에 승강작용(昇降作用)을 거듭하면서 외면적으로는 마치 상극적인 현상으로 보이지만 실상은 상호간에 상보적인 작용을 하고 있다. 인간은 현실적으로 드러나는 현상을 위주로 보기 때문에 음양관계를 상극적인 관계로 보는 경향이 있어 왔다고 할 수 있다.

185) 「계사하전」 제10장 : "易之爲書也ㅣ 廣大悉備하야 有天道焉하며 有人道焉하며 有地道焉하니 兼三才而兩之라. 故로 六이니 六者는 非他也ㅣ라 三才之道也ㅣ니 道有變動이라 故로 曰爻ㅣ오 爻有等이라 故로 曰物이오 物相雜1이라 故로 曰文이오 文不當이라 故로 吉凶이 生焉하니라."

밤낮의 주기(地球의 自轉)로부터 한 달의 주기(달의 公轉), 1년의 주기(地球의 公轉)라는 태양계의 운동주기로 나타나며, 경제·사회의 주기성은 각종 경제지표의 승강(昇降)이나 사회의 흥망성쇠(興亡盛衰)와 유행(流行)의 변화라는 현상으로 나타나고, 인간의 주기성은 길흉화복이나 심리(心理)의 굴곡 및 생리적 현상의 주기로 나타나게 된다.

이러한 음양주기의 변화양상이 인간의 사회적 관계에서는 인간의 본질적 양성(兩性)인 남성과 여성이라는 음양관계로 전개되는데, 인류역사의 흐름을 남녀관계라는 측면에서 보게 되면 남성중심적 시대와 여성중심적 시대라는 시대적 구분이 가능해진다.

주역의 음양주기(陰陽週期)는 우주관적인 차원에서는 선천(先天)과 후천(後天)이라는 주기로 나타나게 되는데, 선천은 양(陽)의 시대요, 후천은 음(陰)의 시대라는 원리적 구분이 이루어지고 있다. 그러나 선후천(先後天)의 개념을 어떻게 이해해야 할 것인가 하는 것은 숙고(熟考)를 요하는 문제이다.[186)]

여기에서는 주역의 후천관(後天觀)으로 대변되는 음(陰)의 시대(坤道 : 여성)의 의미를 파악해 보고, 주역의 경문(經文)에 내재된 여성관의 시대적 의미와 음양원리에서 도출되는 여성관의 실체를 살펴보고자 한다. 아울러 현대 인류사에서 여성의 사회적 지위가 변천되는 과정을 간단히 살펴보고, 20세기와 21세기에서의 여성역할의 변화양상을 검토하고자 한다. 끝으로 남녀평등사상을 비롯한 현대적 이념과 주역 후천관(後天觀)과의 상관성을 고찰함으로써 주역(周易)의 원리가 역사변화의 줄기에 미치는 영향 및 그 실재성(實在性)을 논증해 보기로 한다.

186) 선천·후천론에 대하여 이 책 제1부 제3장 선천팔괘와 후천팔괘론에서 살펴본 바 있다.

Ⅱ. 『주역』의 후천관과 여성관

1. 후천관(後天觀)의 의의

(1) 문헌상 선천(先天)과 후천(後天)의 어원

우리가 쓰는 일상생활의 용어 가운데, 본래부터 몸에 지니고 있는 성질이나 체질을 '선천(先天)'이라 하고, 세상에 나온 뒤에 환경이나 노력에 의해 변하는 성질이나 체질을 '후천(後天)'이라고 한다. 따라서 시간적 선후차이로 말하면 선천은 생전에 이미 얻어진 것이고 후천은 생후에 얻어진 것을 말한다.

한편 『주역』의 원리에서 볼 때, 선천은 '앞서는 천시(天時)'이므로 생장(生長)하는 과정인 오전(봄과 여름)에 해당하고, 후천은 '뒤따르는 천시(天時)'이므로 수장(收藏)하는 오후(가을과 겨울)에 속한다. 오전은 볕(陽)이 길어지는 과정이고 오후는 그늘(陰)이 길어지는 때이므로 선천은 활동적이며 강건한 양(陽)이 주장하는 때이고, 후천은 안정적이며 유순한 음(陰)이 떳떳함을 얻는 때이다. 양물(陽物)을 대표하는 것은 하늘인 건도(乾道)이고 음물(陰物)을 대표하는 것은 땅인 곤도

(坤道)인 까닭에 선천을 건도(乾道), 후천을 곤도(坤道)로 표현한다.[187)]

선천과 후천에 기준하여 팔괘를 선천·후천으로 나눈 것은 송(宋)의 소강절(邵康節, 1011-1077)이 복희팔괘를 선천팔괘, 문왕팔괘를 후천팔괘라고 정의한 데 기인한다.[188)] 문헌적으로는 『주역』 건괘(乾卦) 「문언전」(文言傳) 구오(九五)에 "무릇 대인은 천지와 더불어 그 덕을 합하며, 일월과 더불어 그 밝음을 합하며, 사시와 더불어 그 차례를 합하며, 귀신과 더불어 그 길흉을 합하여, 하늘보다 먼저 해도 하늘이 어기지 않으며(先天而天弗違), 하늘보다 뒤에 해도 하늘의 때를 받드니(後天而奉天時), 하늘도 또한 어기지 아니하는데, 하물며 사람이며 하물며 귀신이랴!"[189)]라고 대인을 설명한 구절에 기인한다.[190)]

(2) 선천후천관의 다의성

주역에서 후천관(後天觀)을 어떻게 이해해야 할 것인가 하는 문제는 숙고(熟考)를 요한다. 일반적으로 거론되고 있는 선후천관(先後天觀)은 음양의 거대한 주기의 한 국면을 나타내는 것이라고 볼 수 있다. 역학(易學)에서 선천과 후천이라는 개념은 이른바 복희팔괘(선천팔괘)와 문왕팔괘(후천팔괘), 하도(河圖)와 낙서(洛書)의 원리를 분석하면서 각각 양자(兩者)의 원리적 차이를 대조하여 사용되고 있다.[191)]

187) 「繫辭下傳」 제6장 : "乾은 陽物也ㅣ오 坤은 陰物也ㅣ니 陰陽이 合德하야 而剛柔ㅣ 有體라."

188) 廖名春·康學偉·梁韋弦 지음, 심경호 옮김, 『주역철학사』, 405-417쪽 참조.

189) "夫大人者는 與天地合其德하며 與日月合其明하며 與四時合其吉凶하야 先天而天不違하며 後天而奉天時하나니 天且弗違온 而況於人乎ㅣ며 況於鬼神乎ㅣ여"

190) 김석진, 『대산주역강의 【1】』(서울 : 한길사, 1999), 141-142쪽.

191) 김석진, 『대산주역강의 【1】』, 주역입문편 참조.

선천과 후천이란 개념은 또한 형이상(形而上 : 선천)과 형이하(形而下 : 후천)라는 의미로도 사용되며, 또한 과거(선천)와 미래(후천)라는 의미로도 사용되고 있다. 선천과 후천을 형이상(形而上)과 형이하(形而下)라는 의미로 사용할 경우 여기에서의 후천은 바로 형이하학적인 현실세계(現實世界)를 의미하는 것이고, 또한 과거와 미래라는 의미로 사용할 경우에 후천은 다가올 미래사(未來事)를 의미한다고 할 수 있다.

나는 여기에서 선천과 후천이라는 용어의 학리적인 구분을 자세하게 논증하기보다는 위에 언급한 세 가지 의미를 복합한 개념으로서 선천과 후천이라는 용어를 사용하고자 한다. 따라서 후천(後天)이란 거대한 단위의 음양주기(陰陽週期) 반복에서 오는 후천[192]을 의미하기도 하고, 현실세계에서의 변화양상을 의미하기도 하며, 다가올 미래사의 변화원리를 의미하기도 하는 것이다.

이러한 전제하에 『주역』의 후천관(後天觀)은 거대한 음양주기에 있어서의 음(陰)의 시대를 나타내는 상징적 표현으로서 현실세계의 변화양상과 더불어 다가오는 미래의 변화양상을 나타내는 것이라고 할 수 있다. 역학(易學)에서는 후천을 곤도시대(坤道時代)라고도 한다. 곤도(坤道)란 음(陰)의 도요 땅의 도요, 여성의 도를 의미한다. 남성과 여성의 대비에 있어 남성은 양의 기본속성인 강직함과 투쟁을 의미하고, 여성은 부드러움과 평화를 의미하기도 한다. 한편 이러한 형이상적 이념은 현실적으로 선천은 남성위주의 사회이고, 후천은 여성

192) 소강절의 「황극경세서(皇極經世書)」에 따르면 가장 큰 주기인 1元은 129,600년으로 이중 전반기 64,800년은 선천이고 후반기 64,800년은 후천으로 보게 된다. 한편 야산(也山) 이달(李達)의 경원력(庚元歷)에 따르면 오늘날을 오회(午會) 중천시대(中天時代)로 보고 있다. 이에 관한 자세한 내용은 김석진, 『미래를 여는 周易』 (서울 : 대유학당, 1995) 참조.

위주의 사회라는 도식화된 구분을 만들게도 한다.

후천의 음(陰)의 시대는 감춰져 있던 것이 드러나는 시대이기도 하니, 오랫동안 인간의 불가지(不可知)로 있었던 인간의 유전자(遺傳子)나 성(性)의 본질문제 등이 자연스럽게 노출되는 시대가 아닌가 하는 생각도 든다.

2. 『주역』 곤도(坤道)와 여성관의 관계

(1) 건도(乾道)와 곤도(坤道)

"역(易)이란 음양의 도이니, 괘란 음양의 물건이요, 효란 음양의 동하는 것이다"[193]라 하였듯이 역은 음양의 원리이다. 역(易)이 태극(太極)에서 양의(兩儀)로, 양의에서 사상(四象)으로, 사상에서 팔괘(八卦)로 나아가는 원리가 바로 음양의 발전과 분화(分化)의 연속인 것이고, 64괘 384효 역시 음양의 6단 변화과정이 구현되어 있는 것이다.

『주역』의 64괘는 상경 30괘와 하경 34괘로 나누어져 있는데, 상경 30괘의 처음 2괘는 순양(純陽)인 중천건괘(重天乾卦)와 순음(純陰)인 중지곤괘(重地坤卦)로서 천도(天道)를 상징하고, 하경 34괘의 처음 2괘는 소녀와 소남의 결합을 의미하는 택산함괘(澤山咸卦)와 장남과 장녀의 결합을 의미하는 뇌풍항괘(雷風恒卦)로서 남녀 부부의 인사(人事)를 상징한다고 보는 점에서, 주역 64괘는 형이상적인 천도(天道)와 형이하적인 인사(人事)를 뜻하는 원리를 내포하고 있다.

193) 「易書」: "…易者는 陰陽之道也ㅣ오 卦者는 陰陽之物也ㅣ오 爻者는 陰陽之動也ㅣ니 卦雖不同이나 所同者ㅣ 奇遇요 爻雖不同이나 所同者ㅣ 九六이라.…"

건괘(乾卦)와 곤괘(坤卦)는 역(易)의 문이다.[194] 이와 같이 『주역』은 먼저 음양의 대표적 표상으로서 건괘(乾卦)와 곤괘(坤卦)를 전제로 하고[195] 아울러 천지(天地)의 화육에 참여하는 인간을 부각시키고 있다. 이러한 천지음양과 인간남녀의 부합은 「계사전」에 "건의 도는 남자를 이루고, 곤의 도는 여자를 이루니, 건은 크게 시작함을 주장하고, 곤은 물건 이룸을 짓는다. 건은 쉬움으로 주장하고, 곤은 간단함으로 능하니, 쉬우니 쉽게 알고 간단하니 쉽게 따르며, 쉽게 주장하니 친함이 있고 쉽게 따르니 공이 있으며, 친함이 있으니 오래할 수 있고 공이 있으니 클 수 있으며, 오래하니 현인의 덕이 되고 클 수 있으니 현인의 업이니, 쉽고 간단하여 천하의 이치를 얻으니, 천하의 이치를 얻음에 자리가 그 가운데서 이루어진다"[196]고 표현되고 있다.

이와 같이 건도(乾道)와 곤도(坤道)는 그 원리가 대조적으로 나타나는데, 이러한 차이는 건괘(乾卦)와 곤괘(坤卦) 경문의 곳곳에서 나타나고 있다.

우선, 괘사(卦辭)를 보면 각각 원형이정(元亨利貞)을 내용으로 하고 있으면서도 곤(坤)의 음도(陰道)를 상징하여 "암말의 바름(牝馬之貞)"으로 표현되고 있다. 한편 건괘의 효사에는 여섯 용(六龍)으로 묘사되어 전체적으로 건괘(乾卦)를 상징하는 용(龍)과 곤괘(坤卦)를 상징하는 빈마(牝馬)로 대조됨으로써 용(龍)의 강건승천(强健昇天)하는

194) 「繫辭下傳」 제6장 : "子曰乾坤은 其易之門耶인뎌"

195) 「繫辭下傳」 제6장 : "乾은 陽物也ㅣ오 坤은 陰物也ㅣ니 陰陽이 合德하야 而剛柔ㅣ 有體라."

196) 「繫辭上傳」 제1장 : "乾道ㅣ 成男하고 坤道ㅣ 成女하니 乾知大始오 坤作成物이라. 乾以易知오 坤以簡能이니 易則易知오 簡則易從이오 易知則有親이오 易從則有功이오 有親則可久ㅣ오 有功則可大ㅣ오 可久則賢人之德이오 可大則賢人之業이니 易簡而天下之理ㅣ 得矣니 天下之理ㅣ 得而成位乎其中矣니라."

성능과 빈마(牝馬)의 유순지류(柔順地類)의 성능으로 비교되어 있다.

또한 단전(彖傳)을 보면 건괘(乾卦)에는 "크도다! 건의 원이여! 만물이 바탕하여 비롯하니 이에 하늘을 거느린다! 구름이 행하며 비가 베풀어서 만물이 형상을 이룬다"[197]라 하였고, 곤괘(坤卦)에는 "지극하도다! 곤의 원이여! 만물이 바탕하여 생하니 이에 순히 하늘을 이으니 곤이 두터워 만물을 실음이 덕이 무강한데 합하며, 머금으며 넓으며 빛나며 커서 품물이 다 형통하다"[198]라 하여 건도와 곤도가 대비되고 있다.

아울러 괘상전(卦象傳)을 보면, 건괘는 "하늘의 운행이 굳건하니 군자가 이를 본받아 스스로 굳세어 쉬지 않는다"[199]라 하였고, 곤괘에는 "땅의 형세가 곤이니, 군자가 이를 본받아 두터운 덕으로 만물을 싣는다"[200]고 하였다. 여기에서도 '천행(天行)과 지세(地勢)', '강건(剛健)과 지순(至順)' 그리고 '자강불식(自疆不息)'과 '후덕재물(厚德載物)'이 대조되고 있다.[201]

이와 같이 볼 때 양(陽)으로서의 건도(乾道)와 음(陰)으로서의 곤도(坤道)는 그 성능을 달리하고 있음을 알 수 있다.

197) 彖曰大哉라 乾元이여 萬物이 資始하나니 乃通天이로다. 雲行雨施하야 品物이 流形하나니라.…

198) 彖曰至哉라 坤元이여 萬物이 資生하나니 乃順承天이니 坤厚載物이 德合无疆하며 含弘光大하야 品物이 咸亨하나니라.

199) 象曰天行이 健하니 君子ㅣ 以하야 自彊不息하나니라.

200) 象曰地勢ㅣ 坤이니 君子ㅣ 以하야 厚德으로 載物하나니라.

201) 김석진, 「대산 주역강의【1】」, 253쪽 참조.

(2) 곤도(坤道)와 음도(陰道) 및 여성관의 관계

건괘와 곤괘는 양으로서의 건도(乾道)와 음으로서의 곤도(坤道)를 음양 상대성의 원리로 표현한 것으로 볼 수 있다. 즉, 양기운과 음기운의 작용성을 음양 이진법의 6단구조로 나타나는 건괘와 곤괘에 표상하고 있다. 이렇게 볼 때 건괘와 곤괘는 일단 음양(陰陽)의 원리적 설명을 하고 있는 것으로 보아야 한다.

건도는 하늘의 도이고 곤도는 땅의 도이다. 하늘의 도는 양의 원리로 상징되고 땅의 도는 음의 원리로 상징된다. 하늘의 도와 땅의 도, 즉 우주자연의 섭리가 순행되기 위해서는 건도와 곤도는 상극의 갈등관계에 있는 것이 아니라 상생의 보완관계에 있다고 보아야 한다.[202] 또한 하늘의 기운을 받아 땅 위에서 살아가고 있는 인간으로서는 남성이든 여성이든 건도와 곤도의 원리와 덕성을 체득함으로써 온전한 인간상을 구현할 수 있다. 이렇게 볼 때 건도를 남성의 도(道)로만 보고 곤도를 여성의 도로만 분리하여 이해하는 것은 『주역』의 원리에 어긋나는 것이라 할 수 있다.

한편 음양(陰陽)은 우주만물의 형성에 있어 원인자가 되는 두 가지의 상징적 기운을 의미하는데, 이러한 음양의 원리는 만물의 형상과 속성 및 덕성에 두루 상대적으로 나타나는 것이다. 남성에게도 음양과 사상의 체질이 있고 여성에게도 음양과 사상의 체질이 있으니, 남성은 양이요 여성은 음이라는 획일적 기준으로 『주역』의 의미를 단정하는 것은 원리적으로 잘못된 것이라 할 수 있다.

202) 음양상대성을 상극적인 관계로만 이해하는 것은 서양의 이분법적 사고라고 볼 수 있다. 음양의 원리는 상극과 상생이라는 두 작용성을 통하여 서로를 도와주는 상보관계(相補關係)에 있다고 보는 것이 보다 합리적인 설명이라 보겠다.

그런데 한편으로 시대의 변화는 그 시대를 이끌어 가는 사회적 이념체계를 통하여 구현되고 있다. 사회적·시대적 이념의 변화 역시 크게 보면 음양의 주기적 변화인 것이다. 이러한 이념의 형태에 따라서 대자연의 원리도 형이하학(形而下學)으로 전화(轉化)되면 원래의 의미와는 달리 변형된 의미로서 고착화된다. 즉, 건도를 양인 남성의 원리로 보고 곤도를 음인 여성의 원리로만 보아 '억음존양(抑陰尊陽)'과 '남존여비(男尊女卑)'의 사상이 중세의 사회적 이념으로 고착화된 것이 그 대표적인 예이다.[203] 이데아로서의 음양은 건도와 곤도, 천도와 지도, 남성과 여성의 가치평등적인 이치와 속성의 표현이다. 이러한 이데아적 가치는 시대의 흐름에 따라 변화하는 이데올로기로 전환되면서 천존지비(天尊地卑)와 남존여비(男尊女卑)라는 사회적 윤리체계로 전개되니 이 또한 시대적 이데올로기의 상징이라 할 수 있다.

오늘날 후천(後天)으로 상징되는 미래사회의 가치체계는 평등관(平等觀)으로 표현되는데 오랜 세월동안 계급적 사회윤리의 상징이었던 남존여비사상은 남녀평등사상으로 변화하고 이에 따라 구체적인 시대상도 남녀평등적 사회상으로 변화되어 가고 있다.

203) 중세사회는 동서양을 막론하고 봉건주의적 계급질서사회였다. 서구사회는 기독교라는 종교적 가치체계로 동양에서는 유교적 이념으로 각각 봉건주의적 계급주의질서체계를 구축하였다고 볼 수 있다. 봉건주의적 신분사회에서는 사회 각층의 신분질서뿐만이 아니라 남녀관계에 있어서도 상하의 질서체계가 부여되어 동서양을 막론하고 남성우위적 질서체계로 확립되었다고 할 수 있다. 이러한 질서체계는 억음존양사상(抑陰尊陽思想)이나 남존여비사상(男尊女卑思想)의 이념으로 나타난다.

(3) 『주역』 경문에 나타난 여성관과 현대적 해석의 필요성

『주역』 경문(經文)에 인간을 지칭하는 용어에는 군자(君子)·소인(小人)·대인(大人)·선왕(先王)과 같이 성별이 불분명하면서 단지 덕이나 지위의 고하를 나타내는 용어가 있음과 동시에, 남(男)·여(女)·부(夫)·부(婦)·처(妻)·자(子)·매(妹)·제(娣)·장부(丈夫) 등 성별이 분명한 용어들이 있다. 남과 여를 표현하는 성별이 분명한 용어들을 중심으로 경문 괘사(卦辭)·효사(爻辭)에 나타난 여성관을 살펴보게 되면 양(陽) 위주의 시대적 이념, 즉 남존여비사상(男尊女卑思想)이 반영되고 있음을 알 수 있다.[204)]

『주역』은 음양학이다. 주역 64괘 384효의 변화는 곧 음양의 6단계 변화의 조합이다. 즉 음과 양의 6단계 변화의 원리가 곧 64괘 384효인 것이다. 아울러 『주역』은 이진법(二進法)의 자연과학적 원리에 우주만물의 변화원리와 사회변화의 원리 및 인간의 변화원리 등을 투영하고 있다. 이에 따라 64괘 384효의 괘사와 효사에는 남녀관계를 표현하는 내용을 찾아볼 수 있다. 물론 주역 64괘 384효의 괘사(卦辭)와 효사(爻辭)는 『주역』이 성립된 시기[205)]의 시대상을 반영하고 있다.

204) 그 일례로 여성을 나타내는 괘사를 살펴보면, 곤괘(坤卦) 괘사에 "先하면 迷하고 後하면 得하리니 主利하니라"고 하여 남선여후(男先女後)의 질서적 표현을 하고 있으며, 가인괘(家人卦)의 괘사는 "利女貞하니라"고 하여 가정이 바르려면 무엇보다 여자가 바르게 해야 함을 강조하고 있다. 또한 구괘(姤卦) 괘사에는 "姤는 女壯이니 勿用取女니라"고 하여 한 음이 자라서 점차 성대해지는 것이니 이것은 여자가 자라서 드세어지는 것이고, 여자가 드세면 남자가 약해지는 것이니 이와 같은 여자는 취하지 말라는 의미이다. 『주역』 경문에 나타난 남녀관계에 관한 분석에 대하여는 朴炳卓, 「精神分析과 易經에서 본 男女行動」, 『21世紀와 周易』('98 國際周易學術會議 자료집), 667-677쪽 참조.

205) 주역이 성립된 시기는 은(殷)나라 말기 주(周)나라 초기이다. 더 나아가 그 이후의 시기까지 주역이 성립된 시기로 확장한다 할지라도 이 시기는 동서양

『주역』의 원리는 우주자연과 인간사회의 자연적 법칙을 나타낸 것으로서 어느 시대에나 어느 사회에나 적용될 수 있는 통시성(通時性)을 지니고 있지만, 그 원리가 표현되어 나타난 괘사·효사의 문자와 문장은 주역이 성립된 시대적 배경을 안고 기술되어 있다. 따라서 『주역』 64괘 384효에 드리워진 문자와 문장을 통하여 여성관을 살펴보는 것은 주역이 성립될 당시의 시대상을 보는 것이지, 현대사회에 곧이곧대로 적용 해석되는 것은 아니다.

『주역』은 음양 이진법의 6단 구조를 통한 괘상(卦象)과 효상(爻象)을 통하여 우주만물의 원리를 표현하고 있으니, 이러한 원리를 파악하여 현대의 시대상에 맞게 재해석하여야 할 필요성이 있다.

을 막론하고 봉건주의적 계급질서가 국가사회의 기본질서로 확립된 시대임은 틀림없다. 따라서 『주역』의 괘사와 효사의 문장에는 봉건주의적 계급질서에 기초한 남녀차별적 시대상이 그대로 드러나게 됨은 자명한 사실이다.

Ⅲ. 인류역사의 전개와 여성의 실재

1. 역사적 흐름에서 본 여성의 사회적 변화 (음양의 사회이념적 주기)

역사적으로 볼 때 사회적 이념은 큰 주기성을 띠고 나타난다. 건도와 곤도의 이념적 가치를 역사적으로 살펴보게 되면 여성우위의 불평등시대와 남성우위의 불평등시대 그리고 남녀의 동일한 인격체를 의미하는 평등시대의 반복으로 나타나고 있다고 볼 수 있다.[206]

원시사회에서의 가족의 형태는 이른바 혼교(混交) 난혼(亂婚)의 형태로 규정되고 있다. 역사가인 모르간(Morgan)의 연구에 의하면 야만

206) 본 항목에서는 1879년 라이프찌히에서 처음 출판된 이후 100여 년 동안 수십 판을 거듭하면서 전 세계에 수많은 격렬한 논쟁을 불러일으켰던 책으로 여성문제의 고전서라고 할 수 있는 A.베벨의 저서 『Die Frau und Der Sozialismus (여성과 사회)』의 앞부분을 인용하면서 남성위주사회와 여성위주사회의 전개과정을 살펴보기로 한다. 물론 이 책은 서구 유럽중심의 역사를 반영한 것이긴 하나 고대사회의 기본적 사회상은 동양이나 서양이나 유사한 양상을 보여주고 있다는 점에서 역사적인 측면에서 남성관과 여성관의 변화상을 살펴보는 데에는 큰 무리가 없을 것으로 생각된다.

시대의 하기에는 혈족단체 내에서 성교가 행해졌으며, 모든 여자가 모든 남자에 속하고, 모든 남자가 모든 여자에 속했다는 결국 혼교, 난혼이 존재했었다. 즉 남자는 다처제(多妻制) 속에서 여자는 모두 다부제(多夫制) 속에서 생활했던 것이다. 아내와 남편의 공유가, 따라서 자식의 공유(共有)가 일반적으로 행해졌다.[207)]

한 사람의 여성이 많은 남편을 가질 때는 부계(父系)의 증명이 불가능하다. 부계는 단지 가정(假定)에 지나지 않는다. 부계는 일부일처제가 행해지는 오늘날에 있어서조차, 이미 괴테가 그의 「수업시대」(Lehrjahre) 속에서 프리드리히로 하여금 말하게 한 "단지 선의의 믿음에 근거할 뿐"(nur auf guten Glauben)이다. 단일혼(單一婚)에서조차 부계가 의심스럽다면 복수혼(複數婚)에서 부계의 증명은 불가능하며 모계의 혈통만이 의심할 여지가 없는 것이다. 따라서 자식들은 모권(母權)에 속하게 되었다.[208)]

모권제(母權制) 아래서는 일반적으로 평화로운 상태가 지켜졌다. 모든 관계는 좁고 생활은 단순했다. 각각의 종족은 서로 나눠지면서 상대의 영역을 존중했다. 종족이 공격받는 경우 남자들은 방어의 의무를 진다. 그리고 이 경우 그들은 여성들에게서 가장 강력한 도움을 받았다. 헤로도투스에 의하면 스키티아의 여성은 전쟁에 참가했다고 한다. 고대에는 일반적으로 남녀의 육체적 및 정신적 차이가 현대사회보다 훨씬 적었다. 또한 여성은 체력과 민첩성이 남자에 비하여 거

207) A. 베벨 저·선병렬 역, 『여성과 사회』(서울 : 한밭출판사, 1982), 22쪽.

208) 위의 책, 25쪽. 모세 제1서(창세기) 제30장 32절, 모세 제1서 제3장 16절, 모세 제4서(민수기) 제32장 41절 등의 내용을 분석하면 모계계승의 면모를 살펴볼 수 있다. 같은 책, 27쪽 참조.

의 열세이지 않았다.[209]

씨족 내부에서 여성들은 사정에 따라서는 엄중한 감독을 행하였다. 몹시 게으르거나, 쓸데없다고 하거나, 공동의 생활을 위하여 자신이 가진 것을 기여할 수 없는 남자는 가혹하게 대했다. 그는 추방당하여 좀처럼 친절하게 받아들이지 않는 자신의 씨족으로 돌아가거나 또는 관대한 다른 씨족에 들어갈 수밖에 없었다.[210]

인구의 증가와 더불어 다수의 자매 씨족이 생기고 나아가 그것은 많은 딸 씨족을 낳았다. 이에 대해서 원래의 씨족은 큰 씨족으로 구별되었고 다수의 큰 씨족이 모여 종족을 이루었다. 종족은 많은 부족으로 갈라지고 그것들은 모두 동일한 법률을 갖고 있으며 그 각 조문 속에서 옛날 씨족을 찾아낼 수 있다. 그러나 씨족의 법률이 형제자매의 결혼은 물론이고 어머니 쪽의 가장 먼 친족과의 결혼조차 금지한 결과 자기 몰락을 초래하게 되었다. 생활자료의 생산이 유치하고 아주 단순한 요구로 만족할 수 있었던 때의 남녀의 생활은 본질적으로 동일했으나, 분업(分業)의 증진과 함께 일의 구별뿐만 아니라 이득(利得)의 구별도 시작되었고, 어로·수렵·목축·농경 등은 각각 특별한 지식(知識)을 요구했으며, 많은 도구와 기구의 제조를 필요로 했고 그것들은 주로 남자의 소유로 돌아갔다. 이 발전의 시기에 앞장섰던 남자는 이러한 부(富)의 원천의 실제적인 주인이요 소유자가 되었다.

인구의 증가와 더불어 광대한 목장과 경지를 얻으려는 노력에 의하여 최량의 토지를 차지하기 위한 알력과 투쟁이 시작되었을 뿐만 아

209) 위의 책, 30쪽.

210) 위의 책, 31쪽.

니라, 노동력(勞動力)에 대한 수요도 일어났다. 이 노동력이 많으면 많을수록 생산물과 가축의 규모는 커갔고 이것은 우선 여성의 약탈을 유도했고, 처음에는 살해했던 피정복자를 노예로 삼게 되었다.[211)]

공산제(共産制)에 기초를 둔 옛날의 상태는 사유재산(私有財産)과 양립할 수 없게 되었고 계급(階級)과 직업이 생활을 결정적으로 규정지었다.… 옛 씨족조직의 해체와 함께 여성의 지위와 세력은 점차 쇠퇴해 갔으며 모권(母權)은 소멸하고 부권(父權)이 여기에 대체되었다. 재산소유자로서의 남자는 그가 '적출(嫡出)'로 인정하여 자신의 재산상속자로 만들려는 자식에 대해 관심을 갖게 되었고 그래서 그는 아내가 다른 남자들과 교접하는 것을 엄금했다.

그러나 그 자신은 하나 또는 몇 명의 정처(正妻) 외에 그의 재력이 허용하는 한 많은 첩(妾)을 둘 수 있는 권리를 보유했다. 그리고 이들 첩의 자식은 적출자와 같이 취급되었다.[212)]

모계계승(母系繼承)에 대신해서 부계계승(父系繼承)이 이루어지기에 이르러 다른 모든 민족처럼 유대인에게도 여자는 매우 무력한 상태로 전락했다. 결혼은 매매혼(賣買婚)이었고 여자에게는 매우 엄격한 정절이 요구되었지만 남자 쪽은 이 계율에 얽매이지 않고 다수의 여자들을 소유할 권리를 누렸다.[213)]

사유재산제(私有財産制)의 지배와 함께 남자에 대해 여성이 예속되어 여성의 경시, 아니 멸시시대가 도래했다. 모권(母權)의 시행은 공산제(共産制)와 만민평등(萬民平等)을 의미하고, 부권(父權)의 발흥은

211) 위의 책, 33-34면.

212) 위의 책, 34-35면.

213) 위의 책, 36면.

사유재산제(私有財産制)의 지배를 의미하고 동시에 여성의 억압과 예속을 의미한다.[214)]

중세에 이르기까지 동서양을 막론하고 계급주의적 불평등질서가 사회적 이념으로서 구축되었고, 이러한 중세적 이념은 남녀불평등이라는 실질적인 질서체계로 구현되었다. 근대의 이념은 신(神)으로부터의 인간(人間)의 해방과 자유주의(自由主義)로 표방되었고, 이는 개인주의(個人主義)라는 구체적 이념으로 나타나 결국 남성과 여성의 평등질서라는 사회적 형태로 나타났다. 이러한 근대적 이념이 일찍 구현되었던 서양에서는 여성의 사회적 지위가 보다 일찍 상승되었고 남성에 예속된 결혼관이 남성과 함께 하는 결혼관으로 이동하였다. 이러한 형태는 동양에서도 19세기 이후 진행되어 20세기에는 형식적으로는 남녀평등의 이념이 구현되는 결과를 보였다.

2. 현대사회에서의 여성

20세기의 전반(全般)에 걸쳐 국제사회에서 가장 중시된 문제 가운데 하나는 인간의 존엄성 회복과 기본적 권리의 신장에 관한 것이었다. 특히 여성의 권리신장은 인권신장의 주된 과제로 여겨졌다. 이에 따라 근대사회에 이르기까지 세계적으로 보편화되었던 남성중심의 사회원리는 20세기에 접어들면서 남녀평등이념(男女平等理念)이 본격적

214) 위의 책, 37면.

으로 제기되면서 남녀평등과 여성권리신장의 사회원리로 현실적으로 전개되었다.

국제사회는 『여성차별철폐협약』을 비롯한 각종 인권협약(人權協約)을 제정함으로써 남녀평등의 실현을 모색하게 되었고, 각 국가 역시 이를 토대로 하여 국내법의 개정 및 제정을 통하여[215] 적어도 실정법상으로는 남녀평등을 구현하는 노력을 전개하여 왔다. 이에 따라 오늘날 유럽의 경우 여성의 정치참여와 사회활동은 거의 남성과 대등한 관계를 이루고 있으며,[216] 우리나라를 비롯한 동양 각국에서도 여성의 사회적 지위와 활동은 날로 발전해 가고 있다. 21세기에 있어서의 남녀관계가 오랜 세월동안 빚어졌던 남권위주의 사회구조에서 점차 벗어나게 되는 것은 분명한 시대적 흐름이라 할 수 있다.[217]

215) 우리나라의 경우를 들면 '남녀고용평등법'의 제정과 민법상의 남녀차별조항에 대한 전면 개정 및 국적법 등의 개정을 예로 들 수 있다.

216) 유럽 각국의 경우 정부 각료뿐만이 아니라 정부수반인 수상에 이르기까지 여성의 진출현상이 뚜렷해지고 있으며, 국회의원에 있어서도 거의 남성과 대등한 수준의 진출이 이루어지고 있다. 특히 입법을 담당하는 국회의원에 여성의 진출이 많아짐에 따라 자연히 여성의 복지와 인권을 위한 법률제정이 이루어져 여성의 인권과 사회적 지위는 급속히 향상되어 왔다.

217) 전 세계의 이념이 공히 남녀평등을 구현하는 방향으로 가고 있다고 보기에는 아직 이르다고 할 수 있다. 지구의 3분의 1을 차지하고 있는 이슬람 국가들은 그들의 종교적 이념에 입각해 아직도 철저한 남녀차별적 체제를 유지하고 있다. 또한 세계 곳곳에서 벌어지고 있는 인종분쟁 및 내란의 현장에는 역시 여성과 아동이 최대의 피해자로 되고 있다.

Ⅳ. 현대의 이념과 사조 그리고 후천

21세기 현대사회의 이념은 개인주의, 남녀평등사상으로 요약할 수 있다. 특히 우리나라의 경우 전통적인 유교원리에 따른 대가족제도가 와해되고 이른바 핵가족화 되면서 개인주의적 경향은 날로 두드러지고 있다. 이러한 개인주의적 경향은 집단적 이념을 탈각하게 되니, 집단적 계급주의의 상징이었던 남녀차별제도도 급격히 바뀌어 남녀평등사회로 이동하고 있다.

또한 21세기의 산업형태는 육체적 노동을 필요로 했던 산업형태에서 지식을 기반으로 하는 지식산업사회로 전환되고 있다. 이것은 역사적 발전단계에서 노동과 생산성의 발전에 따라 남성우위의 시대가 도래하였다는 점을 상기할 때, 육체적 노동이 중시되지 않는 미래사회는 여성에게 유리한 산업구조로 변화되어 여성의 역할이 보다 강화되어가는 양상을 보여주게 된다.

성(性)의 역할에 있어서도 남성과 여성의 성관계는 절대적인 역할이 아닌 상대적·개인적인 역할로 전이(轉移)되어가고 있다. 때문에 결혼(結婚)은 필수가 아닌 선택(選擇)이며, 성개방풍조(性開放風潮)나

자유연애주의(自由戀愛主義)는 오늘날 일반적인 사회적 흐름으로 되고 있다고 볼 수 있다. 또한 결혼관에 있어서도 남성과 여성의 결합이라는 전통적 결혼관에서 벗어나, 극히 일부의 흐름이지만, 남성 대 남성 또는 여성 대 여성이라는 동성혼(同性婚)이 합법적으로 인정되는 경향을 보이고 있다.[218)]

현실적으로나 이상적으로나 남성과 여성의 역학구도에서 바람직한 것은 남녀의 대등한 사회적 지위와 역할일 것이다. 그러나 이러한 이상적 상태를 위협하는 요인을 현대과학의 발전과 산업화의 결과인 환경변화에서 찾아볼 수 있다. 그 대표적인 사례가 이른바 환경호르몬[219)]으로 인한 남녀 성호르몬의 변이현상이다. 특히 환경호르몬은 남성의 생식기에 큰 영향을 주고 있는데, 이미 동물의 분석을 통해 심각한 영향을 미치고 있음이 밝혀지고 있다.[220)] 20세기의 화려한 문명

218) 유럽에서는 일부 국가에서 이미 동성혼부부(同性婚夫婦)가 합법적으로 인정되어 왔으며, 미국에서도 하와이 주에서 1996년에 처음으로 동성 커플도 합법적으로 결혼할 수 있다는 판결을 내림으로써 동성간의 결혼도 비록 전통적인 관점에서는 변태적이고 비정상적이라 할지라도 하나의 흐름으로 전개되고 있다. 이러한 현상은 이미 고대 그리스시대에도 나타났는데 그리스 제 연방은 좁은 영토를 갖는 도시국가였기 때문에 인구과다의 공포를 느끼게 되었고 이에 대처하여 아리스토텔레스는 남편들에게 그의 아내를 멀리하고 오히려 소년을 사랑할 것을 권했다고 한다. 그리스 남자들이 남색에 빠져 있을 때 여자들은 반대로 동성애에 한창이었는데, 특히 레스보스(Lesbos)섬의 주민들이 매우 심했기 때문에 이러한 연애의 형태를 레스비안 연애(Lesbian love)라 불렀고, 오늘날에도 일반적인 용어로 사용되고 있다. A. 베벨 저·선병렬 역, 『여성과 사회』, 47쪽 참조.

219) 환경호르몬이란 동물이나 사람의 몸 속에 들어가서 호르몬의 작용을 방해하거나 혼란시키는 물질을 총칭하는 말이다. 학술용어로는 '내분비계교란물질'(endocrine disrupter)이라고 한다. 환경호르몬의 부작용은 생식기능의 이상, 성비(性比) 균형의 파괴, 호르몬 분비의 불균형, 면역기능 저해, 유방암 전립선암 등의 증가 등을 들 수 있다.

220) 조선일보, 1998. 6. 5. 21면 참조.

의 이기(利器)로 등장한 석유산업제품이 결국 환경호르몬의 주 원인자로 밝혀졌고 인류는 근 반세기 이상을 이 석유화학제품을 사용하여 왔다. 21세기에 있어 환경호르몬의 부작용이 구체적으로 어떻게 나타나게 될지는 미지수이지만 인간의 정상적인 생리에 영향을 줄 것만은 틀림없는 사실로 받아들여지고 있다.

V. 미래사회의 여성관

『주역』의 후천관(後天觀)은 미래관(未來觀)이자 현 시대의 사회상을 나타내는 것이다. 음(陰)의 시대로 표방되는 후천의 곤도관(坤道觀)이 현실 사회에서 어떻게 구현되는가는 결국 현실사회의 분석을 통해 알 수 있고, 이러한 분석을 통하여 후천의 곤도관이 구현되는 가능한 실현태(實現態)를 전망해볼 수 있다.

『주역』의 후천관은 곤도(坤道)의 음의 시대로 대변되는데 이 때의 음도(陰道)란 여성의 시대라는 것을 단적으로 표현하는 것이라기보다는 선천(先天) 건도(乾道)의 사회적 양태가 후천(後天) 곤도(坤道)의 사회적 양태로 변화해 가는 것이라고 할 수 있다. 이러한 큰 흐름 속에서 여성의 사회적 역할이 증진되고 여성의 경제적 역량이 또한 강화되어 감에 따라 중세의 남존여비적 시대상은 사라지고 남성과 여성의 사회적 역할이 대등해지거나 더 나아가서는 여성의 사회적 역할 및 지위가 오히려 상승될 가능성도 전망해 볼 수 있다.

역(易)의 원리가 현실화되는 구체적인 양태는 정미(精微)한 것이다. 21세기를 비롯한 미래사회를 바라보면서 여성의 역할이 지속적으로 상승될 것이라는 점은 충분히 예측할 수 있다. 다만 21세기 사회의 전반적인 양상이 역(易)의 이치에서 구현되는 이상적인 사회상으로 전개될 것인가 하는 점에서는 다소 우려가 되는 요인들이 나타나고 있다. 여기에서 대자연의 원리를 현현화(顯現化)하는 이상향을 어떻게 설정할 것이며 인간남녀의 사회적 역할을 어떻게 조율해 나갈 것인가 하는 것은 결국 이 시대를 살아가고 있는 인간의 몫이라고 할 것이다.

우리는 전통사상을 통해서 인습적인 과거상을 추종하는 것이 아니라, 전통사상에 내재된 원리의 시대적 발현을 통하여 보다 바람직한 사회상을 구축해 가고 있다. 『주역』의 후천관(後天觀)은 바로 이러한 과제를 오늘날의 인류에게 제시하고 있다.

Modern introduction to the I Ching

제4장 『주역』에 바탕한 중도적 수양론

Modern introduction to the I Ching

Ⅰ. 중도(中道)와 수양(修養)의 의미

Ⅱ. 간괘(艮卦)와 관괘(觀卦)의 지관수양법(止觀修養法)

Ⅲ. 중도적 수양론의 현대적 의의

Ⅰ. 중도(中道)와 수양(修養)의 의미

『주역』을 어떻게 이해해야 할 것인가 하는 문제는 각자의 가치관에 따라 달라질 수밖에 없다. 이 세상의 진리가 『주역』에 담겨있다고 주장한다면 혹자는 이를 '주역예찬론자'의 억설(臆說)에 불과하다고 말할 수도 있다. 이 세상의 모든 것이 단정되어질 수 없는 상대성(相對性)을 띠고 있듯이, 인간의 가치관 문제 또한 절대적 인식을 강요할 수 없는 상대성의 울타리 안에 있다고 할 수 있다.

인간은 신(神)의 존재를 믿건 안 믿건 신을 경모(敬慕)하고, 종교를 믿건 안 믿건 종교적 존재일 수밖에 없다. 자아(自我)와 만물의 본질을 깨닫기 위한 인간의 여정(旅程)은 어찌 보면 『주역』 64괘 384효의 변화선상에 놓여 있을지도 모른다. 쉽다면 쉽다고 할 수 있고, 어렵다면 어렵다고 할 수 있는 인생의 여정에서 인간은 의식적이건 무의식적이건 '깨달음'이라고 하는 궁극처(窮極處)를 향하여 가고 있다. 인간의 본질적 자아를 깨우침에 있어 기본적으로 주어지는 장애(障碍)는 인간을 둘러싼 다른 존재와의 관계에 있다고 할 수 있다. 예로부터 깨우침을 위하여 가족을 등지고 출가하는 이유를 여기에서 찾아볼 수 있다. 그러나 '나'라는 존재와 나 이외의 존재와의 관계는 단절될 수 없고, 설사 인간이 본질을 향한 수행을 위하여 주변과의 관계를 끊는다고 하지만 결국은 기존의 관계를 등지고 새로운 관계를 맺는 것에 불과하다.

존재의미를 실현하기 위한 인간의 행위에 있어 가장 이상적인 행위는 중도행(中道行)이라고 할 수 있다. 중도(中道)라는 것은 인간존재의 궁극처를 깨닫기 위한 방법이기도 하지만 인간의 생활양식에 있어서 준수해야 할 행위기준이라고도 할 수 있다. 따라서 인간의 행위지침으로서의 중도는 인간의 본연의 마음을 깨닫기 위한 방법으로서의 중도와 인간의 생활관계에서 외적 상황과 조응하기 위한 중도의 두 가지 형태로 대별할 수 있다. 전자를 존재적 중도(存在的 中道)라고 한다면, 후자를 관계적 중도(關係的 中道)라고 할 수 있다. 그런데 존재와 관계라는 것은 원래 분리될 성질의 것은 아니다. 각각의 존재자는 각각의 외적 상황(관계)과 항상 공존하고 있다. 따라서 존재적 중도와 관계적 중도를 합일하여 조화하는 조화적 중도(調和的 中道)가 요구된다.[221] 여기에서 인간 개개인이 본질적 자아를 깨닫기 위한 존재적 중도와 인간 개개인을 둘러싸고 있는 현상과의 관계적 중도의 조화가 필요하며, 이러한 조화는 지극한 정성(精誠)이라는 조화적 중도로 귀결된다고 할 수 있다.

여기에서는 존재적 중도와 관계적 중도 그리고 조화적 중도라는 세 가지 관점의 합일을 전제로 하여 『주역』에 내재된 중도적 수양론에 대하여 살펴보고자 한다.

221) 존재적 중도, 관계적 중도 및 조화적 중도에 관한 개념정의에 관하여는 신성수, 「周易을 통한 中道의 實踐的 原理」『同人』(홍역학회, 1998.2), 30-33쪽 참조.

Ⅱ. 간괘(艮卦)와 관괘(觀卦)의 지관수양법(止觀修養法)

『주역』을 공부하는 궁극적 목표는 도(道 : 自我)의 실현에 있다고 할 수 있다. 이렇게 자아(自我)와 만물의 본질을 터득하기 위해서는 앞서 언급한 존재론적 중도행을 터득해야 할 것이다. 『주역』 64괘 384효를 인간의 자아완성을 위한 수양서로 풀이하고 있는 문헌도 적지 않다. 널리 알려져 있는 『주역참동계(周易參同契)』가 가장 대표적인 책이다. 이러한 문헌은 주역 64괘 384효를 인간의 정(精)·기(氣)·신(神)의 상호작용으로 보고 수련에 따른 기운의 변화를 설명하고 있다. 이러한 해석은 존재적 본질을 터득하고 자아완성을 위한 수련의 지침서적 성격을 지닌다.[222)]

한편, 『주역』 64괘 가운데에는 그 근본성격이 인간의 존재적 자아를 터득하기 위한 수련 의미가 담겨 있는 괘가 있다. 그 대표적인 괘로 주역 상경 가운데에는 풍지관괘(風地觀卦)와 산천대축괘(山天大畜

222) 『주역』 64괘 384효를 인간의 수련과정에서 일어나는 기운의 변화작용으로 풀이하여 궁극적으로 인간의 자아완성을 지향하는 수련서로 풀이한 또 다른 문헌중의 하나로는 鄭 燦, 『明道易經』 (中國孔學會 刊), 臺灣 : 七海印刷有限公司, 中華民國 65年 참조.

卦)를 들 수 있으며, 하경 가운데에는 지풍승괘(地風升卦)와 중산간괘(重山艮卦)를 들 수 있다. 상경에 있는 관괘(觀卦)와 대축괘(大畜卦)는 상단전(上丹田)을 기초로 한 명상 내지 관법(觀法)을 표현한 것이며, 하경에 있는 승괘(升卦)와 간괘(艮卦)는 하단전(下丹田)을 기초로 한 단전수련법을 표현하고 있다고 할 수 있다.[223] 여기에서는 중산간괘와 풍지관괘의 지관수양법(止觀修養法)을 간단히 살펴보기로 한다.

1. 중산간괘(重山艮卦)와 지법(止法)

본질적 자아를 깨닫기 위한 수행을 함에 있어 무엇보다 중요한 것은 몸가짐과 마음가짐이다. 이 중에서도 몸가짐은 수행의 기본이 된다. 행주좌와(行住坐臥) 사선(四禪)이라고 하듯이 때와 장소를 불문하고 수행은 한결같이 진행되는 것이지만, 수행을 함에 있어 가장 기본이 되는 것은 몸을 그치는 것이다. 몸을 그치는데 또한 기본이 되는 것은 좌법(坐法)이라고 할 수 있다. 그래서 예로부터 선(禪)을 수행하는 것을 참선이라고 하고, 참선의 대표가 되는 것이 앉아서 선을 닦는 좌선(坐禪)인 것이다.[224]

223) 이 외에도 『주역』에 심신수련과 관련이 있는 괘로는 중천건(重天乾), 중지곤(重地坤), 천택리(天澤履), 천뢰무망(天雷无妄), 수풍정(水風井), 화풍정(火風鼎)괘 등을 들 수 있다. 『주역』에 담긴 심신수련과 관련한 내용을 현대적으로 해석하여 정리할 필요성이 있다.

224) 정태혁, 『명상의 세계』 (서울 : 정신세계사, 1987), 99쪽.

(1) 좌선법

좌법(坐法)에 관하여는 많은 사람들에 의해 다양하게 설명이 되고 있지만, 여기에서는 종색선사(宗賾禪師)의 「좌선의(坐禪儀)」에 기초하여 그 내용을 살펴보되 원문 그대로를 직역하여 옮겨보고자 한다.[225)]

> 반야(般若 : 깨우침)를 배우는 보살들은 먼저 큰 자비심을 일으키고 큰 서원을 세우고 정미롭게 삼매(三昧)를 닦고, 중생을 제도하기를 맹서해야지 일신(一身)만을 위하여 해탈을 구해서는 안 된다. 즉, 모든 인연을 버리고, 모든 일을 쉬어서 몸과 마음이 하나같고, 움직이고 고요함이 사이가 없게 하라. 음식의 양에 있어서도 많지도 작지도 않게 하고, 수면을 조절하여 짧게도 지나치게 하지도 말라.[226)]
>
> 좌선을 할 때에는 고요한 곳에서 두꺼운 방석을 깔고, 허리띠를 너그럽게 매고, 위의(威儀)를 단정히 한 후에 결가부좌를 한다. 먼저 오른쪽 발을 왼쪽 무릎 위에 놓고, 왼쪽 발을 오른쪽 무릎 위에 놓는다. 혹 반가부좌하는 것도 좋으나, 다만 왼쪽 발로 오른쪽 발을 누른다. 다음 오른쪽 손을 왼쪽 발 위에 놓고, 왼쪽 손바닥을 오른쪽 손바닥 위에 놓아, 두 엄지손가락 끝을 서로 맞대고, 서서히 몸을 일으켜 전후좌우로 여러 번 움직여서

225) 宗賾禪師, 『坐禪儀』(權奇悰 譯, 『현대불교신서 11 禪修行의 길잡이』, 1981), 176-182쪽.

226) [原典] 夫學般若菩薩은 先當起大悲心하고 發弘誓願하고 精修三昧하며 誓度衆生하되 不爲一身獨求解脫爾하니 乃放捨諸緣하고 休息萬事하여 身心一如에 動靜無間하며 量其飮食에 不多不少하고 調其睡眠에 不節不恣하라.

몸을 바르게 하여 단정히 앉는다.[227)]

왼쪽으로 기울거나 오른쪽으로 기울거나 앞으로 구부리거나 뒤로 자빠지지 말고, 허리와 척추, 머리와 목의 골절을 서로 버티어 모양이 부도(浮屠)와 같게 하라. 또 몸을 지나치게 곧두세워 호흡을 급하게 하여 불안케 하지 말고, 귀와 어깨는 상대케 하고, 코와 배꼽을 상대케 하며, 혀는 위턱에 대고, 입은 다물고, 눈은 조금 떠서 잠이 오지 않게 하라. 만약 선정을 얻으면 힘이 크게 넘칠 것이다. 옛적 선정을 닦던 고승이 앉아서 항상 눈을 뜨더니, 법운원통(法雲圓通) 선사도 또한 눈을 감고 좌선하는 사람들을 꾸짖기를 "컴컴한 산이요, 귀신의 굴이라"고 하였다. 대체로 깊은 뜻이 있으니, 달자(達者)는 알 것이다.[228)]

몸가짐이 결정되고 호흡이 이미 조절된 후 아랫배를 너그럽게 하고, 일체의 선악을 사량하지 말라. 잡념이 일어나면 곧 잡념인 줄 깨닫고, 깨달으면 곧 잡념은 없어질 것이다. 오래도록 인연을 잊으면 스스로 조금 달성될 것이니, 이것이 좌선의 요술(要術)이다. 곰곰이 생각하면 좌선은 편안하게 하고 즐겁게 하는 법문이지만, 많은 사람들이 병을 얻는 것은 모두 마음을 잘

227) [原典] 欲坐禪時에는 於閑靜處에 厚敷坐物하여 寬繫衣帶하고 令威儀齊整한 然後에 結跏趺坐하여 先以右足安左髀上하고 左足安右髀上하며 或半跏趺坐인댄 亦可하나 但以左足으로 壓右足而已하라 次以右手安左足上하고 左掌安右掌上하여 以兩手大拇指面으로 相拄하고 徐徐擧身하여 前後左右로 反復搖振하여 乃正身端坐니라.

228) [原典] 不得左傾右側前躬後仰하고 令腰脊頭項骨節으로 相拄하여 狀如浮屠케 하라. 又不得聳身太過하여 令人氣急不安하고 要令耳與肩對하고 鼻與臍對하며 舌拄上腭고 脣齒相着고 目須微開하여 免致昏睡하라. 若得禪定이면 其力最勝하리라. 古有習定高僧이 坐常開目하더니 向 法雲圓通禪師가 亦訶人閉目坐禪하기를 以謂黑山鬼窟이라. 盖有深旨니 達者知焉이라.

못 쓰기 때문이다.[229)]

만약 이 뜻을 잘 터득하면, 곧 저절로 온 몸이 편안하고 정신이 상쾌하며, 바른 생각이 분명하여, 진리의 맛으로 정신을 도와 고요하고 맑고 편안할 것이다. 만약 이미 밝게 되기만 하면, 용이 물을 얻은 것과 같고 호랑이가 산에 든 것과 같다. 만약 아직 밝지 못하면 또한 바람에 의해서만 불을 일으키려는 것과 같아서 그 힘이 부족할 것이니, 오직 기쁜 마음으로 말하고 반드시 우물쭈물 하지 말라. 그러나 도가 높아지면 마군(魔軍)이 성하여 역경과 순탄함이 만 가지나 된다. 그러나 바른 생각이 나타나면 일체가 구애되지 않을 것이다. 저 「능엄경(楞嚴經)」과 「천태지관(天台止觀)」과 규봉(圭峯)의 「수증의(修證儀)」에 마군의 방해를 모두 밝혔으니, 미리 대비하여 염려 없도록 하는 사람은 반드시 알아야 할 것이다.[230)]

만약 좌선이 끝나고 일어 설 때에는 천천히 몸을 움직이고, 편안하게 일어나야지 갑작스럽게 일어서지 말라. 일어난 뒤에는 어느 때에나 항상 방법을 연구하여 선정의 힘을 보호해 가지기를 어린애기를 돌보듯 하여야 곧 선정의 힘을 쉽게 이룰 수 있다.[231)]

229) [原典] 身相旣定하고 氣息旣調然後에 寬放臍腹하고 一切善惡을 都無思量하라. 念起卽覺하고 覺之卽失하리라. 久久忘緣하면 自成一片이리니 此坐禪之要術也라. 竊謂坐禪은 乃安樂法門이나 而人多致疾者는 盖不善用心故也라.

230) [原典] 若善得此意면 則自然四大輕安하고 精神爽利하며 正念分明하여 法味資神으로 寂然淸樂하리라. 若已有發明者인댄 可謂如龍得水하고 似虎靠山이요 若未有發者는 亦乃因風吹火하여 用力不多이니 但辦肯心하고 必不相賺하라. 然而道高魔盛하여 逆順萬端이라. 但能正念現前이면 一切不能留礙리라. 如楞嚴經과 天台止觀과 圭峯修證儀에 具明魔事하니 預備不虞者는 不可不知也라.

231) [原典] 若欲出定인댄 徐徐動身하여 安詳而起하고 不得卒暴하라. 出定之後에는 一切時中에 常依方便하고 護持定力하여 如護嬰兒하여야 卽定力易成矣리라.

대개 선정(禪定)의 일문(一門)이 가장 급한 일이다. 만약 선정이 잘되지 못하면, 여기에는 모든 것이 망망할 것이다. 그러므로 구슬을 찾으려면 물결이 고요해야 한다. 물결이 흔들리면 찾기가 어렵다. 물결이 안정되어 맑고 깨끗해지면 마음의 구슬이 나타난다. 그러므로 『원각경(圓覺經)』에서 "구애됨이 없는 청정한 지혜가 다 선정에서 나온다"고 하였고, 『법화경(法華經)』에서는 "고요한 곳에서 마음을 닦고, 편안히 머물기를 수미산(須彌山)처럼 하라"고 하였다. 알아야 한다. 범부와 성인을 초월하기 위해서는 반드시 반연을 고요히 하고, 앉거나 서거나 자유로우려면 선정의 힘을 의지해야 한다. 일생동안 몸을 바쳐도 오히려 잘못될까 염려하는데, 하물며 게을러서야 어떻게 적중하겠는가. 그러므로 옛 사람들이 "만약 선정의 힘이 없으면 죽음의 문에서 복종당하고, 앞이 캄캄하여 갈팡질팡할 것이다"라고 하였다. 바라건대, 모든 참선하는 벗들은 이 글을 거듭거듭 읽고 나와 남이 이롭게 되고 다 같이 바른 깨달음을 이루소서.[232)]

232) [原典] 夫禪定一門이 最爲急務니라. 若不安禪靜慮면 到這裏總須茫然하리라. 所以探珠宜靜浪이니 動水取應難이라. 定水澄清이면 心珠自現이니라. 故로 圓覺經에 云하되 無礙清淨慧는 皆依禪定生이요 法華經에 云하되 在於閑處에 修攝其心하고 安住不動하기를 如須彌山하라. 是知라. 超凡越聖엔 必假靜緣하고 坐脫立亡엔 須憑定力하라. 一生取辦이라도 尙恐蹉跎인대 況乃遷延하여야 將何敵業인고. 故로 古人云에 若無定力이면 甘伏死門하고 掩目空歸하여 宛然流浪니라. 幸諸禪友는 三復斯文하고 自利利他하여 同成正覺하소서.

(2) 중산간괘(重山艮卦)와 지법(止法)

중산간괘는 상하로 지극히 그친 상이므로 삼매(三昧)의 경지에 들어선 것에 비유된다. 중산간괘의 내용을 위에 언급한 좌선법에 기초하여 설명하면 다음과 같다.[233]

> (괘사) 그 등에 그치면 그 몸을 얻지 못하며, 그 뜰에 행하여도 그 사람을 보지 못하여 허물이 없을 것이다.[234]

이는 선정(禪定)의 상태에서 육감(六感)을 통한 육체로서의 몸을 느끼지 못하는 상태이며 수행자와 관계있는 주변의 모든 것에 이끌리지 않는 상태를 의미한다.

> 단전에 말하였다. "간은 그침이니, 때가 그칠 때면 그치고 때가 행할 때면 행하여, 움직이고 고요함이 그 때를 잃지 않음이 그 도가 광명하니, '그 등에 그침'은 그 곳에 그치기 때문이다. 위와 아래가 적으로 응하여 서로 더불지 못하기 때문이니, 이로써 그 몸을 얻지 못하며, 그 뜰에 행하여도 그 사람을 보지 못하여 허물이 없는 것이다."[235]

233) 신성수, 『주역통해』, 552-559쪽 참조.

234) 艮其背면 不獲其身하며 行其庭하야도 不見其人하야 无咎리라.

235) 艮은 止也ㅣ니 時止則止하고 時行則行하야 動靜不失其時ㅣ 其道ㅣ 光明이니 艮其背는 止其所也ㄹ새라. 上下ㅣ 敵應하야 不相與也ㄹ새 是以不獲其身行其庭不見其人无咎也ㅣ라.

이는 수행을 하는데 고요할 때는 수행에 정진하고, 수행의 상황이 안 될 때에는 그 도를 간직하여 그 상황에 맞게 응하는 것이다. 수행에서 기본은 세상사의 번뇌를 그치는 것인데, 간괘(艮卦)의 각 효가 서로 응하지 않음은 주변사의 모든 관계를 단절함을 의미한다.

> 상전에 말하였다. "겹쳐 있는 산이 간이니, 군자가 이를 본받아 생각이 그 자리를 벗어나지 않는다." [236)]

선정(禪定)에서 근본은 생각의 연을 끊는 것이다. 정좌를 하여 수행함에 생각이 노닌다면 자아를 터득하기 위한 수행은 의미가 없게 된다. 지극히 고요한 경지는 주변 상황의 적막함에 있는 것이 아니라 수행자의 사념이 끊어진 자리가 바로 그러한 경지이다.

> 초육은 그 발꿈치에 그친다. 허물이 없으니, 길이 바르게 함이 이롭다.[237)]

이는 좌선에 있어 몸을 바르게 그치게 하는 초기의 과정을 설명한 것으로 볼 수 있다. 앞서 살펴 본 「좌선의」에 의거하여 수행을 위하여 정좌하고 몸을 바르게 정하는데, 이왕에 수행을 위해 정좌를 했으면 길이 바르게 해야 그 효과를 보게 된다.

236) 象曰兼山이 艮이니 君子ㅣ 以하야 思不出其位하나니라.
237) 初六은 艮其趾라. 无咎하니 利永貞하니라.

> 육이는 그 장딴지에 그치니, 그 따름을 구원하지 못한다. 그 마음이 유쾌하지 못하다.[238)]

이는 좌선을 수행하는 과정에서 나타나는 육체적 고통의 초기단계를 말하는 것으로 볼 수 있다. 결가부좌를 하건 반가부좌를 하건 수행 초기에는 다리의 기(氣)와 혈(血)이 상체와 교류를 못하여 심한 통증을 느끼는데, '그 따름을 구원하지 못한다'는 표현은 다리의 아픔을 해결하기 위하여 몸을 뒤척이지 않고 계속 정진함을 의미하며, 이 단계를 지나면 다리의 고통이 사라져 계속 수행할 수 있다. 이러한 육체적 고통에는 마음이 편할 리가 없다.

> 육삼은 그 허리에 그친다. 그 팔뚝을 벌리니, 위태함이 마음을 태우도다.[239)]

이는 수행에 있어 육체적 고통의 제2단계라고 할 수 있다. 다리의 고통 뒤에는 허리의 고통이 있는데, 등뼈가 쪼개지는 것 같은 고통이 온다. 이러한 상태에서 마음은 찌는 듯한 동요를 일으키게 되고 오히려 화기(火氣)가 상승하는데 바른 마음으로 정진하여 이러한 상태를 극복해야 한다.

> 육사는 그 몸에 그치니 허물이 없다.[240)]

238) 六二는 艮其腓니 不拯其隨ㅣ라. 其心不快로다.
239) 六三은 艮其限이라 列其夤이니 厲ㅣ 薰心이로다.
240) 六四는 艮其身이니 无咎ㅣ니라.

이는 수행을 함에 있어 육체적 고통의 단계를 극복하고 선정의 초기단계에 진입함을 뜻한다. 육체적 고통의 전 과정을 극복하면 몸의 고통이 사라지고 기혈(氣血)이 순환되어 마음의 평정을 찾게 된다.

> 육오는 그 볼에 그친다. 말이 차례가 있으니 후회가 없을 것이다.[241)]

이는 선정이 계속되면서 이루어지는 상황에 대한 경계사라고 할 수 있다. 앞서 수행이 본격적으로 이루어지게 되면 다음 항목에서 논할 관(觀)의 작용이 이루어지게 되고, 또한 마경(魔境)이 나타나게 되는데 이러한 마경에 빠지게 되면 자칫 헛소리를 하는 등 미혹된 상태에 빠질 수가 있다. 말에 차례가 있다고 함은 마치 중지곤괘(重地坤卦) 육사효의 '주머니를 매면 허물이 없으며 명예로움도 없을 것이다'[242)]는 표현처럼 어떤 경지(境地)에 집착되어 함부로 발설하지 않는 것, 즉 지극히 삼감을 뜻한다.

> 상구는 두텁게 그치니 길하다.[243)]

이는 육오에서와 같은 마경에 빠지는 위험한 상태에서 벗어나 그야말로 지어지선(止於至善)의 경지에 있는 상태라고 할 수 있다.

241) 六五는 艮其輔ㅣ라. 言有序ㅣ니 悔亡하리라.
242) 六四는 括囊이면 无咎ㅣ며 无譽ㅣ리라
243) 上九는 敦艮이니 吉하니라.

2. 풍지관괘(風地觀卦)와 관법(觀法)

(1) 관법

중산간괘(重山艮卦)는 수양을 하는데 몸의 자세를 중심으로 한 지법(止法)을 설명한 괘라고 한다면, 풍지관괘(風地觀卦)는 선정(禪定)을 통하여 나타나는 정신적 과정을 설명한 것이라 볼 수 있다. 수행이라는 것은 단지 육체적 안정을 통하여 고통을 해소하는 것이 아니라, 육체적 그침(止)을 통하여 정신의 새로운 단계로 진입하는 것을 의미한다.[244] 이러한 관법에는 동서고금을 막론하고 매우 다양한 관점에서 방법론이 전개되어 왔다. 관(觀)한다는 것은 그저 망연히 눈을 감거나 혹은 뜨고 있는 상태를 말하는 것이 아니다. 정신작용의 통일을 위하여 무언가에 대한 집중을 의미한다.[245]

관법에서 가장 대표적인 방법 가운데 하나인 수식관(數息觀)은 들고 나는 호흡에 정신을 집중하는 것이다. 이렇게 호흡을 관함으로써 망상의 경계가 사라지게 되고, 호흡에서 이루어지는 기(氣)를 느끼고 이 기를 축적한다. 수식관도 호흡에 대한 관을 통하여 결국에는 호흡

244) 이를 심리학적으로 보면 평상시의 의식단계에서 무의식단계로 전환되는 것을 의미하며, 무의식단계에서는 의식단계에서와는 달리 시간과 공간개념이 바뀌어 시공(時空)의 영향을 거의 받지 않기 때문에 의식상태에서는 경험할 수 없는 새로운 체험을 하게 된다.

245) 집중의 방법으로는 화두(話頭)를 참구하는 것, 특정의 상징적 도형(圖形)을 관하는 것, 염불(念佛)을 하는 것, 주문(呪文)을 외우는 것 등 다양한 방법이 쓰이고 있다. 한편, 융은 '적극적 상상력'(active imagination)이란 방법을 사용한다. 적극적 상상력은 프로이트의 자유연상(free association)처럼 상상력을 자유롭게 풀어놓는 것이 아니라 어떤 보다 크고 의미있는 상징(象徵)에 집중적인 주의를 하는 것이다. 李恩奉, 「周易의 同時性原理와 理想」『주역의 현대적 이해』, 327쪽.

을 잊게 되는 다음 단계로 진입하게 된다.

인도의 명상법(冥想法), 도가의 단전수련법(丹田修練法), 불가의 선법(禪法) 등 모든 교파의 수련에는 다양한 방법상의 차이도 있지만, 반면에 유사한 공통점도 있다. 그 가운데 하나가 호흡을 기본으로 하는 정신수련이다. 여기에서는 불교의 「잡아비담심론(雜阿毘曇心論)」에 의거하여 관법의 6가지 단계를 살펴보기로 한다.[246)]

「잡아비담심론」에 따르면 수념안반법(修念安般法)으로 수(數), 수(隨), 지(止), 관(觀), 환(還), 정(淨)의 여섯 가지 단계를 들고 있다.

수(數)라는 것은, 이 법을 닦는 사람의 숨을 나갈 때부터 들어 올 때까지 하나에서부터 열에 이르기까지 헤아리되, 열이 넘어가지 않게 한다. 혹은 하나로부터 다섯까지를 세고, 다섯을 넘기지 않는다. 이것은 마음이 한결같이 안정되게 하기 위한 것이다. 이 때에 주의할 것은 수를 세면서 그 수에 얽매이지 않아야 한다는 점이다. 그저 숨이 나고 드는 것에 따라서 생각이 한결같이 머물게 할 뿐이다. 이렇게 일정한 수를 세면서 그 수에 집착하지 않고, 숨이 들고 남에 따라서 마음이 머물게 하는 것을 곧 수식(數息)이라고 한다.

수(隨)라는 것은 수를 세지 않고 생각만이 나고 드는 숨에 따르는 것이다.

지(止)라는 것은 코끝이나 입술이 숨의 들고 나는 곳이므로, 이곳에서 들고 나는 바람의 모습을 느끼면서 생각이 거기에 머무는 것이다. 다시 말하면, 바람이 들어오고 나가는 모습을 일정한 곳에서 생각하는 것이다.

관(觀)이라는 것은 수행자가 접촉하는 모든 대상에 대하여 그 모습

246) 아래의 내용은 정태혁, 『명상의 세계』, 109-110쪽에서 발췌 인용함.

을 따라서 관하고, 여기에서 일어나는 기쁨이나 즐거움 등을 관하는 것이다.

환(還)이라는 것은, 앞 단계인 관은 사실 그대로를 관찰하는 것이나, 다시 그것을 자기 자신으로 돌아와서 마음속으로 이 몸이 부정(不淨)하고 이 마음이 무상(無常)하며, 모든 존재는 실체가 없으며, 감각에 의해서 고(苦)가 있게 되는 것이라고 하는 사념처(四念處)를 생각하고, 그 때에 탐욕이 일어나는 것을 억제하고, 망상을 떠나서 올바른 자각을 가지게 되는 것이다.

정(淨)이라는 것은 모든 번뇌를 없애고, 진리를 바로 보게 되는 것이다.

한편 관(觀)이라는 것은 수행에서 나타나는 정신작용의 변화를 나타내는 것이라고 할 수 있다. 선정에 들어가게 되면 인간의 육안(肉眼)이 아닌 이른바 상단전(上丹田)[247]이 열려 새로운 차원의 그 무엇을 관하게 되는데, 이러한 과정에서 마경(魔境)을 대하는 등 정신수양의 단계적 과정이 진행된다.

(2) 풍지관괘(風地觀卦)와 관법(觀法)[248]

관은 세수를 하고 천신하지 않으면, 믿음을 두어서 우러러 볼

247) 눈썹 사이의 미간에 위치하고 있는 곳으로 인도에서는 이를 '아즈나 차크라'라고 한다. 이 차크라는 지혜를 얻는 곳이니, 특히 불교에서는 이 곳에 주목한다. 부처님의 백호상은 바로 이 자리에서 나오는 지혜의 빛을 상징한 것이다. 정태혁, 『명상의 세계』, 46면. 이 상단전은 현관(玄關)이라고도 한다.

248) 신성수, 『주역통해』, 287-294쪽 참조.

것이다.[249)]

이는 정신수양에서 초발심(初發心)의 중요함을 강조하고 있는 것이다. 즉, 제사를 올리기 전의 엄숙하고 지극히 정성스런 마음을 수행의 전 과정을 통하여 견지하여야 한다는 것이다.

단전에 말하였다. "크게 봄으로 위에 있어서, 순해서 겸손하고, 중정으로 천하를 보니, '관은 세수를 하고 올리지 않으면, 믿음을 두어서 우러러 본다'는 것은 아래가 보아서 화함이다. 하늘의 신비한 도를 보매 사시가 어긋나지 않으니, 성인이 신비한 도로써 가르침을 베풂에 천하가 복종한다.[250)]

이는 정신수양을 통하여 궁극처를 깨달은 자의 도리를 말하는 것으로 볼 수 있다. 깨달은 자의 교만함을 용납하지 않는 것이니 순하고 겸손하고 중정한 마음으로 세상을 관하는 것이다. 사시가 어긋나지 않는 하늘의 신비한 도와 같이 성인도 가르침을 베풀어 중생을 교화할 것을 의미한다.

상전에 말하였다. "바람이 땅위를 행하는 것이 관이니 선왕이 이를 본받아 방소를 살피고 백성을 보아서 가르침을 베풀었다." [251)]

249) 觀은 盥而不薦이면 有孚하여 顒若하리라.

250) 彖曰大觀으로 在上하야 順而巽하고 中正으로 以觀天下ㅣ니 觀盥而不薦有孚顒若은 下ㅣ 觀而化也ㅣ라. 觀天地神道而四時ㅣ 不忒하니 聖人이 以神道設教而天下ㅣ 服矣니라.

이는 관법의 기본인 수식관(數息觀)을 표현하는 의미가 있다고 볼 수 있다. '바람이 땅 위를 행하는 것이 관'이라는 것은 들고 나는 숨을 관하는 것과도 같다. 관(觀)은 곧 세상을 관하는 것이다. 바람이 불면 만물이 흔들리듯이 깨달음을 얻은 자가 백성을 교화하는 것이다.

초육은 아이의 봄이니, 소인은 허물이 없고 군자는 인색하다.[252]

이는 수련의 초기단계에서 이른바 양기(陽氣 : 丹)가 부족하여 안광(眼光)이 크지 못한 상태를 의미한다.

육이는 엿봄이니, 여자의 바름이 이롭다.[253]

이는 수련을 통하여 기(氣)가 축적되어 하단전(下丹田)에 어느 정도 기가 응결되고 상단전(上丹田)이 개안(開眼)되는 초기단계라고 할 수 있다. 혹자는 규관(闚觀)에서의 '규(闚)'는 '내시(內視)'라고 하여 하단전을 관하는 것이고, '관(觀)'은 '외간(外看)'이라 하여 상단전이 열려 관하는 것으로 보기도 한다.[254] 이 초기단계에 설기(泄氣)는 절대적으로 금해야 하므로 여자의 바름이 이롭다고 하였다.

육삼은 나의 삶을 보아서 나아가고 물러나도다.[255]

251) 象曰風行地上이 觀이니 先王이 以하야 省方觀民하야 設教하니라.

252) 初六은 童觀이니 小人은 无咎ㅣ오 君子는 吝이니라.

253) 六二는 闚觀이니 利女貞하니라.

254) 鄭 燦, 『明道易經』, 190面.

255) 六三은 觀我生하여 進退로다.

이는 정신수양에 있어 가장 어려운 단계이다. 마침 육삼효도 내괘(內卦)에서 외괘(外卦)로 올라가는 단계이니, 관법에서 중요한 마디가 된다. 즉, 정신계에 입문하는 초기의 단계는 관삼생(觀三生)을 하는 것이다. 이른바 자기의 전생과 현생 및 내생을 관하는 것이다. 현생에서 과거의 업보를 회상하기도 싫은데, 전생에서의 숙업(宿業)까지 본다는 것은 심히 어렵고 어려운 과정이다. 여기에서 진퇴의 갈림길이 있게 된다. 이 단계를 극복하면 도를 잃지 않고 계속 나아갈 수 있다.

> 육사는 나라의 빛을 봄이니, 왕에게 손님대접을 받음이 이롭다.[256)]

이는 육삼에서의 어려운 과정을 통과하여 현상계 및 본체계의 모든 것을 관하는 단계라고 할 수 있다. 이때 관하는 것은 스스로의 의지에 의해서 보는 것이 아니라, 정신계의 작용으로 '보여지는 것'이라고 할 수 있다.

> 육오는 나의 삶을 보되, 군자면 허물이 없을 것이다.[257)]

이는 수행을 통하여 성명(性命)을 알아 깨달음을 얻은 자로서의 세상에 대한 관을 의미한다. 육삼에서 자기의 삼생(三生)을 관하고 육사에서 세상을 관하였으니, 육오에서의 '관아생(觀我生)'은 세상에 대

256) 六四는 觀國之光이니 利用賓于王하니라.

257) 六五는 觀我生호대 君子ㅣ면 无咎ㅣ리라.

한 자기의 명(天命)을 관하는 것이다. 깨달은 자의 현상에 대한 과제가 여기에서 부여되는 것이라 하겠다.

상구는 그 삶을 보되, 군자면 허물이 없을 것이다.[258)]

구오에서 하늘이 부여한 세상에 대한 과제를 품고 그야말로 '방소를 살피고 백성을 보아서 가르침을 베푸는(省方觀民設教)' 천명(天命)을 이행하려는 단계이니 뜻이 편안치 않은 자리이다. 세상에 대한 성인(聖人)의 마음을 조금이나마 헤아려볼 수 있는 문장이다.

258) 上九는 觀其生호대 君子ㅣ면 无咎ㅣ리라.

Ⅲ. 중도적 수양론의 현대적 의의

인간 본연의 자아를 깨닫고 세상과 교류하며 세상을 새롭게 하여 보다 낳은 상태를 지향하는 것이 인간의 도리라고 할 수 있다.[259] 이러한 도리를 실천함에 있어 요구되는 덕목 가운데 가장 중요한 것이 바로 중도행이다. 이러한 중도는 본질적 자아를 깨우치기 위한 수양으로서의 '존재적 중도'와 현실세계에 조응하는 '관계적 중도' 그리고 존재와 현상을 종합 승화시키는 '조화적 중도'의 세 가지 개념으로 나누어 볼 수가 있다.

'존재적 중도'를 실천하기 위한 방법론으로서 지관수양법(止觀修養法)은 수양론의 기초라고 할 수 있다. 중산간괘를 통한 육신의 그침(止)과 풍지관괘를 통한 정신계의 관(觀)의 상태를 극명하게 표현한 것이"역은 생각함도 없으며 함도 없어서, 고요히 움직이지 않다가 느껴서 드디어 천하의 연고에 통하니, 천하의 지극한 신이 아니면 그 누가 능히 이에 참여하겠는가"[260]라는 문장이다. 중지곤괘(重地坤卦)

259) 『大學』 제1장 :"大學之道 在明明德 在親民 在止於至善"

260) 「繫辭上傳」 제10장 : 易은 无思也하며 无爲也하여 寂然不動이라가 感而遂通天下之故하나니 非天下之至神이면 其孰能與於此ㅣ리오.

육오효에 관한 문언전(文言傳)에 "군자가 황중(黃中)의 이치를 통해서 바른 자리에 몸을 거하여, 아름다움이 그 가운데 있어 사지에 빛나며 사업을 발하니, 아름다움의 지극함이다"[261]라고 하는 문장도 수행을 통하여 깨달은 바를 세상을 위하여 교화하는 뜻을 담고 있다.

선도(仙道)의 수련법에 있어 정기신(精氣神)의 작용에 관한 내용은 지극히 번다할 정도로 자세하기가 이를 데 없다. 또한 수련법에 관한 상세한 내용을 다루고 있는 문헌도 적지 않다. 그리고 각 종교의 방법론에도 각양각색의 수양법이 전해져 내려오고 있다. 중요한 것은 어떠한 교의(敎義)에 입각하든 어떠한 방법을 취택하든 수행의 기본 골격은 같다는 것이다. 정기신(精氣神)[262]의 작용은 인간의 의욕으로 이루어지는 것이 아니라, 의식하든 의식하지 못하든 자연한 원리에 의하여 운용되고 있다.[263]

수양을 하는데 무심(無心)하다 하지만 완전히 체득한 경지가 아닌 바에야 무심할 수가 없다. 모든 경계마다 마음의 동요가 있으니 정성스러운 뜻(誠意)과 바른 마음(正心)의 강한 의지가 체화되어야 한다. 수행하는 가운데에도 마경(魔境)이 있지만 현실의 일상생활에서도 마경은 있다. 현실생활에서의 마경은 부족한 인간으로서의 당연한 실수

261) 重地坤卦 文言傳 : 君子ㅣ 黃中通理하야 正位居體하야 美在其中而暢於四支하며 發於事業하나니 美之至也ㅣ라.

262) 도가에서 중시하고 있는 『심인경(心印經)』에는 정(精)·기(氣)·신(神)의 관계와 상호작용에 대하여 비교적 잘 설명되어 있다. 이에 대한 자세한 풀이는 김석진·신성수, 『주역으로 보는 도덕경』(대학서림, 2005), 303-323쪽 참조.

263) 중천건괘(重天乾卦)와 중지곤괘(重地坤卦) 역시 수행과정에서의 정기신(精氣神) 작용을 다룬 것으로 풀이할 수 있다. 이러한 관점에서 볼 때 중지곤괘 육이효의 "直方大라 不習이라도 无不利하니라"라는 문장은 인간의 의욕이 가해지지 않아도 정기신(精氣神)은 자연한 법리에 의하여 운용됨을 말하는 것으로 볼 수 있다.

또는 기질(氣質)의 차이에서 나오는 불화(不和)로 간과(看過)하기 일쑤이다. 수양은 삼경(三更 : 새벽 3시-5시)에 좌선을 통하여 관하는 것만이 수양이 아니라 하루 24시간의 매 상황이 수양이다.

우주변화의 원리를 드리우고 있는 『주역』은 현상계의 객관적 법칙을 여실하게 표현하고 있다. 64괘 384효는 각각의 상황이 유기적인 관계를 가지며 교류반복하는 법칙을 표현하고 있다. 이러한 법칙은 인간이 현상계와 교류하고 관계하는 면에서 지켜야 할 관계적 중도를 표현하고 있다.

『주역』의 원리에 내재되어 있는 기본적 핵심 가운데 인간이 지켜야 할 기본 덕목은 중도행이라 할 수 있다. 『주역』이 드리우고 있는 객관적인 우주변화의 원리에 즉응하여 자강불식(自彊不息)하는 중도적 수양(中道的 修養)과 지극한 정성(精誠)이 합체될 때 그야말로 '천지와 더불어 그 덕을 합하고 일월과 더불어 그 밝음을 합하며 사시와 더불어 그 차례를 합하며 귀신과 더불어 그 길흉을 합하여 하늘보다 먼저 해도 하늘이 어기지 않고 하늘보다 뒤에 해서는 하늘의 때를 받드는' 대인의 경지에 이르게 된다고 할 것이다.[264)]

264) 重天乾卦 文言傳 :"夫大人者 與天地合其德 與日月合其明 與四時合其序 與鬼神合其吉凶 先天而天弗違 後天而奉天時 天且弗違 而況於人乎 況於鬼神乎"

참고문헌

1. 단행본

김경일, 『갑골문이야기』, 바다출판사, 2002.
김석진, 『스승의 길 주역의 길』, 한길사, 2001.
김석진, 『대산 주역강의』, 한길사, 1999.
김석진, 『大山周易占解』, 대유학당, 1994.
김석진, 『大山周易講解』, 大有學堂, 1993.
김석진, 『周易傳義大全譯解』, 대유학당, 1993.
김석진, 『미래를 여는 周易』, 대유학당, 1995.
김석진·신성수, 『대산 중용강의』, 한길사, 2004.
김석진·신성수, 『주역으로 보는 도덕경』, 대학서림, 2005.
김재범, 『주역사회학』, 예문서원, 2002.
성백효, 『懸吐完譯 書經集傳 下』, 傳統文化研究會, 2003.
신성수, 『주역통해』, 대학서림, 2005.
이은성, 『曆法의 原理分析』, 정음사, 1985.
장경학, 『법과 문학 - 소포클레스에서 카뮈까지 -』, 교육과학사, 1995.
정태혁, 『명상의 세계』, 정신세계사, 1987.
한국주역학회 편, 『주역의 현대적 조명』, 범양사 출판부, 1992.

廖名春·康學偉·梁韋弦 지음, 심경호 옮김, 『주역철학사』, 예문서원, 1998.
조셉 니덤 지음·콜린 로넌 축약·김영식 김제란 옮김,『중국의 과학과 문명 : 사상적 배경』, 까치글방, 2003.
조셉 니덤 지음·콜린 로넌 축약·이면우 옮김,『중국의 과학과 문명 : 수학, 하늘과 땅의 과학, 물리학』, 까치글방, 2000.
존슨 얀 지음·인창식 옮김,『DNA와 주역』, 몸과 마음, 2002.
프로이트, 김성태 역, 『정신분석입문』, 삼성출판사, 1978.

프로이트, 김대규 역, 『꿈의 해석』, 동서문화사, 1976.
웨난 지음·이익희 옮김, 『마왕퇴의 귀부인 1, 2』, 일빛, 1998.
사라 알란 지음·오만종 옮김, 『거북의 비밀 - 중국인의 우주와 신화』, 예문서원, 2002.
高懷民 著·숭실대동양철학연구실 譯, 『中國古代易學史』, 숭실대학교 출판부, 1990.
陳鼓應 지음·최진석 외 2인 옮김, 『주역 : 유가의 사상인가 도가의 사상인가』, 예문서원, 1996.
永田 久·沈雨晟 역, 『曆과 占의 과학』, 東文選, 1992.
진순신(陳舜臣) 저, 권순만 외 공역, 『대하역사평설 중국의 역사』, 한길사, 1995.
蔡恒息 著·金日坤 外 共譯, 『易으로 본 現代科學 - 八卦·太極圖와 컴퓨터 - 』, 여강출판사, 1992.
양계초·풍우란 외 지음, 김홍경 편역, 『음양오행설의 연구』, 신지서원, 1993.
A. 베벨 저·선병렬 역, 『여성과 사회』, 한밭출판사, 1982.
Crane Brinton·John B. Christopher·Robert Lee Wolff(양병우·민석홍·이보행·김성근 역), *A History of Civilization* Vol. 2 (世界文化史 中), 을유문화사, 1987.
宗賾禪師, 『坐禪儀』(權奇悰 譯, 현대불교신서 11 『禪修行의 길잡이』, 1981).

徐道一 編著, 『周易科學觀』 中國 : 地震出版社, 1992.
王 圻·王思義 編集, 『三才圖會』, 中國 : 上海古籍出版社, 1985.
郭 揚, 『易經求正解』, 中國 : 廣西人民出版社, 1990.
郭球柏, 『帛書周易校釋』, 中國 : 湖南人民出版社, 2002.
劉大鈞, 『今, 帛, 竹書 《周易》 綜考』, 中國 : 上海古籍出版社, 2004.
金景芳·呂紹綱 著, 『周易全解 修訂本』, 中國 : 上海古籍出版社, 2005.
王瓊珊, 『易學通論』, 中華民國 : 廣文書局, 中華民國 68年.
鄭 燦, 『明道易經』(中國孔學會 刊), 臺灣 : 七海印刷有限公司, 中華民國 65年.

C. G. Jung, *Jung on the East* (edited by J. J. Clarke), New Jersey : Princeton University Press, 1995.

Wilhelm / Baynes, *The I Ching or Book of Changes*, New Jersey : Princeton University Press, 1977.

Sam Reifler, *I Ching - A New Interpretation For Modern Times*, New York : Bantam Books, 1991.

Chih-hsu Ou-i (Translated by Thomas Cleary), *The Buddhist I Ching,* Boston & London : Shambhala, 1994.

Diana ffarington Hook, *The I Ching and Mankind,* London, Boston and Henley : Routledge & Kegan Paul, 1975.

2. 논문

金珍根, 「새로운 周易觀 定立을 위한 硏究 - 전통 주역관에 대한 비판적 고찰과 易經·易傳의 분석을 통하여 -」『周易의 現代的 照明』(韓國周易學會 편), 범양사 출판부, 1992.

李恩奉, 「周易의 同時性原理와 理想」『周易의 現代的 照明』.

吳進鐸, 「周易 繫辭傳 연구」『周易의 現代的 照明』.

文載坤, 「河圖·洛書의 形成과 改托」『주역의 현대적 조명』.

金鎔貞, 「라이프니츠의 普遍記號法思想과 易의 論理」『周易의 現代的 照明』.

김성관, 「'物心關係'에 대한 佛敎唯識學과 分析心理學의 견해비교」, 『한국종교』제8집.

신성수, 「周易의 卜筮的 性格과 判斷原理에 관한 考察」『同人』, 1998년 1월호.

신성수, 「現代科學과 周易의 理致 - 周易의 科學的 理解 -」『同人』, 1996년 4월호.

신성수, 「周易을 통한 中道의 實踐的 原理」『同人』, 1998년 2월호.

신성수, 「周易의 後天觀과 女性役割의 變化展望」『同人』, 2000년 6월호.

신성수, 「『주역(周易)』의 상징체계로 본 춤사위에 관한 연구」『우리춤 연구』 제2집 (한양우리춤연구소), 2006.

嚴元植, 「카발라 文學과 구약성서의 數神學」『浸神論集』제6집, 1983.

金鎔貞, 「相補性에 관한 認識論的 고찰」『제삼의 철학』, 도서출판 思社研, 1986.

朴炳卓, 「精神分析과 易經에서 본 男女行動」『21世紀와 周易』, '98 國際周易學術會議 자료집.

찾아보기